Spanish Vocabulary

Spanish
Vocabulary
Fifth Edition

Conrad J. Schmitt
Former Editor-in-Chief
Foreign Language Department
McGraw Hill

Schaum's Outline Series

New York   Chicago   San Francisco   Athens   London   Madrid
Mexico City   Milan   New Delhi   Singapore   Sydney   Toronto

CONRAD J. SCHMITT is former Editor-in-Chief of Foreign Languages, ESL, and bilingual publishing with McGraw Hill. Prior to joining McGraw Hill, Mr. Schmitt taught languages at all levels of instruction, from elementary school through college. He has taught Spanish at Montclair State College, Montclair, New Jersey; French at Upsala College, East Orange, New Jersey; and methods at the Graduate School of Education, Rutgers University, New Brunswick, New Jersey. He also served as Coordinator of Foreign Languages for the Hackensack, New Jersey, public schools. In addition to the *Schaum's Outline of Spanish Grammar*, 7th Ed. and *Schaum's Outline of Spanish Vocabulary*, 4th Ed. Mr. Schmitt is the author of more than 100 texts published by McGraw-Hill. Mr. Schmitt has traveled extensively throughout the Spanish speaking world. He presently devotes his full time to writing and lecturing.

1 2 3 4 5 6 7 8 9   LOV   25 24 23 22 21 20

ISBN: 978-1-260-46280-7
MHID: 1-260-46280-3

e-ISBN: 978-1-260-46281-4
e-MHID: 1-260-46281-1

PREFACE

The purpose of this book is to provide the reader with the vocabulary needed to converse effectively in Spanish about everyday topics. Although the book contains a review of common, basic words that the reader has probably encountered in his or her early study of Spanish, the aim of *Spanish Vocabulary* is to enrich a student's knowledge of the language by providing words that seldom appear in typical textbooks but that are essential for communicating comfortably about a given situation.

Unlike a bilingual dictionary, *Spanish Vocabulary* provides the reader with a great deal of guidance in selecting the proper word(s) for expressing exactly what he or she wishes to say. Anyone not completely fluent in Spanish often finds a bilingual dictionary frustrating. For example, look up the word "bunch" and you'll find as entries *ramo, racimo, ristra, montón, puñado, atado, mazo, manojo, grupo, conjunto*. You may still be at a loss as to which word you need. *Spanish Vocabulary* alleviates this frustration by indicating the specific words used to express such ideas as a bunch of flowers, a bunch of grapes, a bunch of carrots, a bunch of teenagers.

The content of each chapter is focused on a real-life situation, such as making a telephone call, traveling by plane or train, staying at a hotel, or shopping for food. In order to enable readers to build and retain the new vocabulary, the book affords many opportunities to use the new words. Each chapter is divided into subtopics. The student acquires a few new words about a specific topic and is immediately directed to practice them in a multitude of exercises. Answers are provided so the student can make prompt self-correction.

Extensive notes inform the reader of other ways to say the same thing. Spanish is spoken in many countries of the world, but the same words are not necessarily used in all areas of the Spanish-speaking world. This is particularly true for common, frequently used words. Whenever possible, a note will indicate which word would be the most universally understood.

In case the student should also wish to use this book as a reference tool, at the end of each chapter there is a Spanish to English reference list that contains the key words presented in that chapter. A topical reference list of key words from English to Spanish appears immediately after the answers to exercises. In addition, at the very end of the book there is a Spanish to English and English to Spanish glossary that contains all key words introduced in the book. A special list of all foods appears in the Appendix.

Spanish Vocabulary can be used as a review text or an enriching companion to any basic text.

CONRAD J. SCHMITT

CONTENTS

CONTENTS

CONTENTS

CONTENTS

*The audio icon next to an exercise indicates that the exercise is also available as a video with step-by-step instructions. These videos are available on the Schaums.com website by following the instructions on the inside front cover.

CHAPTER 1
CAPÍTULO 1

Air Travel
Viajando en avión

Getting an e Ticket

Note: Some procedures in acquiring an e-mail ticket online differ but the most basic ones indicated here will give you the vocabulary you need.

Para *sacar (comprar) un billete (boleto)** electrónico los
   pasajeros pueden comprarlos (conseguirlos) *online** (*en línea*).   online
Pueden consultar *el sitio Web* de la línea aérea.   site
Si quieren buscar todas las *opciones disponibles.*   available options
   pueden usar los sitios de uno o más *consolidadores.*   consolidators

1. Complete.

Hoy en día los boletos _____ son más populares y corrientes que los boletos convencionales

                 1
de papel. Dentro de poco se va a descontinuar por completo el uso de _____ de papel. Los

                                                             2
pasajeros pueden _____ su boleto _____. Pueden consultar _____ de la

                  3   4   5
línea aérea o si quieren tener más _____ pueden consultar el sitio de un _____.

                                   6   7

Reserving Online

Si un(a) pasajero(a) quiere hacer una reserva (reservación*) *online*
   (en línea), tiene que entrar (escribir) su nombre y su dirección.

Si tiene *una tarjeta de viajero frecuente** puede introducir su número.   frequent flier card

Debe introducir también su:
   número de tarjeta de viajero frecuente *si está disponible.* if available
   nombre _____
   dirección _____
   zona (código) postal _____
   aeropuerto de salida _____   fecha _____ departure airport, date
   aeropuerto de llegada _____ arrival airport

El (la) pasajero(a) tiene que introducir el número de la tarjeta
   con que va a pagar.
Además tiene que poner su *fecha de caducidad.* expiration date
Saldrán otras opciones en *la pantalla.* screen
Tiene que *pulsar* las opciones* que necesita: press the options
      hora que quiere salir
      clase en que quiere viajar
      clase económica economy class
      clase preferente (ejecutiva) business class
      primera clase first class
      tarifas* disponibles available fares
         de la más económica
         a la más cara

   Además de toda la información de arriba, el boleto*
electrónico provee la siguiente información:
         su número de confirmación confirmation number
         la tarifa y otros *cargos* fare, charges
         restricciones de cada tarifa fare restrictions
         política de reembolso refund policy

Regional Variations

*reservation	You will hear both the word *reserva* and *reservación.*
*press	The most common words for "to press" on a computer are *pulsar, oprimir,* and *hacer clic.*
*frequent flier	The names of frequent flier clubs vary from airline to airline.
*round trip	A round trip ticket is *un billete de ida y vuelta;* or *un boleto de ida y regreso.* In Mexico and some other areas you will hear *un redondo. Un boleto sencillo (de ida solo)* is one way.
*fare	Another word for *tarifa* is *el pasaje.*

2. Answer.

1. ¿Puede un pasajero usar su computadora para comprar un boleto electrónico?
2. ¿Tiene que comprarlo en línea?
3. ¿Puede ir al sitio de la línea aérea?
4. ¿Puede ir al sitio de un consolidador?
5. ¿Qué ventajas (*advantages*) le puede dar el consolidador?
6. ¿Tiene el pasajero que introducir el número de la tarjeta de crédito con que va a pagar la tarifa?
7. ¿Cuál es otra información que tiene que introducir el pasajero?

3. Identify the following.

1. el aeropuerto de donde sale el avión
2. el aeropuerto adonde llega el avión
3. manera de pagar
4. costo o coste, o precio de un boleto aéreo
5. último día que se puede usar una tarjeta de crédito

6. una tarifa alta
7. una tarifa baja
8. tres clases de servicio disponibles a bordo de un avión

4. Go online. Pull up an airline with a Spanish-speaking site and fill in the information for a make-believe trip. Don't press the button to buy it. —¡No pulse el botón (la opción) para comprarlo!

Boarding Pass Online

Tarjeta de embarque (pasabordo) en línea	
Si su computadora tiene una *impresora* es posible	printer,
imprimir su boleto para tener *una copia dura*.	print, hard copy
Muchas líneas le permiten imprimir también *su tarjeta de*	
embarque (*su pasabordo*) veinticuatro horas antes de su salida.	boarding pass
Unas líneas le asignan *un asiento (una plaza)* cuando hace su reservación.	seat

5. Give a related word.

1. imprimir
2. copiar
3. embarcar
4. a bordo
5. asignación
6. sentarse
7. confirmar

6. Give an alternative word or expression.

1. sacar un billete
2. de ida y vuelta
3. pulsar
4. la tarifa
5. *online*
6. una reservación

Getting to the Airport

En el aeropuerto hay dos *terminales*.	terminals
La terminal *A* es para *vuelos internacionales*.	international flights
La terminal *B* es para vuelos *nacionales*.	domestic, national
Podemos ir al aeropuerto en taxi.	
Podemos *tomar un autobús**.	take a bus
Los autobuses salen de *la terminal* (estación) en la ciudad*.	city terminal

---

Regional Variations

*bus   There is no one way to say "bus" in Spanish. In Spain a bus is almost always *un autobús*. In many Latin American countries, however, *autobús* refers to a long-distance bus, which is usually fancier and more comfortable than a regular bus. Such a bus in Spain is commonly referred to as *un autocar*. A regular bus in Mexico is a *camión*, the word for "truck" in most other areas. In the Canaries and the Spanish-speaking islands of the Caribbean a bus is *una guagua*. In Colombia the shortened version, *el bus*, is commonly used. In Peru and Uruguay people tend to say *el ómnibus*. In Guatemala the word *camioneta* is used. In many countries there are small municipal buses and they are called *micros*. In Argentina municipal buses are usually referred to as *colectivos*. This word in most countries is used for a taxi that is inexpensive and can be shared by many people.

*terminal   *La terminal* has come to be used as a shortened version of *la estación terminal*. *El terminal* is a battery or computer terminal. Gender will sometimes vary.

---

7. Complete.

No quiero ir al aeropuerto en taxi. El taxi cuesta mucho. Yo prefiero ir en _____ Los
                                                                                   1
autobuses salen de la _____ en la ciudad. Hay un servicio muy conveniente y frecuente.
                              2
Los autobuses _____ cada quince minutos de la estación en el centro de la ciudad.
                    3

8. Complete.

— ¿A qué terminal va Ud., señor?

— ¿Hay más de una _____ en el aeropuerto?

 1

— Sí, señor. Hay dos. La terminal *A* es para _____ internacionales y la _____

 2   3
B es para vuelos _____.

 4

— Pues, yo voy a Nueva York. Es un _____ internacional. Quiero ir a la

 5
_____ *A*, por favor.

 6

Checking In for an International Flight (Fig. 1-1)

— Antes de ir a *la puerta de embarque* y antes de   boarding gate
abordar el avión, los pasajeros tienen que presentarse   board the plane
en el mostrador de *facturación (de recepción)*.   check-in counter

— El agente tiene que *revisar* los documentos.   check

— Allí está *el mostrador de la línea aérea*   airline counter
(compañía de aviación).

Fig. 1-1

— Hay *una fila (cola)* larga.   long line
— El agente quiere ver *el boleto (el billete)* electrónico.   ticket
— Tiene que ver *el pasaporte* y *el visado (la visa)*   passport, visa
cuando necesario.

9. Complete.

Cuando llegamos a un aeropuerto, tenemos que ir al _____ de la línea aérea. Por lo general

hay una _____ larga de gente que espera en el _____. En el mostrador tenemos

que mostrarle nuestro _____ al agente. Si hacemos un _____ internacional,

el agente tendrá que ver nuestro _____ también.

(blank 1, 2, 3, 4, 5, 6)

Speaking with the Airline Agent (Fig. 1-2)

— Su billete, por favor.
— *Aquí lo tiene*, señorita.   here it is
— ¿Ud. va a Madrid? Me permite ver su pasaporte, por favor.
— ¿Prefiere usted un *asiento en la ventanilla*?   window seat
— No, en *el pasillo*, por favor.   on the aisle
— Tiene Ud. el asiento *C* en *la fila* veintidós.   row
— ¿Cuántas *maletas* lleva Ud.?   suitcases
— Dos.
— Favor de ponerlas en *la báscula*.   scale
— ¿Y lleva Ud. *equipaje de mano*?   hand luggage

Fig. 1-2

— Solamente este *maletín*.   briefcase
— Muy bien. El equipaje de mano tiene que *caber debajo
del asiento enfrente de Ud. o en el compartimiento superior.   fit under the seat in front of you;
                                                                                 overhead compartment

Aquí tiene Ud. una *etiqueta* para su maletín.   label, tag
— Gracias.
— Muy bien. Todo está en orden. Aquí tiene Ud. su *tarjeta*   boarding card; flight
de embarque (pasabordo) — *vuelo* 430 a Madrid, asiento   baggage claim stubs
C en la fila 22. Y aquí tiene sus *talones* para el equipaje.   checked
Ud. tiene dos maletas *facturadas* a Madrid. Ud. las puede   claim
reclamar (recoger) en Madrid. Anunciarán *la salida*   departure
de su vuelo dentro de media hora.
Favor de pasar por *el control de seguridad.*   security control
Después tiene que pasar por *inmigración (control de pasaportes).*   passport control

10. Complete.

1. El señor Bosch va de Nueva York a Madrid. Hace un vuelo _____.
2. Él está en el _____ de la línea aérea.
3. Él habla con la agente de la línea aérea. Ella quiere ver su _____. Como hace un vuelo
   internacional, ella quiere ver su _____ también.
4. El asiento *C* en la _____ 22 está en el _____, no está en el centro ni en la _____.
5. En los aviones el _____ _____ _____ tiene que caber debajo del asiento
   enfrente del pasajero. El señor Bosch no tiene problema. Él lleva solamente un _____.
6. La agente le da una _____ para su maletín.
7. Es necesario tener una _____ _____ _____ para abordar un avión.
8. El señor Bosch sale en el _____ 430 a Madrid. Tiene el _____ *C* en la _____
   22 en el _____.
9. El señor Bosch ha facturado dos maletas a Madrid. Él tiene sus dos _____ y puede
   _____ sus maletas en Madrid.
10. El pasajero tiene que poner (colocar) todo su equipaje de mano debajo del _____
    enfrente de él o en el _____ _____ .
11. Si el equipaje no cabe _____ del asiento ni en el compartimiento _____, lo tiene
    que _____ .

11. Answer on the basis of Figs. 1-3 and 1-4.

1. ¿Dónde está la señora?
2. ¿Con quién habla?
3. ¿Qué le da al agente?
4. ¿Dónde quiere sentarse la señora?
5. ¿Cuántas maletas lleva la señora?
6. ¿Lleva equipaje de mano?
7. ¿Qué lleva?
8. ¿Puede caber debajo del asiento el maletín?
9. ¿Qué le da la agente a la señora?
10. ¿En qué vuelo sale ella?
11. ¿Adónde va ella?
12. ¿Qué asiento tiene?
13. ¿Dónde está el asiento?
14. ¿Cuántas maletas ha facturado la señora?
15. ¿Dónde puede reclamar sus maletas?

Fig. 1-3

Fig. 1-4

12. Choose the appropriate word.

1. Los pasajeros tienen que mostrar su pasaporte porque hacen un vuelo _____.
   (*a*) largo (*b*) internacional (*c*) nacional
2. El asiento *C* está en _____. (*a*) la sección (*b*) la ventanilla (*c*) el pasillo
3. Para identificar mi equipaje de mano voy a ponerle _____. (*a*) esta etiqueta
   (*b*) este asiento (*c*) este maletín
4. Para abordar el avión, es necesario tener _____. (*a*) una etiqueta (*b*) un talón
   (*c*) una tarjeta de embarque
5. Mi asiento está en _____ 22. (a) la sección (b) la fila (c) el mostrador

Checking In for a Local Or Domestic Flight*

Si el pasajero tiene un boleto electrónico puede sacar su tarjeta de embarque en las máquinas *de self check-in* (*autofacturación*).	self check-in
Tiene que *pulsar la opción* que necesita en *la pantalla* de la máquina.	press the option, screen
Luego debe insertar en *la ranura* la tarjeta de crédito con que hizo (efectuó) el pago.	slot
O puede introducir su *código de reserva* (*número de confirmación*).	confirmation number
Su tarjeta de embarque saldrá automáticamente de la máquina.	
Luego tiene que presentar identificación personal a un miembro *de personal en tierra* quien facturará su equipaje.	ground personnel

Regional Variations

The most common term for a domestic flight is *un vuelo nacional.* You will, however, also hear *un vuelo doméstico.* In Argentina it is *un vuelo de cabotaje.*

13. Match.

1. pasabordo   a. número de confirmación
2. oprimir la opción b. personal de tierra
3. introducir   c. pulsar la opción
4. código de reserva d. tarjeta de embarque
5. personal terrestre e. insertar

Listening to Announcements

Una salida

La compañía de aviación anuncia *la salida* de su vuelo 430 con *destino* a Madrid. Les rogamos a los pasajeros que pasen por *el control de seguridad. Embarque* inmediato por *la puerta* número ocho.	departure destination security check; boarding gate

14. Complete.

1. _____ anuncia una salida.
2. Anuncian la _____ de un vuelo.
3. Anuncian la salida del _____ 430.
4. Anuncian la salida de su vuelo 430 _____ _____ _____ Madrid.
5. Los pasajeros tienen que pasar por el _____ _____ _____.
6. Van a inspeccionar su equipaje en el _____ _____ _____.

7. Los pasajeros van a embarcar por la _____ número ocho.
8. El _____ es inmediato.

15. Complete.

1. El avión va a salir. Están anunciando la _____.
2. El vuelo va a Madrid. El _____ es Madrid.
3. Van a inspeccionar el equipaje de los pasajeros. Los pasajeros tienen que pasar por el _____ _____ _____.
4. Los pasajeros del vuelo 430 tienen que embarcar por la _____ número _____.

Una llegada

Su atención, por favor. La compañía de aviación anuncia
la llegada de su vuelo 129 *procedente de* Las Palmas, Canarias.
Los pasajeros van a *desembarcar* por la puerta número 10.

arrival; arriving from
disembark, deplane

16. Complete.

_ No comprendí el anuncio. ¿Están anunciando la salida de nuestro vuelo?
_ No, no. Están anunciando la _____ de otro vuelo.
$\qquad$ 1
_ ¿Qué vuelo es?
_ Es el _____ 129 _____ Las Palmas.
$\qquad$ 2 $\qquad$ 3

17. Give the opposite of each of the following.

1. la llegada
2. con destino a
3. embarcar

Some Possible Problems

Hay una *demora* (*un retraso*).   delay
El vuelo sale con un retraso (una demora) de una hora.
No sale *a tiempo*.   on time
Hay un problema *técnico* (*mecánico*).   technical, mechanical
Otro vuelo no va a salir. Ha sido *anulado* (*cancelado*).   cancelled
La señorita Salas es pasajera del vuelo anulado.
La han confirmado en otro vuelo.
Pero no es un vuelo *sin escala*.   non-stop
Tiene que *cambiar* (*transbordar, trasbordar*) en Guayaquil.   change planes
Tiene una hora para hacer su *conexión* (*trasbordo*).   connection
El señor Valdés *perdió* su vuelo.   missed
No puede tomar *el próximo* vuelo.   next
El vuelo está *completo* (*lleno*).   full
No hay más asientos *disponibles* (*libres*).   available, free

18. Complete.

1. El avión no sale a tiempo. Hay una _____.
2. Sale con una _____ o un _____ de media hora.
3. Hay peor situación con otro vuelo. No va a salir. Está _____.
4. Han _____ a los pasajeros en el vuelo anulado en otro vuelo, pero no es un vuelo _____ y los pasajeros tienen que _____ en Guayaquil.

5. Tienen una hora en Guayaquil para su _____.
6. El señor Valdés llegó tarde al aeropuerto y _____ su vuelo.
7. No puede tomar el próximo vuelo porque está _____. No hay asientos _____.

Un viaje en avión

La señora Molina llega al aeropuerto y ve que hay dos terminales. De una salen los vuelos nacionales y de la otra salen los vuelos internacionales. Como ella va a hacer un vuelo internacional, ella se dirige a la terminal internacional. Enseguida ella va al mostrador de la línea aérea con que vuela. Ella le muestra su boleto electrónico a la agente. La agente quiere ver su pasaporte también. Todo está en orden. La señora le entrega su equipaje a la agente. Ella tiene dos maletas. La agente pone los dos talones al dorso de su tarjeta de embarque y le explica a la señora Molina que puede reclamar (recoger) su equipaje al llegar a Bogotá, su destino. La agente le da también una etiqueta para poner en el maletín que va a llevar a bordo. La agente le recuerda que su equipaje de mano tiene que caber debajo del asiento o en el compartimiento superior. La agente le explica que la computadora (el ordenador) no indica que tiene un asiento reservado. Pero no hay problema. El vuelo no está completo y hay muchos asientos disponibles, aun en el pasillo. La agente le da a la señora su tarjeta de embarque. Le dice que tiene el asiento C en la fila 25. El vuelo 215 con destino a Bogotá va a salir de (por) la puerta número seis. La señora quiere saber si es un vuelo sin escala. No, no lo es. Hace una escala en Panamá, pero los pasajeros en tránsito no tienen que cambiar de avión. El mismo avión sigue a Bogotá.

En cuanto sale del mostrador, la señora oye el anuncio: «La compañía de aviación anuncia la salida de su vuelo 215 con destino a Panamá, Bogotá y Lima. Embarque inmediato por la puerta número seis».

19. Complete.

1. Hay dos _____ en el aeropuerto. Una es para _____ internacionales y la otra es para vuelos _____.
2. La _____ trabaja en el _____ de la compañía de _____.
3. Los pasajeros tienen que mostrarle su _____ a la agente y si hacen un viaje internacional tienen que mostrar su _____ también.
4. La señora le entrega su _____ a la agente. Ella tiene dos maletas.
5. La agente pone los _____ en el dorso de su tarjeta de embarque. La señora necesitará los _____ para reclamar su equipaje en Bogotá.
6. La señora va a llevar un _____ a bordo. El equipaje de _____ tiene que caber _____ _____ asiento.
7. La señora Molina quiere sentarse en el _____.
8. La computadora no indica un asiento reservado para la señora, pero no importa. El avión no está _____ y hay muchos _____ disponibles.
9. La señora mira su _____ de embarque. Ve que tiene el _____ C en la _____ 25.
10. El vuelo a Bogotá va a hacer una _____ en Panamá, pero la señora Molina no tiene que _____ de avión.
11. Anuncian el _____ inmediato del vuelo 215 con _____ _____ Lima con escalas intermedias en Panamá y Bogotá.
12. Los pasajeros en el vuelo 215 tienen que pasar por la _____ número seis.
13. Su vuelo sale a tiempo. No hay un _____ y no está _____. ¡Qué suerte!

20. Answer.

1. ¿Adónde llega la señora Molina?
2. ¿Cuántas terminales hay en el aeropuerto?
3. ¿Por qué hay dos?
4. En la terminal internacional, ¿adónde va la señora?

5. ¿Qué quiere ver la agente?
6. ¿Cuántas maletas factura la señora?
7. ¿Dónde pone los talones la agente?
8. ¿Dónde puede reclamar su equipaje la señora?
9. ¿Qué lleva la señora a bordo?
10. ¿Dónde tiene que caber el equipaje de mano?
11. ¿Tiene un asiento reservado la señora?
12. ¿Por qué no hay problema?
13. ¿Qué asiento tiene la señora?
14. ¿De qué puerta va a salir el vuelo?
15. ¿Es un vuelo sin escala?

21. Complete.

La señora Molina va a volar en el _____ 215 con _____ a Bogotá. El vuelo
　　　　　　　　　　　　　　　　　　1　　　　　　　　　　2
va a hacer una _____ en Panamá, pero la señora no tiene que _____ de avión.
　　　　　　　　　3　　　　　　　　　　　　　　　　　　　　　　　　　4
Ella tiene el _____ C en la _____ 25 en el _____.
　　　　　　　5　　　　　　　　　　6　　　　　　　　　7

22. Answer.

1. ¿El avión va a salir a tiempo o con una demora?
2. ¿Por qué hay una demora?
3. ¿Es muy largo el retraso?
4. ¿Han anulado otro vuelo?
5. ¿Por qué lo han anulado?

23. Give another word or expression.

1. sacar un billete
2. en línea
3. oprimir
4. un boleto de ida y regreso
5. un boleto sencillo
6. la tarifa
7. la tarjeta de embarque
8. una reserva
9. un retraso
10. completo

Assistance for People with Disabilities

Muchos aeropuertos están ofreciendo un servicio de *silla de ruedas* para pasajeros con *movilidad reducida (discapacidad móvil)*.	wheelchair reduced mobility, mobile disability
El servicio está *disponible* desde el hall de recepción hasta la puerta de embarque o, si es necesario, hasta que el (la) cliente esté instalado(a) en su asiento a bordo del avión.	available
En el caso de vuelos internacionales, el (la) asistente(a) que *empuja* la silla de ruedas se queda con su cliente durante los trámites (procesos) de inmigración, reclamo (recogida) de equipaje y aduana.	pushes
Los pasajeros que necesitan tal asistencia deben *avisarle* a su línea aérea al hacer su reservación.	advise

Hay también minivehículos para asistir a gente mayor de edad,
gente que anda con *muletas,* señoras *embarazadas* o pasajeros
que están a punto de *perder* su vuelo.

crutches, pregnant
miss

Muchos de los sanitarios (aseos) están equipados con instalaciones
(facilidades) para personas con discapacidades. Hay también
espacios para el aseo de bebés donde los padres pueden cambiar
los pañales.

diapers

24. Express the following in another way.

1. con movilidad reducida
2. los procesos
3. notificar
4. los vehículos pequeños
5. los sanitarios
6. la recogida

25. Answer.

1. ¿Para quiénes están ofreciendo muchos aeropuertos un servicio de silla de ruedas?
2. ¿Dónde puede empezar el servicio de silla de ruedas?
3. Y, ¿dónde termina?
4. ¿Cuándo es necesario que el (la) pasajero(a) que necesite tal servicio avise a su línea aérea?
5. ¿Quiénes se sirven de los minivehículos que circulan por el aeropuerto?
6. ¿Con qué están equipados muchos sanitarios?

Key Words

el aeropuerto   airport
el (la) agente   agent
anular   to cancel
el aseo   washroom, bathroom, restroom
el asiento   seat
asignar   to assign
la autofacturación   self check-in
avisar   to advise, to let know
la báscula   scale
el billete electrónico   electronic ticket
el boleto electrónico   electronic ticket
caber   to fit
cambiar de avión   to change planes
el cargo   charge
en línea   online
caro   expensive
la clase ejecutiva   business class
el código   postal/zip code
la compañía de aviación   airline company
el compartimiento superior   overhead
                      compartment
completo   full

con destino a   destination, going to
con movilidad reducida   with reduced mobility
una conexión   connection
el consolidador   consolidator
el control de pasaportes   passport control
el control de seguridad   security control
la copia dura   hard copy
debajo de   under
delante de   in front of
la demora   delay
depositar   to check, leave
de antelación   in advance
de retraso   late, delayed
la discapacidad   handicap, disability
disponible   available
económico   inexpensive
  clase económica   economy class
embarazada   pregnant
el embarque   boarding, embarcation
empujar   to push
el equipaje   luggage
el equipaje de mano   hand luggage

la escala   stop (airplane)
la etiqueta   label, tag for identification purposes
las facilidades   installations
la facturación   check-in
facturar   to check through
la fecha de caducidad   expiration date
la fila   line, row
hacer clic   to click on
la impresora   printer
imprimir   to print
internacional   international
la línea aérea   airline
la llegada   arrival
lleno   full
la maleta   suitcase
el maletín   briefcase
la máquina automática   automatic machine
el mostrador de facturación (de recepción)
    check-in counter
la muleta   crutch
nacional   domestic, national
el número de confirmación   confirmation number
el pañal   diaper
el pasaje   fare, passage
el (la) pasajero(a)   passenger
el (la) pasajero(a) en tránsito   transit passenger
el pasabordo   boarding pass
el pasaporte   passport
el pasillo   aisle
perder el vuelo   to miss the flight
una persona con discapacidad   handicapped,
                                    disabled person
el personal de tierra   ground personnel

el peso   weight
la plaza   seat, place
la política   policy
el precio   price
presentarse   to check in
el problema   problem
procedente de   coming from
la puerta   gate
la ranura   slot
reclamar   reclaim
el reclamo   claim, collection
redondo   round trip
recoger   to pick up, claim
la recogida   claim, collection
el reembolso   reimbursement, refund
las restricciones   restrictions
el retraso   delay
revisar   to check
la salida   departure
la silla de ruedas   wheelchair
el sanitario   bathroom, restroom
sin escala   non-stop
el sitio   site
el talón   baggage claim
la tarifa   fare
la tarjeta de embarque   boarding pass
la terminal   terminal
los trámites   procedures
transbordar   to change planes
verificar   to check, verify
la visa   visa
el visado   visa
el vuelo   flight

CHAPTER 2

On the Airplane
En el avión

Welcome On Board (Fig. 2-1)

Fig. 2-1

El piloto (el comandante) y *su tripulación* se ocupan de   crew
   la seguridad de los pasajeros.   safety
Los asistentes de vuelo* trabajan en el avión.   flight attendants
Ellos *les dan la bienvenida* a los pasajeros.   welcome
La cabina delantera es para primera clase.   forward cabin
La cabina trasera (principal) es para la clase económica.   rear cabin (main)
Entre estas dos cabinas hay otra
   para los pasajeros de *clase ejecutiva.*   business class
Los pasajeros no pueden entrar en *la cabina del piloto* durante el vuelo.   cockpit
El avión va a *despegar* de Nueva York.   take off
El avión va a *aterrizar* en Madrid.   land

Regional Variations

*flight attendant The most widely used term for flight attendant is *el (la) asistente(a) de vuelo*. *El (la) aeromozo(a)* and *el (la) sobrecargo(a)* are also frequently heard. *La azafata* is used in Spain and refers only to a female flight attendant. The person in charge is often called *el jefe (la jefa) de* cabina.

Note: Today international airlines vary in the classes of service they offer. Almost all international carriers have economy and business class. Business class has a variety of names. Some airlines are doing away with first class and others are adding a "super" economy class which like business class has a variety of names.

1. Complete.

  1. Todo el personal a bordo de un avión es la _____.
  2. Los _____ _____ _____ trabajan con los pasajeros.
  3. La cabina _____ es más grande que la cabina delantera.
  4. Los pasajeros en clase económica viajan en la cabina _____.
  5. Se prohíbe entrar en la _____ _____ _____ durante el vuelo.
  6. Para la tripulación de un avión, la _____ de los pasajeros es una parte importante de su trabajo.
  7. Cuando el vuelo empieza, el avión _____.
  8. Cuando el vuelo termina, el avión _____.

Announcements On Board

Nuestro *tiempo de vuelo* será aproximadamente   flying time
   ocho horas y (con) veinte minutos.
Vamos a *volar* a *una altura* de doce mil metros.   fly; altitude
Vamos a volar a *una velocidad* de mil trescientos   speed
   kilómetros *por hora.*   an hour

2. Complete.

Señores y señoras. El comandante Vargas y toda su _____ les damos la _____
                                                              1   2
a bordo de nuestro vuelo 281 con destino a Madrid. Vamos a _____ dentro de cinco
                                                                          3
minutos. Nuestro _____ _____ _____ de Nueva York a Madrid
                              4
será _____ siete horas con treinta minutos. Volaremos a una _____ de
          5   6
doce mil metros y alcanzaremos una _____ de mil trescientos kilómetros
                                                  7
_____.
          8

Safety On Board (Fig. 2-2)

En (el) *caso de* (una) *emergencia*:   in case of emergency
El chaleco salvavidas está debajo de su asiento.   life vest
En el caso de un cambio de (en la) presión de aire,
  la máscara de oxígeno se caerá automáticamente.   oxygen mask
Hay dos *salidas de emergencia* en la cabina delantera   emergency exits
  y dos en la parte trasera del avión.
Hay también cuatro salidas de emergencia *sobre las alas*.   over the wings
Los pasajeros tienen que *permanecer sentados*.   remain seated
Tienen que permanecer sentados durante
  el despegue y el aterrizaje.   takeoff; landing
Durante el despegue y el aterrizaje los pasajeros
  tienen que *abrocharse el cinturón de seguridad*.   fasten their seat belts
Durante el vuelo también deben *mantener*   keep the seat belts fastened
  los cinturones abrochados.
La señal (El aviso) de no fumar está iluminada   no smoking sign, lit
  durante todo el vuelo.
Se prohíbe fumar también en *los aseos*.   toilets
A veces el avión puede encontrar alguna
  turbulencia inesperada.   unexpected turbulence
Cuando hay turbulencia, el avión *brinca*.   bounces, bumps

Fig. 2-2

3. Answer.

1. ¿Dónde están los chalecos salvavidas en el avión?
2. Si hay un cambio de presión de aire en el avión, ¿qué se caerá?
3. ¿Dónde hay salidas de emergencia en el avión?
4. ¿Se puede fumar durante el vuelo?
5. ¿Se permite fumar en los aseos?

4. Complete.

Durante el _____ y también durante el _____ los pasajeros a bordo de un
                              1   2
avión tienen que permanecer _____. No pueden andar por el avión. No solo tienen que
                                            3
permanecer sentados, tienen que abrocharse el _____ _____ _____.
                                                                                    4
Es también una buena idea mantener el _____ abrochado durante todo el vuelo. No
                                                        5
se sabe cuándo el avión encontrará alguna _____ inesperada. Cuando hay turbulencia,
                                                            6
el avión _____.
                7

No se puede poner *el equipaje de mano* en los pasillos.	carry-on luggage
El equipaje de mano tiene que *caber debajo del asiento.*	fit under the seat
Si no cabe debajo del asiento, tiene que caber en *los* *compartimientos* (*sobre la cabeza*) *superiores.*	overhead compartments
Durante el despegue y el aterrizaje, hay que poner *el* *respaldo del asiento* en posición vertical.	seat back
Hay que poner *la mesa plegable* en su posición original.	tray table
Entre los asientos hay *un descansabrazos.*	arm rest
En la clase ejecutiva hay *una butaca-cama.*	seat that makes into a bed

5. Complete.

Muchos pasajeros llevan equipaje de mano a bordo del avión. Pero no pueden poner su equipaje
en los _____. Todo equipaje de mano tiene que _____ o debajo del
              1   2
_____ o en los _____ superiores. Es una regla de seguridad. Y durante el
        3   4
_____ y el _____, el _____ de su asiento tiene que estar en
        5   6   7
_____ vertical. Y hay que poner la _____ en su posición original. Entre los asien-
        8   9
tos hay un _____ para la comodidad de los pasajeros.
                  10

Comforts and Amenities On Board (Fig. 2-3)

Fig. 2-3

Durante el vuelo:
Servimos *bebidas y meriendas*.
Hay *periódicos y revistas*.
Les ofrecemos una *comida*.
Antes del aterrizaje *serviremos el desayuno*.
Hay también *mantas* y almohadas*.
En *el bolsillo del asiento*, hay *bolsas para el mareo*.
Durante el vuelo les ofrecemos una variedad de alternativas de
   entretenimiento:
   música estereofónica
   videojuegos
   películas
Una *pantalla táctil le* permite seleccionar sus programas favoritos.
Los *auriculares* (*audífonos*) están en *el bolsillo en la espalda del
   asiento* delante de usted.

drinks; snacks
newspapers; magazines
meal
we will serve breakfast
blankets; pillows
seat pocket; airsickness bags

entertainment
stereophonic music
video games
movies
touch screen
headsets; seat pocket

Regional Variations

*blanket   The most commonly used word for blanket is *manta*. You will also hear *cobija*, *frazada* and in Puerto Rico *frisa*.

6. Complete.

1. Durante el vuelo los asistentes de vuelo sirven _____ y _____.
2. Si el pasajero quiere leer algo hay _____ y _____.
3. Si hay turbulencia y alguien se pone enfermo hay bolsas para _____ en el _____ del asiento.
4. Durante los vuelos las compañías aéreas están ofreciendo más y más _____ de _____.
5. Una _____ le permite al pasajero seleccionar sus programas favoritos.
6. Para oír la música y el sonido de las películas hay _____.

7. Complete.

Yo estoy cansado(a). No quiero comer, no quiero oír la música, no quiero ver la película. Solo quiero dormir. ¿Tiene Ud. una _____ y una _____, por favor?
$\qquad$ 1 $\qquad$ 2

Cada día hay miles de vuelos que circunnavegan el mundo. Mientras los pasajeros abordan el avión, algunos asistentes de vuelo u otros miembros de la tripulación se ponen a la puerta de entrada. Les dan la bienvenida a bordo a los pasajeros y les recogen las tarjetas de embarque. A veces le tienen que indicar a un pasajero dónde está su asiento. En la mayoría de los aviones la cabina trasera o la cabina principal es para la clase económica y la cabina delantera es para el uso exclusivo de los pasajeros de *business* y primera clase.

Durante el vuelo hay varios anuncios. Los asistentes de vuelo tienen que pensar en la comodidad y también en la seguridad de los pasajeros. Les explican el uso de la máscara de oxígeno y del chaleco salvavidas. Les indican dónde están las salidas de emergencia y también los retretes (aseos). Hay algunas reglas importantes que los pasajeros tienen que seguir. Todo su equipaje de mano tiene que caber debajo del asiento o en los compartimientos superiores. Se prohíbe fumar durante todo el vuelo y en los retretes. Durante el despegue y el aterrizaje los pasajeros tienen que poner el respaldo de sus asientos en posición vertical y tienen que abrocharse el cinturón de seguridad. La tripulación siempre les recomienda a los pasajeros que mientras estén sentados mantengan los cinturones abrochados. Nunca se sabe si el avión encontrará alguna turbulencia inesperada y empezará a brincar.

Durante el vuelo los asistentes de vuelo sirven bebidas y una comida. Les dan mantas y almohadas a los pasajeros que quieren tomar una siesta. En los vuelos de larga distancia la compañía de aviación les ofrece a los pasajeros varios canales de música estereofónica y presentan una película. Los asistentes de vuelo distribuyen los (juegos de) audífonos (auriculares) a los pasajeros que los deseen. En clase económica hay un cargo nominal por el uso de los audífonos.

Durante todo el vuelo está prohibido entrar en la cabina del piloto. En los vuelos el comandante (capitán) les habla a los pasajeros para decirles el tiempo aproximado de vuelo, la ruta de vuelo, la altura a que van a volar y la velocidad que van a alcanzar. De parte de toda su tripulación, el comandante les desea a los pasajeros un buen viaje.

8. Complete.

1. En la mayoría de los aviones hay dos _____. La cabina _____ es para el uso de los pasajeros en primera _____. La _____ trasera es para la clase _____.
2. Los asistentes de _____ recogen las _____ _____ _____ cuando los pasajeros abordan el avión.
3. Si hay un cambio en la presión de aire, los pasajeros tienen que usar la _____ _____ _____ para respirar.
4. El _____ _____ _____ tiene que caber debajo del asiento o en los _____ _____.

5. No se puede fumar durante todo el _____.
6. Está prohibido fumar en los _____ también.
7. Los pasajeros tienen que poner el _____ de sus asientos en _____ vertical durante el despegue y el aterrizaje.
8. La tripulación siempre les sugiere a los pasajeros que mantengan los _____ _____ _____ abrochados mientras estén sentados.
9. Durante un vuelo de larga distancia, los asistentes de vuelo siempre sirven _____ y una _____.
10. Si un pasajero quiere escuchar la música o ver la película, necesita _____ _____ _____ _____. En clase económica hay un _____ nominal por su uso.

9. Match.

A
1. todo el personal a bordo de un avión
2. lo que se caerá automáticamente si hay un cambio en la presión de aire
3. lo que necesitan los pasajeros para abordar el avión
4. lo que tiene que estar en posición vertical durante el despegue y el aterrizaje
5. lo que se abrochan los pasajeros durante el despegue y el aterrizaje
6. los que trabajan con los pasajeros a bordo de un avión
7. de donde salen los pasajeros si hay un accidente
8. lo que uno tiene que pagar
9. donde se puede poner el equipaje de mano
10. por donde va a volar el avión

B
(*a*) el cinturón de seguridad
(*b*) el respaldo del asiento
(*c*) la salida de emergencia
(*d*) el bolsillo del asiento
(*e*) la tripulación
(*f*) la tarjeta de embarque
(*g*) el chaleco salvavidas
(*h*) los compartimientos superiores
(*i*) la máscara de oxígeno
(*j*) los asistentes de vuelo
(*k*) la ruta de vuelo
(*l*) el cargo
(*m*) la turbulencia

10. Answer.

1. ¿Qué hacen los asistentes de vuelo mientras los pasajeros abordan el avión?
2. ¿Cuántas cabinas hay en la mayoría de los aviones?
3. ¿Qué tienen que aprender a usar los pasajeros?
4. ¿Dónde tienen que poner su equipaje de mano los pasajeros?
5. ¿Se puede fumar en el avión?
6. ¿Cuáles son algunas cosas que los pasajeros tienen que hacer durante el despegue y el aterrizaje?
7. ¿Por qué es una buena idea mantener los cinturones abrochados durante todo el vuelo?
8. ¿Qué sirven los asistentes de vuelo durante el viaje?
9. ¿Qué más ofrecen para la comodidad de los pasajeros?
10. ¿Cuáles son algunos anuncios que hace el piloto?

Key Words

abrocharse   to fasten
las alternativas   choices
el (la) aeromozo(a), la azafata   flight attendant
el ala (f)   wing
la almohada, el cojín   pillow
la altura   altitude
el aseo   bathroom
el (la) asistente(a) de vuelo   flight attendant
el aterrizaje   landing
aterrizar   to land
la azafata   flight attendant (Spain)
la bolsa para el mareo   airsickness bag
el bolsillo del asiento   seat pocket
brincar   to bump, bounce
la butaca-cama   seat bed
caber   to fit
la cabina   cabin
la cabina del piloto (de mando)   cockpit
la cabina delantera   forward cabin
la cabina ejecutiva   business class cabin
la cabina trasera   rear cabin
el canal   channel
el cargo   charge
la clase económica   economy class
el comandante   captain, pilot
la comida   meal
el compartimiento (superior), sobre la cabeza   overhead compartment
el chaleco salvavidas   life vest
dar la bienvenida a bordo   to welcome aboard
debajo de   under
debajo del asiento   under the seat
delantero   forward
el descansabrazos   armrest
despegar   to take off
el despegue   takeoff
la emergencia   emergency
el entretenimiento   entertainment
en caso de   in case of

el equipaje de mano   hand luggage, carry-on luggage
la estación   station
iluminado   lit, illuminated
inesperado   unexpected
el juego de audífonos, el juego de auriculares   headset
la frazada, la frisa, la manta   blanket
mantener   to keep
el mareo   airsickness
la máscara de oxígeno   oxygen mask
la música estereofónica   stereophonic music
la merienda   snack
la mesa plegable   tray table
la pantalla táctil   touch screen
el pasillo   aisle
la película   movie, film
permanecer   to remain
el (la) piloto(a)   pilot
por hora   an (per) hour
la presión de aire   air pressure
la primera clase   first class
principal   main
el respaldo del asiento   seat back
el retrete   toilet
la ruta de vuelo   flight plan, route of flight
la salida de emergencia   emergency exit
la sección de (no) fumar   (no) smoking section
la seguridad   safety
sentado(a)   seated
la señal de no fumar   no-smoking sign (light)
el tiempo de vuelo   flight time
trasero   rear
la tripulación   crew
la turbulencia inesperada   unexpected turbulence
la velocidad   speed
volar (ue)   to fly
el vuelo   flight

CHAPTER 3

Security Control, Passport Control and Customs

El control de seguridad, control de pasaportes y la aduana

Security Control

Note: Although all airports have strict security regulations, they are not universal.

Delante del *control de seguridad* hay *una fila (cola)*.	security control, line
Antes de entrar en la fila hay que mostrar su pasaporte al agente si está tomando un vuelo internacional.	
Si uno toma un vuelo nacional, hay que mostrar una forma de *identificación (identidad) gubernamental*.	government identification
Hay que poner todo el equipaje de mano en *una correa (cinta)*.	conveyor belt
En unos casos el pasajero tiene que quitarse los zapatos.	take off his/her shoes
Tiene que poner todos los *objetos metálicos* que lleva en *un contenedor*.	metal objects, container

Tiene que pasar por una *máquina de rayos equis*.   x-ray machine
Tiene que poner los líquidos, geles y otros productos de
    consistencia similar en una *bolsa sellada*.   sealed bag
Tiene que *quitar* la bolsa de su equipaje de mano.   take out
Cualquier otro producto similar tiene que ser facturado.

1. Answer.

    1. ¿Qué hay siempre delante del control de seguridad?
    2. Antes de entrar en el área del control de seguridad, ¿qué hay que (es necesario) mostrar al agente?
    3. ¿Sobre qué tiene que poner el pasajero todo su equipaje de mano?
    4. ¿En qué tiene que poner todos los objetos metálicos que tiene?
    5. ¿En qué tiene que poner los líquidos y geles?
    6. ¿Por qué tipo de máquina tiene que pasar todo?

Passport Control and Immigration

Aquí tiene Ud. mi *pasaporte*.   passport
           mi *visado* (*visa*).   visa
           mi *tarjeta de turista*.   tourist card
¿Cuánto tiempo va a estar aquí?   How long
Voy a estar *solo unos días*.   only a few days
           una semana.   a week
           un mes.   a month
¿Viaja Ud. *en plan de negocios*?   on business
¿Viaja Ud. *en plan de turismo*?   for pleasure
Estoy solo *de paso*.   passing through
¿Dónde *estará Ud. hospedado(a)*?   will you be staying

2. Complete.

    En el _____ de pasaportes
                  1
    — Su _____ por favor.
           2
    — Aquí lo _____ Ud.
             3
    — ¿Cuánto tiempo va Ud. a _____ aquí?
                           4
    — Voy a estar _____.
                  5
    — ¿Dónde estará _____ Ud.?
                  6
    — Estaré en el hotel Emperador.
    — ¿Viaja Ud. en plan de _____ o de _____?
                                  7   8
    — De _____. Estoy de vacaciones.
           9

At Customs

No tengo *nada que declarar*.   nothing to declare
Tengo *algo que declarar*.   something to declare
Si Ud. no tiene nada que declarar, siga *la flecha verde*.   green arrow
Si Ud. tiene algo que declarar, siga *la flecha roja*.   red arrow
El (La) *aduanero(a)* (*agente de la aduana*) pregunta: customs agent

¿Lleva Ud. *cigarrillos (tabaco)?*   cigarettes, tobacco
        whisky?   whiskey, spirits
             frutas o vegetales?   fruits or vegetables
Llevo solamente *efectos personales.*   personal belongings
¿Puedo ver su *declaración de aduana?*   customs declaration
Quiero declarar una botella de whisky.
Favor de *abrir esta bolsa.*   open this bag
          maleta.   suitcase
Si Ud. lleva más de un litro de whisky, tendrá que pagar *impuestos.*   duty
A veces un pasajero tiene que pasar por *el control de agricultura.*   agriculture control
No se puede entrar en el país con productos agrícolas y otros *comestibles.*   foods

3. Complete.

   1. En este aeropuerto no inspeccionan todo el equipaje. Los pasajeros que no tienen nada que _____ pueden seguir la _____ verde. Los que tienen _____ que declarar tienen que seguir la _____ _____.
   2. En este país les permiten a los turistas entrar con dos botellas de whisky. Si uno lleva tres botellas, tiene que _____ la tercera y pagar _____.
   3. El agente de la aduana quiere ver mi _____ de aduana.
   4. No tengo nada que declarar porque llevo solamente _____ personales.
   5. No se puede entrar en el país de otro país extranjero con productos _____ o comestibles.
   6. A veces es necesario pasar por el control de _____.

Key Words

abrir   to open
la aduana   customs
el (la) aduanero(a)   customs agent
la bandeja   tray
la bolsa sellada   sealed bag
el cigarrillo   cigarette
la cinta   conveyor belt
el contenedor   container
el control de pasaportes   passport control
el control de agricultura   agricultural control
los comestibles   foods
la correa   conveyor belt
¿cuánto tiempo?   how long? how much time?
la declaración de aduana   customs declaration
declarar   to declare
de negocios   on business
de paso   passing through
efectos personales   personal effects

la flecha   arrow
la fruta   fruit
la funda   case
los geles   gels
hospedado(a)   lodged, staying
los impuestos   duty
la identificación (identidad) gubernamental   government identification
el pasaporte   passport
los productos agrícolas   agricultural products
el tabaco   tobacco
la tarjeta de turista   tourist card
el turismo   tourism, pleasure
el vegetal   vegetable
la visa   visa
el visado   visa
el whisky   whiskey

CHAPTER 4

CAPÍTULO 4

At the Train Station

En la estación de ferrocarril

Getting a Ticket (Fig. 4-1 on page 26)

el boleto (el billete)	ticket
En las Américas se dice *el boleto.*	
En España se dice *el billete.*	
de ida y vuelta (regreso*)	round trip
Voy de Madrid a Barcelona. Luego vuelvo a Madrid.	
Necesito un billete *de ida y vuelta.*	
Voy de Panamá a Colón. No regreso a Panamá.	
No necesito un boleto de ida y regreso.	
Necesito solamente un boleto *sencillo.*	one way
En las Américas se dice *comprar un boleto.*	buy a ticket
En España se dice *sacar un billete.*	buy a ticket
Para comprar un boleto es necesario ir a la ventanilla (boletería).	ticket window
Se venden (despachan) los billetes en la ventanilla.	

Regional Variations

The verb *volver* and the noun *vuelta* are more commonly used in Spain. *Regresar* and the noun *regreso* are more common in Latin America but each one is readily understood throughout the entire Spanish-speaking world.

Note: Because of the computer monitors and screens (*paneles*) at stations it is very difficult to find *un horario* — a printed timetable.

Fig. 4-1

1. Complete.

    En la estación de Atocha, Madrid

    Cliente: Un _____ para Barcelona, por favor.
                   ₁
    Empleado: ¿Un billete sencillo o _____ _____ _____
                                                           ₂
    _____ _____ ?

    Cliente: No pienso volver a Madrid. Un _____ _____ , por favor.
                                                          ₃

2. Complete.

    En la estación de Buenos Aires

    Cliente: Un _____ para Mar del Plata, por favor.
                   ₁
    Empleado: ¿Un boleto de ida y regreso o un _____ _____ ?
                                                           ₂
    Cliente: Voy a regresar a Buenos Aires en dos días. Un _____ _____
    _____ _____ _____ , por favor.
      ₃

    En las estaciones modernas hay *máquinas de venta automáticas.*   automatic vending machines

    Usted introduce su tarjeta de crédito en *la ranura.*   slot
    Usted pulsa el botón en *la pantalla* para seleccionar su destino.   screen
    El *tiquet* sale automáticamente.   ticket
    Los trenes *de cercanías* sirven los suburbios de una ciudad grande.   local

Algunos trenes de cercanías hacen muchas *paradas*.   stops

Los trenes *de largo recorrido* sirven las grandes ciudades y recorren   long distance
  grandes distancias.

El AVE (el tren de alta velocidad española) es un tren español muy
  rápido.

En unos trenes de *lujo* hay que pagar *un suplemento*.   luxury, supplement

Note: Many terms that were used for different types of trains such as *el tren expreso*, *el tren rápido*, *el tren directo*, *el tren local*, *el tren ómnibus* are beginning to disappear. Train service is excellent in Spain and they have a special terminology for the different types of trains. Train service is sporadic throughout Latin America and in some areas it is non-existent.

Regional Variations

*In addition to the words *boleto* and *billete*, *el tiquet* is used today for the small types of tickets that come from automatic machines. Variations of *el tiquet* are *el tiquete*, *el ticket*, and *el tiqué*.

---

3. Complete.

1. Si usted no quiere esperar en la fila delante de la boletería, usted puede comprar su boleto en la _____ automática.
2. Usted tiene que introducir su tarjeta de crédito en la _____.
3. Despúes usted tiene que _____ el botón en la pantalla para seleccionar su_____.
4. El _____ sale automáticamente de la máquina.
5. Estamos en Nueva York y queremos ir a los suburbios en Connecticut. Tomamos un tren _____.
6. Estamos en Nueva York y vamos a Miami. Vamos a tomar el tren _____.
7. En algunos trenes de _____ es necesario pagar un _____.
8. Hay un tren que va de Nueva York a Washington y la única _____ que hace es en Baltimore.

Waiting for the Train

En las estaciones más modernas hay *monitores (paneles)* que indican   boards
  las salidas y las llegadas.

Algunas tienen *pantallas*.   screens

En las estaciones más antiguas hay un *tablero indicador*.   board

Hay un tablero para trenes *de largo recorrido*.   long distance

Hay otro para los trenes de cercanías.

El tren para Málaga debe salir a las 14:20.

El tren no va a salir *a tiempo*.   on time

Va a salir a las 15:10.

Sale *con retraso (atrasado)*.   late

Hay una *demora* de 50 minutos.   delay

El tren va a salir con 50 minutos de retraso.

Tengo que esperar.

Voy a esperar en *la sala de espera*.   waiting room

Algunos pasajeros quieren ir a Granada.

Van a *cambiar de tren (transbordar)* en Sevilla.   change trains

4. Answer.

1. Málaga no está en las cercanías de Madrid, ¿verdad?
2. El tren que va a Málaga, ¿es un tren de largo recorrido o un tren de cercanías?
3. ¿A qué hora debe salir el tren para Málaga?

    4. ¿Va a salir a tiempo?
    5. ¿A qué hora va a salir?
    6. ¿Hay una demora?
    7. ¿Con cuántos minutos de retraso va a salir el tren?
    8. ¿Dónde esperan el tren los pasajeros?
    9. ¿Dónde tienen que transbordar los pasajeros que van a Granada?

5. Complete.

El tren no va a salir a tiempo. Hay una _____. El tren va a salir a las 15:10, no a las 14:20. Va a salir con _____ minutos de _____. Los pasajeros pueden esperar el tren en
la _____ _____ _____.
         $_1$ $_2$ $_3$ $_4$

6. Complete.

    1. En las estaciones más modernas hay una pantalla de llegadas y _____, y en las estaciones
        más antiguas hay un _____.
    2. No hay un tren directo de Málaga a Granada. Los pasajeros que van a Granada tienen que
        _____ de tren en Sevilla. El tren entre Sevilla y Granada hace bastantes _____.

7. Give a related word.

    1. llegar
    2. salir
    3. recorrer
    4. esperar
    5. el trasbordo

Checking Your Luggage

Tengo mucho *equipaje*.	luggage
Tengo muchas *maletas (valijas)*.	suitcases
No puedo *llevar* todas las maletas.	carry
El *mozo (maletero)* puede llevarlas.	porter
Hoy en día no hay muchos mozos.	
Es necesario buscar *un carrito*.	cart
En algunas estaciones hay *un cargo para usar el carrito*.	charge
Voy *a facturar* las maletas.	check
Voy a *depositarlas* en la consigna.	leave, check
El mozo las puede llevar a *la consigna (sala de equipaje)*.	checkroom
En la consigna el señor me da *un talón*.	check stub
Para *reclamar (recoger)* el equipaje, tengo que *entregar* el talón.	claim (pick up); hand in

About the Language

Facturar means to "check through" from a place of departure to a destination. *Depositar* means to check in the sense "to leave it for a while." In some areas where the influence of English is quite strong, you may also hear *chequear*.

8. Complete.

El señor llega a la estación de ferrocarril. Tiene mucho _____ y no lo puede _____.
                                                  $_1$ $_2$

Busca a un _____ pero no ve a ninguno. El señor tiene que esperar una hora más y como
                $_3$

no puede encontrar un maletero, pone su equipaje en un _____. Él va a _____ su
                                                       4   5
equipaje en la consigna.

Boarding the Train

El tren para Málaga va a salir en cinco minutos.
Sale del *andén* ocho, *vía* A.   platform, track
En el tren tengo *un asiento** reservado.   seat
Mi asiento está en *el coche** 114D.   car
Llega el tren.
Algunos pasajeros *(se) suben** al tren y otros *(se) bajan* del tren.   get on, get off

Regional Variations
*seat   The word *asiento* is universal but *plaza* is often used in Spain.
*car   The word for car is *coche* or *vagón* in Spain. In Latin America it is most often *carro*.

About the Language

Both *se bajan* or *bajan* and *se suben* or *suben* are correct. It is probably safe to say that you will hear
the reflexive *se* more frequently with *bajar* than *subir*. For more information about these nuances, please
refer to *Schaum's Outline of Spanish Grammar*.

9. Complete.

    1. El tren para Málaga va a salir del _____ número ocho, _____ A.
    2. Tengo que mirar mi billete. Tengo un _____ reservado, pero no sé el número.
    3. El tren va a salir. Tenemos que ir al _____.
    4. En cada estación muchos pasajeros _____ del tren y otros _____ al tren.

On the Train

Aquí viene *el revisor**.   conductor
Quiere *revisar los* boletos (billetes).   check
Los pasajeros comen en *el coche comedor (el bufet)*.   dining car
Los pasajeros duermen en *el coche cama*.   sleeping car

Regional Variations
*conductor   The word for conductor will vary. The most common term is *el revisor*. *El cobrador* is also used but more commonly on a bus since he/she collects (*cobra*) the fare (*la tarifa*). *El conductor* means driver, not conductor.

    Note: Instead of a *coche comedor* many long distance trains today have *una bufetería*, or *coche-bufet (bufé)*.

10. Complete.

    1. La persona que recoge o revisa los boletos en un tren es el _____.
    2. Como es un viaje muy largo, los pasajeros duermen en el_____ _____.
    3. Si los pasajeros tienen hambre durante el viaje, pueden comer algo en el _____
           _____ o _____.

La señora Molina hace un viaje en tren. Baja del taxi en la parada de taxis enfrente de la estación de ferrocarril. La señora tiene cuatro maletas. Quiere ayuda con el equipaje y llama a un mozo. En la estación de ferrocarril se entera de que el tren no va a salir a tiempo. Hay una demora. El tren va a salir con un retraso de una hora y media. Por eso la señora decide depositar su equipaje en la consigna. Después de depositar el equipaje, ella va a la ventanilla donde compra su boleto (saca su billete). Ella compra un boleto de ida y regreso (saca un billete de ida y vuelta) en primera clase en el tren expreso (rápido) a Barcelona. Luego ella se sienta en la sala de espera. Después de una hora ella va a la consigna para reclamar (recoger) su equipaje. Ella llama otra vez a un mozo. El mozo lleva el equipaje al andén número 10. El tren ya está en el andén. La señora y el mozo buscan el coche número 114D. Lo encuentran y la señora le da al mozo una propina y sube al tren. En el coche 114D, que es un coche de primera clase, la señora busca el asiento B en la fila 6. Su asiento reservado es el asiento B en la fila 6. del coche 114D.

Como el viaje a Barcelona no es muy largo, la señora no reservó una cama en el coche cama. Si tiene sueño, puede tomar (echar) una siesta en su asiento. Cuando el tren sale, viene el recogedor (revisor) de billetes. Él revisa el billete de la señora y le dice que todo está en orden. Ella le pregunta dónde está el coche comedor. Él le explica que el coche comedor es el segundo coche para adelante.

11. Based on the story, write *true or false*.

1. La señora hace un viaje en tren.
2. Ella va a la estación de ferrocarril en autobús.
3. Ella no necesita ayuda con el equipaje porque lleva solamente una maleta.
4. El tren va a salir a tiempo.
5. Ella compra un boleto sencillo.
6. Ella tiene una cama reservada en el coche cama.
7. La señora deposita su equipaje en la consigna.
8. La señora le da el talón al recogedor de billetes.

12. Answer.

1. ¿Cómo va la señora a la estación de ferrocarril?
2. ¿Cuántas maletas lleva ella?
3. ¿A quién llama la señora?
4. ¿Va a salir a tiempo el tren?
5. ¿Con cuánto tiempo de retraso va a salir el tren?
6. ¿Dónde factura (deposita) la señora su equipaje?
7. ¿Dónde compra ella su boleto?
8. ¿Qué tipo de boleto compra?
9. ¿En qué tipo de tren va a viajar la señora?
10. ¿Qué le da la señora al empleado para reclamar su equipaje?
11. ¿Adónde lleva el mozo el equipaje?
12. ¿Qué coche buscan ellos?
13. ¿Qué asiento tiene la señora?
14. ¿Por qué no tiene una cama la señora?
15. ¿Qué le pregunta la señora al revisor de billetes?

13. Match.

A	B
1. el equipaje	(*a*) lugar donde un pasajero puede depositar el equipaje
2. el andén	(*b*) el conjunto de maletas y otros artículos que lleva un pasajero
3. la ventanilla	(*c*) no a tiempo
4. el mozo	(*d*) lugar de donde salen los trenes en la estación de ferrocarril
5. la consigna	(*e*) lugar adonde va la gente a comprar sus boletos
6. con retraso	(*f*) persona que ayuda a llevar el equipaje

14. Match with a word that means the same thing.

1. un billete	(*a*) la boletería
2. volver	(*b*) de regreso
3. de vuelta	(*c*) regresar
4. la ventanilla	(*d*) la plaza
5. el asiento	(*e*) el boleto
6. el coche	(*f*) el carro, el vagón

15. Match with a related word.

1. vender	(*a*) el lujo
2. cerca	(*b*) la venta
3. recorrer	(*c*) el transbordo
4. lujoso	(*d*) el recorrido
5. parar	(*e*) la facturación
6. transbordar	(*f*) las cercanías
7. facturar	(*g*) la parada

Key Words

a tiempo   on time
abordar, subir a   to board
el andén   platform
el asiento   seat
bajar(se) del tren   to get off the train
el billete   ticket
el boleto   ticket
la boletería   ticket window
la bufetería   buffet car
el bufet (el bufé)   snack car
las cercanías   nearby areas
el carro, el carrito   cart
el coche, el vagón   car of a train
el coche cama   sleeping car
el coche comedor   dining car
con retraso   late
la consigna   baggage checkroom
de ida y vuelta (regreso)   round trip
de largo recorrido   long distance
depositar   to check (leave luggage)
la demora   delay
el destino   destination
la distribuidora automática   ticket machine
entregar   to give, hand over
el equipaje   luggage
la estación de ferrocarril (trenes)   train station
facturar   to check (luggage)

el horario   schedule, timetable
la llegada   arrival
llevar   to carry
el pasillo central   center aisle
la maleta   suitcase
el mozo (maletero)   porter
el panel   board
la pantalla   screen
el pasillo   aisle, corridor
reclamar   to reclaim
recoger   to pick up, collect
reservado   reserved
el revisor   conductor
sacar un billete   to buy a ticket   (Spain)
la sala de equipaje   baggage room
la sala de espera   waiting room
la salida   departure
salir   to leave
sencillo, de ida solamente   one way
subir   to get on board
el tablero indicador   board
el talón   ticket stub, check
transbordar   to change trains
el tren   train
la valija   suitcase, valise
la ventanilla   ticket window
la vía   track

CHAPTER 5
CAPÍTULO 5

The Automobile
El automóvil

Renting a Car

Quisiera *alquilar* un carro* (*coche**).	rent a car
Quisiera alquilar un carro *por día*.	by the day
¿Cuánto *cobran Uds.*?	do you charge
¿Cuánto cobran Uds. *por semana*?	by the week
¿Está incluido el *kilometraje*?	mileage (in kilometers)
¿Cuánto es por kilómetro?	
¿Está incluida la gasolina?	
¿Tiene Ud. un carro con *transmisión automática*?	automatic transmission
¿Tengo que pagar un *depósito*?	deposit
Quiero *seguro completo* (*contra todo riesgo*).	full coverage insurance
Aquí tiene Ud. mi *permiso de conducir* (*licencia**).	driver's license
Quiero pagar con una *tarjeta de crédito*.	credit card
Favor de *firmar el contrato* aquí.	sign the contract

Regional Variations

*car   *El coche* is used in Spain, *el carro* throughout Latin America.

*to rent   In addition to *alquilar* you will also hear *rentar* and *arrendar*. The noun forms are *el alquiler, la renta, el arrendamiento*.

*licence   In addition to *permiso de conducir* you will hear *la licencia*. Less commonly used are *el título, el carnet* and *la libreta*.

---

1. Complete.

1. No quiero hacer el viaje en tren. Prefiero _____ un carro.
2. Ud. puede alquilar el carro por _____ o _____ _____.
3. _____ cien pesos _____ día o seiscientos pesos _____ semana.
4. A veces el _____ no está incluido.
5. Luego hay que pagar por _____ también.

6. En algunos países es necesario tener _____ _____ _____ _____
   internacional para alquilar un carro.

7. Como es posible tener un accidente, es una buena idea tener _____ _____ al
   alquilar un carro.

2. Complete.

— Quisiera _____ un carro, por favor.
₁

— ¿Quiere Ud. un _____ grande o pequeño?
₂

— _____ por favor.
₃

— ¿Por cuánto tiempo lo quiere Ud.?

— ¿Cuánto cobran Uds. _____ _____ y _____ _____?
                                        ₄   ₅

— Por día, cien pesos. Por _____, seiscientos pesos. Y el _____ no está
                            ₆   ₇

   incluido en el precio.

— Luego, ¿cuánto más _____ Uds. por kilómetro?
                        ₈

— Cinco pesos y la gasolina está _____.
                                   ₉

— Muy bien. Quiero el carro por una semana.

— Y yo le recomiendo tomar el _____ si por acaso tiene un accidente.
                                ₁₀

— Sí, ¡cómo no!

— Me permite ver su _____ _____ _____, por favor.
                                   ₁₁

— Aquí lo tiene Ud. Y perdón, ¿tengo que pagar un _____?
                                                    ₁₂

— Si Ud. va a pagar con una tarjeta de _____, no. Pero si Ud. no va a pagar con una tar-
                                         ₁₃
   jeta de crédito, luego sí, hay que pagar un depósito.

— Pues, yo voy a pagar con una _____ _____ _____.
                                               ₁₄

— Muy bien. Aquí tiene Ud. su permiso de conducir. Favor de _____ el contrato aquí.
                                                              ₁₅

Checking Out the Car (Figs. 5-1 and 5-2 on pages 34 and 35)

Spanish	English
Yo sé *frenar*.	to brake
embragar.	to clutch
parar el carro.	to stop
poner el carro en marcha*.	to start the car
arrancar el carro*.	to start the car
¿Cómo puedo *hacer funcionar los intermitentes*?	make the turn signals work
¿Cómo puedo hacer funcionar *las luces de cruce (bajas)*?	low beams
las luces (los faros)?	headlights
las luces de carretera (altas, intensas)?	high beams
¿Cómo puedo hacer funcionar los *limpiaparabrisas*?	windshield wipers
Favor de mostrarme cómo *cambiar de velocidad.*	to shift gears
¿Cómo puedo ponerlo *en primera velocidad*?	in first gear
en punto muerto (neutro)?	neutral
en marcha atrás*?	reverse
¿Hay un mapa en la *guantera**?	glove compartment
¿Hay un *gato**?	jack
¿Está en el *baúl**?	trunk
¿Hay también un *neumático* de repuesto**?	spare tire

Favor de notar que *falta un tapón* (*un tapacubo*).	a hubcap is missing
Hay unos *rayones* en la aleta.	scratches
Y aquí hay una *abolladura*.	dent

Regional Variations	
*to start	In addition to *arrancar el carro* you will also hear *prender* and sometimes *encender*.
*reverse	In addition to *en marcha atrás* you will also hear *en reversa(o)* and *en retro*.
*glove compartment	In addition to *la guantera* you will also hear *la secreta*.
*jack	*Un gato* can also be *una gata*.
*trunk	There are several very common terms for the trunk of the car: *el baúl, la maletera, la cajuela*.
*tire	The word for tire varies greatly. You will hear each of the following in various areas; *el neumático, llanta, goma, caucho*.
*spare	In addition to *de repuesto* you will hear *de refacción* and *de recambio*.

About the Language

You will hear both *los* and *las intermitentes* depending upon whether the speaker uses *los faros* or *las luces* for lights.

Fig. 5-1

Fig. 5-2

3. Choose the appropriate word(s).

1. Tengo que poner el pie en _____ antes de cambiar de velocidad. (*a*) el freno
   (*b*) el embrague (*c*) el acelerador
2. Para parar el carro es necesario _____. (*a*) frenar (*b*) arrancar (*c*) embragar
3. Antes de dar una vuelta, tengo que poner _____. (*a*) el tablero (*b*) los intermitentes
   (*c*) la bocina
4. De noche, tengo que poner _____. (*a*) las luces (*b*) los intermitentes
   (*c*) los limpiaparabrisas
5. Hay alguien en la carretera. Tengo que tocar (sonar) _____. (*a*) la guantera
   (*b*) el velocímetro (*c*) la bocina
6. Antes de poner el carro en marcha, tengo que poner la llave en _____.
   (*a*) el arranque (*b*) el ahogador (*c*) el volante
7. No puedo ver nada porque _____ está sucio. (*a*) el guardafango (*b*) el parabrisas
   (*c*) el parachoques
8. _____ indica cuantos kilómetros hemos recorrido. (*a*) el volante
   (*b*) el cuentakilómetros (*c*) el tablero
9. Al aparcar (parquear, estacionar) el carro, debo poner _____. (*a*) el freno de pie
   (*b*) el freno de mano (*c*) el acelerador
10. Cuando viajo de noche en la carretera y hay muy poco tráfico, pongo _____.
    (*a*) las luces de cruce (*b*) las luces altas (*c*) los intermitentes
11. No sé si este carro ha tenido un accidente o no, pero hay _____.
    (*a*) muchos intermitentes, (*b*) muchos arranques (*c*) muchos rayones y abolladuras.

4. Complete.

1. Tengo que saber cómo poner el carro en primera velocidad o en reverso. Tengo que saber cómo
   _____ _____ _____.
2. Cuando voy a dar una vuelta debo poner los _____.
3. No conozco esta ciudad. Espero que haya un mapa (un plano) en la _____.
4. La llanta de repuesto está en _____.
5. Cuando _____ no funciona apropiadamente, el carro hace mucho ruido.

5. Put the following actions in starting a car in proper order. Omit any item that does not belong.

frenar
arrancar el motor poniendo el pie en el acelerador

embragar
tocar (sonar) la bocina
poner la llave en el arranque
poner los intermitentes
poner el carro en primera velocidad

At the Gas Station

El carro necesita *gasolina*.	gas
El *tanque* (*depósito*) está casi *vacío*.	tank; empty
Déme *cincuenta pesos* de gasolina.	fifty pesos worth
veinte litros de gasolina.	twenty liters
Déme veinte litros de gasolina* *sin plomo*.	unleaded
con plomo.	leaded
Llene el tanque (*depósito*), por favor.	fill the tank
Llénelo, por favor.	fill it up
Favor de *revisar* (*chequear, verificar*) *el agua en el radiador*.	check the water in the radiator
el agua en la batería.	water in the battery
el líquido de frenos.	brake fluid
el aceite.	oil
las bujías.	spark plugs
Favor de mirar los *neumáticos* (*las llantas, las gomas*).	tires
¿Puede Ud. *cambiar esta rueda*, por favor?	change this tire
Favor de *limpiar el parabrisas*.	clean the windshield
¿Puede darle *un engrase* (*una lubricación*)?	grease job
una afinación?	tune-up

Regional Variations

*gas/service station   You will hear both *la gasolinera* and *la estación de servicio*.
*gas   *Gasolina* is universally understood but you will also hear *la nafta* and *la benzina*.

---

6. Complete.

1. El carro necesita gasolina. El _____ está casi vacío. Tengo que ir a la _____.
2. No voy a _____ el tanque. Quiero solamente veinte _____ de gasolina.
3. Favor de revisar el agua en el _____ y en la _____.
4. También tiene que chequear el aire en _____.
5. Tengo que limpiar el _____. Está muy sucio y no puedo ver nada.
6. Después de unos doscientos kilómetros, es una buena idea revisar el _____ y también el líquido de _____.
7. Si Ud. quiere mantener su carro en buenas condiciones, debe darle de vez en cuando un _____ y una _____.

Some Minor Car Problems

He tenido una *avería*.	breakdown
El carro (coche) *se caló* (*paró de repente, murió*).	stalled
El carro *no arranca* (*no prende*).	won't start
El motor se *calienta demasiado*.	is overheating
Está *golpeando*.	knocking
fallando.	missing
vibrando.	vibrating
Está *goteando aceite*.	leaking, dripping

Hace mucho ruido cuando *pongo los frenos*.	put on the brakes
Tengo un *pinchazo* (*una llanta baja**).	flat tire
¿Puede Ud. mandar una *grúa*?	tow truck
Necesito una grúa para *remolcar* el carro.	to tow
¿Puede Ud. *hacer las reparaciones*?	make the repairs
¿Puede Ud. *repararlo* enseguida?	repair
¿Puede Ud. conseguir los *repuestos** enseguida?	spare parts

Regional Variations

*breakdown	*Una avería* is the most common term but you will also hear *una descompostura, una pana* or *un pane*.
*flat tire	Just as the word for tire varies, so does the expression "flat tire." You will hear *una llanta baja, un neumático desinflado, una llanta reventada* (for a blowout), *una goma ponchada, un ponchazo* and *una ponchadura* as well as *un pinchazo*.
*spare parts	In addition to *repuestos* you will also hear *refacciones* and *piezas de recambio*.

7. Say in another way.

1. El carro no *se pone en marcha*.
2. Tuve *un pinchazo*.
3. El carro *se paró de repente*.
4. Tuvimos *una descompostura*.
5. *Está muy ruidoso* cuando pongo los frenos.
6. El motor *se pone muy caliente*.

8. Complete.

El otro día estuvimos en la carretera y tuvimos una _____. El carro se _____ y no
⟨1⟩   ⟨2⟩
lo pude _____ de nuevo. Tuve que mandar por una _____ para _____ el
              ⟨3⟩   ⟨4⟩   ⟨5⟩
carro a la gasolinera.

9. Complete.

1. Cuando un coche está _____ o _____, hace ruido.
2. Mucha agua está _____ del radiador y creo que el motor va a calentar _____.
3. Como no puedo arrancar el carro, tendré que mandar por una_____.
4. Si necesito algunos _____, espero que los puedan conseguir enseguida en el garaje.
5. El mecánico me dice que puede _____ el carro enseguida.

Key Words

la abolladura	dent	*arrendar*	to rent
el aceite	oil	*la avería*	breakdown
el acelerador	accelerator, gas pedal	*la batería*	battery
la afinación	tune-up	*el baúl*	trunk
el aire	air, choke	*la benzina*	gas
la aleta	fender	*la bocina*	horn
afinar	to tune up	*el bonete*	hood of a car
alquilar	to rent	*la bujía*	spark plug
arrancar	to start	*la cajuela*	trunk of a car
el ahogador	choke	*la cajuelita*	glove compartment
el arranque	starter	*calarse*	to stall
el automóvil	car	*calentar(se)*	to heat

calentarse demasiado   to overheat
cambiar   to change
cambiar de velocidad   to change gears, to shift
el capó   hood of a car
el carnet   driver's license
el carro   car
el claxon   horn
el cloche   clutch
cobrar   to charge
el coche   car
comprobar(ue)   to check
con plomo   leaded
el contrato   contract
el cuentakilómetros   odometer (reading in
                        kilometers)
chequear   to check
el depósito   deposit, gas tank
la descompostura   breakdown
embragar   to clutch
el embrague   clutch
el engrase   grease job
en retro   in reverse
en reversa(o)   in reverse
el faro   headlight
el freno   brake
la estación de servicio   gas station, service station
fallando   missing, misfiring
firmar   to sign
frenar   to brake
el freno de mano   hand brake
el freno de pie   foot brake
la gasolina   gas
la gasolinera   gas station
golpeando   knocking
la goma   tire
goteando   leaking, dripping
la guantera   glove compartment
el guardafango   fender
la grúa   tow truck
el intermitente   turn signal
el kilometraje   mileage (in kilometers)
la licencia   driver's license
el limpiaparabrisas   windshield wiper
el líquido de frenos   brake fluid
la lubricación   grease job, lube
las luces altas   high beams
las luces bajas   low beams
las luces de carretera   high beams
las luces de cruce   low beams
las luces intensas   high beams
la luz   headlight
la llanta baja   flat tire
la llanta   tire
llenar   to fill, fill up

en marcha atrás   in reverse
la maleta   trunk
la maletera   trunk
marcha atrás   reverse
la matrícula   license plate
morir (ue, u)   to stall, to die
el neumático   tire
neutro   neutral
la palanca   gearshift
las piezas de recambio   spare parts, replacements
el parabrisas   windshield
el parachoques   bumper
parar   to stop
el permiso de conducir   driver's license
el pinchazo   flat tire
la placa   license plate
poner en marcha   to start
por día   by the day
por semana   by the week
prender   to start
la primera velocidad   first gear
el punto muerto   neutral
de repuesto   spare
el remolque   tow truck
el radiador   radiator
el rayón   scratch
las refacciones   spare parts
remolcar   to tow
las reparaciones   repairs
reparar   to repair
los repuestos   spare parts
revisar   to check
la rueda   tire, wheel
la secreta   glove compartment
el seguro completo   full coverage insurance
el seguro contra todo riesgo   full coverage
                                 insurance
el silenciador   muffler
sin plomo   unleaded (gasoline)
sonar(ue) la bocina   to sound, to blow the horn
el título   license
el tablero (de instrumentos)   dashboard
el tanque   gas tank
el tapacubo   hubcap
el tapón   hubcap
la tarjeta de crédito   credit card
la transmisión automática   automatic
                              transmission
una pana   breakdown
vacío   empty
la velocidad   speed, gear
el velocímetro   speedometer
vibrando   vibrating
el volante   steering wheel

CHAPTER 6

Asking for Directions

Pidiendo direcciones

Asking for Directions While On Foot (Fig. 6-1)

Fig. 6-1

No tengo *un plano de la ciudad.*	city map
Perdón, señora. Estoy *perdido(a).* ¿Dónde está *la calle* Diez de Mayo?	lost; street
¿La calle Diez de Mayo y (con) qué otra calle?	
La calle Diez de Mayo y (con) *la avenida* del General Garza.	avenue
¿Está *lejos* o *cerca*?	far; near
¿Puedo *ir (andar) a pie (caminar*)*?	walk
Ud. tiene que *dar la vuelta*.*	turn around
En el primer *cruce**	intersection
doble Ud. a la derecha.	turn; to the right
a la izquierda.	to the left
Siga Ud. *derecho (recto) (derecho derecho).*	straight (straight ahead)
Está a tres *cuadras (manzanas)** de aquí.	blocks
Tres cuadras *más allá.*	farther on

Regional Variations

*walk	The verb "to walk" in Spain is either *andar*, *andar a pie* or *ir a pie*. The verb *caminar* is more frequently used in Latin America. "To take a walk" is *pasear* or *dar un paseo*.
*turn around	*Dar la vuelta* usually means to turn completely around whereas *doblar* means simply "to turn."
*block	The word *cuadra* is the most common but you will also hear *manzana* in Spain and Mexico.
*intersection	You will hear both *el cruce* and *la bocacalle*. Note that *el cruce* can also mean a crosswalk.

1. Complete.

— Perdón, señora. No sé dónde estoy. Estoy ＿＿＿＿＿＿＿＿.
₁

— Yo le puedo ayudar. ¿Qué ＿＿＿＿＿＿＿ está buscando Ud.?
₂

— La calle Diez de Mayo.

— ¡Ay! La calle Diez de Mayo es muy larga. Recorre casi toda la ciudad. ¿Sabe Ud. el número que
quiere?

— No, no lo sé. Quiero ir a la calle Diez de Mayo ＿＿＿＿＿＿＿ la avenida del General Garza.
₃

— Sí, yo sé donde está.

— ¿Está muy ＿＿＿＿＿＿＿?
₄

— No, no está muy ＿＿＿＿＿＿＿. Está bastante ＿＿＿＿＿＿＿. Ud. puede ＿＿＿＿＿＿＿.
₅　　　　　　　　　　　　　₆　　　　　　　　　₇
Pero está en la dirección opuesta. Ud. tiene que dar ＿＿＿＿＿＿＿ ＿＿＿＿＿＿＿. Luego
₈
siga Ud. ＿＿＿＿＿＿＿. A tres cuadras de aquí, ＿＿＿＿＿＿＿ Ud. a la derecha. Siga Ud.
₉　　　　　　　　　　　　　　　　　₁₀
una ＿＿＿＿＿＿＿ más. La primera calle es la Diez de Mayo. Luego doble Ud., no a la
₁₁
derecha, sino a la ＿＿＿＿＿＿＿. Siga Ud. dos cuadras más y estará en la Diez de
₁₂
Mayo ＿＿＿＿＿＿＿ la avenida del General Garza.
₁₃

— Muchas gracias, señora. ¿Me permite repetir? Yo sigo ＿＿＿＿＿＿＿. A tres ＿＿＿＿＿＿＿
₁₄　　　　　　　　　　₁₅
yo doblo a ＿＿＿＿＿＿＿ ＿＿＿＿＿＿＿. Sigo una ＿＿＿＿＿＿＿ más. Luego yo doblo
₁₆　　　　　　　　　　　₁₇
＿＿＿＿＿＿＿ ＿＿＿＿＿＿＿ ＿＿＿＿＿＿＿. A dos cuadras ＿＿＿＿＿＿＿ está la avenida
₁₈　　　　　　　　　　　　　　　　　　　　　　　₁₉
del General Garza.

— Exacto, señor.

— ¿Dónde está la calle Velázquez?

— Está muy lejos. Ud. tiene que tomar *el autobús*. *La*	bus
parada del autobús está en la próxima *esquina*. Ud. tiene	bus stop; corner
que tomar el número diez. *Baje Ud.* en la sexta parada	get off
y estará en la calle Velázquez.	

2. Complete.

— Perdón, señor. ¿Sabe Ud. dónde está la calle Velázquez?

— Ay, sí, señor. Pero está bastante _____. Ud. no puede _____. Ud. tendrá que
tomar el _____.

— ¿Dónde puedo tomar el autobús?

— La _____ _____ _____ está en la próxima _____. Hay
dos autobuses que salen de la misma _____. Ud. tiene que _____ el número
diez. _____ Ud. en la sexta parada y estará en la calle Velázquez.

— Muy agradecido, señor.

— A sus órdenes.

Asking for Directions While In a Car (Fig. 6-2)

Fig. 6-2

¿Cómo *se va* de aquí al pueblo de Aravaca?   does one go (get to)

Aravaca está en *las afueras*.   outskirts

Tiene que tomar la *carretera de* Valencia.   highway to

Es la nacional número dos.	
O Ud. puede tomar *la autopista**.	turnpike
¿Cómo voy a la autopista?	
Vaya Ud. al segundo *semáforo*.	traffic light
En el segundo semáforo, *vire (doble) Ud.* a la izquierda y *siga derecho*.	turn; continue straight
No es una calle *de dirección única* (*de sentido único**).	one-way
Después de pagar *el peaje (la cuota**), quédese* en *el carril* (*la banda, la pista**) *derecho(a)*.	toll; stay
	lane
Ud. va a salir de la autopista en la segunda *salida* después de pasar por la *caseta (garita) de peaje*.	exit
	tollbooth
Hay mucho(a) *tráfico (tránsito, circulación**).	traffic
En *la hora de mayor afluencia* hay *embotellamientos**.	rush hour; traffic jams

---

Regional Variations

*highway	A road such as a state highway is *la carretera. La autopista* is a superhighway—most often a toll road. You will also hear *la autovía*.
*one way	*De dirección única* and *de sentido único* are equally common in usage. There are a few less commonly used expressions such as *una mano* and *una vía*.
*toll	The most common word is *peaje*, but *la cuota* is also used a great deal.
*lane	The most common word for lane is *el carril* but you will also hear *la vía, la pista* and *la banda. Canal* is used in Venezuela.
*tollbooth	This can be referred to as *la caseta de peaje, la cabina* or *la garita de peaje*.
*traffic	Each of the three terms given is equally common.
*traffic jam	In addition to *embotellamiento* you will frequently hear *el tapón*.

3. Complete.

1. Aravaca está en las _____ de la ciudad.
2. Para ir a Aravaca, Ud. puede tomar la _____ _____ _____.
3. Hay un montón de carros, camiones y autobuses. Hay mucho _____ en la carretera.
4. Todos salen de su trabajo a la misma hora. Es la _____ _____ _____ _____.
5. Yo creo que será más rápido tomar la _____ que la carretera nacional.
6. En la autopista, es necesario pagar un _____.
7. Se paga el _____ en la _____ _____ _____.
8. En la autopista hay tres _____ en cada dirección.
9. Tengo que quedarme en _____ _____ _____ porque vamos a salir de la autopista en la próxima _____.
10. No podemos entrar en la calle. Es una calle de _____ _____.
11. ¿No ves el _____? Hay una luz roja y tenemos que parar.
12. En las horas de mayor afluencia hay muchos _____ en las carreteras.

4. Give other words for:

1. la autopista
2. el peaje
3. el tráfico
4. de sentido único
5. la caseta de peaje
6. la pista
7. andar
8. la cuadra

5. Identify each item in Fig. 6-3.

Fig. 6-3

6. Match.

<table>
<tr><td colspan="2" align="center">**A**</td><td align="center">**B**</td></tr>
</table>

A	B
1. lo que uno tiene que pagar para usar la autopista	(*a*) el semáforo
2. una luz que indica si los carros tienen que parar o pueden seguir	(*b*) la caseta de peaje
3. una calle donde los carros no pueden ir en ambas direcciones	(*c*) en las afueras
4. donde se encuentran dos calles	(*d*) el peaje
5. donde hay que pagar en una autopista	(*e*) la hora de mayor afluencia
6. el período de tiempo cuando hay mucho tráfico	(*f*) una calle de sentido único
7. no en la ciudad, pero tampoco muy lejos	(*g*) la esquina
8. no vire ni a la derecha ni a la izquierda	(*h*) siga derecho

7. Complete.

1. Quiero ir a la calle de la Independencia _____ la calle Mayor.
2. La avenida del General Garza está _____ tres cuadras de aquí.
3. El pueblo de Aravaca está _____ tres kilómetros de aquí.
4. Ud. tiene que tomar la carretera _____ Valencia.
5. El pueblo de Aravaca está en la carretera _____ Valencia.

Key Words

las afueras   outskirts
andar a pie   to walk (Spain)
el autobús   bus
la autopista   turnpike
la avenida   avenue
bajar(se)   to get off
la banda   lane
el bloque   block (of a street)
la bocacalle   intersection
la cabina de peaje   tollbooth
caminar   to walk (Latin America)
el camión   bus
la carretera   highway
el carril   lane
la caseta de peaje   tollbooth
la circulación   traffic
el cruce   intersection
la cuadra   block
la cuota   toll
derecho   straight
la calle   street
cerca   near
la derecha   right
de dirección única   one-way
doblar   to turn
el embotellamiento   traffic jam
la esquina   street corner

la garita de peaje   tollbooth
la guagua   bus
la hora de mayor afluencia   rush hour
ir a pie   to walk, to go on foot
la izquierda   left
lejos   far
la manzana   block
más allá   farther on
la parada   stop
el peaje   toll
perdido(a)   lost
la luz roja   red light
la pista   lane
el plano   (city) map
recorrer   to run through, cover distance
recto   straight (ahead)
la salida   exit
seguir (siga)   follow, continue
de sentido único   one-way
el semáforo   traffic light
sentido único   one way
el tapón   traffic jam
el tráfico   traffic
el tránsito   traffic
dar la vuelta   turn around
de vía única   one way

CHAPTER 7
CAPÍTULO 7

Making a Phone Or Cell Phone Call

Haciendo una llamada telefónica o celular

Note: As in the United States the use of the cell phone is increasing dramatically in Spain and Latin America. Unlike the United States, however, public phones are still used but less so than in the past.

Using a Public Telephone

¿Dónde hay un *teléfono público*?	public phone
Para hacer *una llamada** tiene que tener *una tarjeta telefónica**.	call, phone card
Si no tiene el número, tiene que llamar a Información.	
También puede consultar *la guía telefónica*.	phone book

Para usar un teléfono público tiene que:

Descolgar el auricular*	pick up the receiver
Depositar (introducir, meter) la tarjeta telefónica en *la ranura*.	slot
Esperar *la señal* (*el tono*).	dial tone
Marcar el número.	dial
Está sonando.	It's ringing.
Esperar *la contestación* (*al interlocutor*)	answer, your party
Hablar	

Regional Variations

*call	In several areas *una llamada* is *un llamado*.
*phone card	The term *la tarjeta telefónica* is universal. One buys a card that has a specified number of units (*unidades*). The card is inserted into the public phone and the required number of units is automatically deducted. The card can be used for local and long distance calls. Some public phones still take coins (*monedas*).
*receiver	In addition to *auricular* you will also hear *la bocina* in Latin America.

1. Complete.

1. Mira, quieres hacer una llamada y hay un _____ en la esquina.
2. ¿Tienes una _____ telefónica?
3. Si no sabes el número, puedes llamar a _____ o consultar la _____.

2. Put the following in order.

a. Esperar la señal (el tono).
b. Esperar la contestación.
c. Empezar a hablar.
d. Descolgar el auricular.
e. Marcar el número.
f. Introducir la tarjeta telefónica.

Making Different Types of Calls

Tengo que hacer *una llamada local* (*urbana*).	local call
Tengo que hacer *una llamada interurbana*.	toll call
Tengo que hacer *una llamada de larga distancia*.	long distance call
Tengo que hacer *una llamada de persona a persona*.	person to person
Tengo que hacer *una llamada de cargo reversible**.	collect call
Para hacer una llamada internacional hay que marcar *el prefijo del país*.	country code
Para hacer una llamada de larga distancia hay que marcar *el código de área**.	area code

Regional Variations

*collect call	You will also hear *de cobro revertido*.
*area code	You will also hear *la clave de área*.

3. Complete.

1. Una llamada de Nueva York a Miami es _____.
2. Una llamada de Miami a Lima, Perú, es _____.
3. Una llamada dentro de la misma ciudad es _____.
4. No voy a pagar la llamada. Quiero hacer la llamada de _____.
5. Para hacer una llamada internacional tienes que marcar _____.
6. Y para hacer una llamada de larga distancia tienes que marcar _____.
7. Solo quiero hablar con Inés. Tengo que hacer la llamada _____.

Speaking On the Telephone

¡Hola*!
¿Está el señor Ruiz, por favor?
¿De parte de quién?   Who's calling?
De parte de la señora Guillén.
Un momentito, por favor.
No, señora. No está.

¿Puedo dejarle *un mensaje* (*recado*)?	message
Sí, señora, ¡cómo no!	Don't hang up!
¡No cuelgue usted!	

4. Use the following as a guide to make up your own telephone conversation.

— ¡Hola!

— ¡ _____ ! ¿ _____ , por favor?
         1   2

— ¿De _____ _____ _____ ?
                        3

— _____ _____ _____ _____ .
                     4

— Un _____ , por favor.
        5

— No, no _____ .
          6

— ¿Puedo dejarle un _____ , por favor?
                     7

Using a Cell Phone

Se puede hacer muchas cosas con *el móvil**.	cell phone
Se puede personalizar *los timbres*.	rings
Se puede asignar *sonidos* a diferentes personas.	sounds
En su móvil se puede aceder al correo electrónico, *bajar* música, tomar fotografías digitales y *grabar* video mensajes con sonido.	download, tape/record
Para mandar un texto de mensaje hay que tocar la *clave* Mensaje, introducir la dirección de e-mail, escribir (*tapar*) su mensaje y oprimir Enviar.	key, type/press

5. Complete.

1. Si usted quiere saber quién está llamando cuando suena su celular, puede asignarles un _____ individual a sus amigos o parientes.
2. Los _____ pueden ser muy diferentes —hasta una canción.
3. No es necesario tener su computadora. Es posible acceder a sus _____ en su móvil.
4. Usted puede tomar fotografías _____ con su móvil y bajarlas en su computadora.
5. Ud. puede usar su móvil para enviar _____ mensajes instantáneos de texto.
6. Para mandar un texto de mensaje hay que tocar la _____ Mensaje, oprimir Nuevo Mensaje, introducir la dirección de e-mail, _____ su mensaje y enviarlo.

Some Things that May Go Wrong

No hay señal.	There's no dial tone.
El teléfono está *estropeado* (*fuera de servicio**).	broken, out of service (or order)
Tengo un *número equivocado.*	wrong number
Está comunicando (*la línea está ocupada*).	It's busy.
Hay muchos *parásitos.*	static
¡Aló! ¡Aló! Usted *está cortando.*	cutting out
¿Me escuchas*?	Can you hear me?
Se nos cortó la línea.	We got cut off.

6. Complete.

1. No puedo marcar. No hay _____.
2. Creo que el teléfono está _____.
3. Hay una señal de ocupado. Están _____.
4. — No, el señor Montoya no vive aquí.
   — Perdón. Tengo el _____ _____.
5. No contesta nadie. Voy a _____ llamar _____ _____ más tarde.
6. Hay tanto ruido que no puedo oír. Hay muchos _____ en la línea.
7. ¡Aló! ¡Aló! ¿Me _____?
8. Ahora no hay nadie. Se nos _____ _____ _____.

La señora Ramírez va a hacer una llamada de larga distancia. Ella no tiene que consultar la guía telefónica porque ella ya sabe el número de su amiga. Ella tiene también la clave de área. La señora Ramírez tiene que comunicarse con la telefonista porque está llamando de una zona rural. Ella descuelga el auricular, espera la señal y marca el cero. La telefonista contesta:

— ¡Diga!
— Sí, señora. ¿Puede ponerme con el 771-15-80, por favor? Y la clave de área es 31.
— Un momentito, señora. No cuelgue, por favor .... Lo siento, señora. Está comunicando.
— Sí, lo sé. Oigo la señal de ocupado. Gracias, señora. Voy a intentar llamar de nuevo más tarde.

Cinco minutos más tarde, la señora lo intenta de nuevo. Una vez más, descuelga el auricular, espera la señal, marca el cero y le da al telefonista la clave de área y el número que desea. ¡Qué suerte! Está sonando.

— Lo siento, señora—dice la telefonista.—No contesta nadie.
— Ay. Hace cinco minutos estaba comunicando y ahora no hay nadie.

Una hora más tarde la señora intenta de nuevo. Alguien contesta y la señora empieza a hablar. Ella no lo puede creer. La telefonista le dio un número equivocado. Ella marca otra vez el cero y le explica su problema a la telefonista. La telefonista la comunica (pone) de nuevo con el número que quiere. El teléfono suena y alguien contesta. Es su amiga.

— ¡Hola!
— ¡Hola, Teresita!
— Carmen, ¿cómo estás?

Y luego nada. Silencio total y otra vez la señal. Se les ha cortado la línea. Parece que la señora Ramírez no va a hablar nunca con su amiga.

7. Mrs. Ramírez had four problems with her phone call. What were they?

1.
2.
3.
4.

8. Put the following in the proper order for making a phone call.

1. Descolgar el auricular.
2. Colgar el auricular.
3. Marcar el número de teléfono con el disco.
4. Buscar el número deseado en la guía de teléfonos.
5. Esperar la señal.
6. Esperar una contestación.
7. Tener una conversación.

9. Complete.

1. No hay señal. El teléfono está _____.
2. Hay señal de ocupado. _____ _____.
3. Tengo que darle la extensión. Estoy hablando con la _____.
4. La persona con quien quiero hablar no está. Puedo dejarle un _____.
5. La persona con quien quiero hablar no vive allí. Tengo un _____ _____.

10. Answer on the basis of the story.

1. ¿Qué tipo de llamada va a hacer la señora?
2. ¿Por qué no tiene que consultar la guía telefónica?
3. ¿Qué más sabe ella?
4. ¿Por qué no puede marcar directamente?
5. ¿Qué descuelga ella?
6. ¿Qué espera?
7. ¿Qué número marca?
8. ¿Quién contesta?
9. ¿Con qué número quiere comunicarse la señora Ramírez?
10. ¿Cuál es la clave de área?
11. ¿Por qué no puede hablar la señora Ramírez con su amiga?
12. ¿Por qué no puede hablar la segunda vez que llama?
13. La tercera vez que llama, ¿contesta alguien?
14. ¿Es su amiga?
15. ¿Qué le dio la telefonista?
16. La cuarta vez, ¿contesta su amiga?
17. ¿Hablan las dos amigas?
18. ¿Por qué no pueden terminar la conversación?

Smartphone

El teléfono inteligente (smartphone) es un teléfono celular (móvil)
  con *pantalla táctil*.   touch screen
Tiene un hardware y sistema operativo capaz de realizar tareas y
  funciones igual que las de *las computadoras* de escritorio* o   desktop computers
  portátiles.   laptop
El teléfono inteligente ofrece muchas funciones no ofrecidas
  en un teléfono celular o móvil.
Además de un teléfono con capacidad de hacer y recibir llamadas,
  el teléfono inteligente es una minicomputadora.
Permite la instalación de programas para aumentar sus posibilidades.

Algunos (entre muchos) ejemplos son:

—el *procesamiento de datos*   data processing

—la conectividad a Internet (a la red) y Wi-Fi

—la provisión de una cámara *delantera* y *trasera* que ofrece   front, rear
   la oportunidad de realizar selfies

—la capacidad de aumentar *el almacenamiento* de datos con   storage
   tarjetas de memoria adicionales

—la posibilidad de acceder a mapas y buscar eventos culturales
   y sociales

   Las posibilidades son casi infinitas.

Ofrecen una gran variedad de aplicaciones y es fácil *descargarlas*.   download, attach them

---

Regional Variations

*computer   The term *la computadora* is used throughout the Spanish-speaking countries of Latin America. The term *el ordenador* is used exclusively in Spain.

---

11. True or false?

1. El teléfono inteligente tiene una pantalla táctil.
2. El teléfono inteligente y la computadora comparten muchas de las mismas funciones.
3. El teléfono celular tiene las mismas funciones que el teléfono inteligente.
4. Las computadoras de escritorio son portátiles.
5. El teléfono inteligente tiene cámara delantera y trasera.

12. Match.

1. un teléfono inteligente   a. realizar
2. ampliar, agregar   b. un smartphone
3. hacer, llevar a cabo, efectuar   c. un dispositivo
4. un aparato, un instrumento   d. aumentar

13. Si tienes un teléfono inteligente, explica por qué y cómo lo usas.

Key Words

acceder al e-mail   to access e-mail
acceder al correo electrónico   to access e-mail
el almacenamiento   storage
el anexo   extension, switch board
el auricular   receiver (of a telephone)
bajar   download
la bocina   receiver
el botón   button
la cabina de teléfono (telefónica)   telephone
                                 booth
celular   cellular
la central   switchboard
la clave de área   area code
el código de área   area code
colgar (ue)   to hang up

la computadora de escritorio   desktop computer
la computadora portátil   laptop
comunicar con   to put through, to connect
comunicarse con   to speak with
la conexión   connection
la contestación   answer
contestar   to answer
cortarle a alguien la línea   to cut someone off
¿De parte de quién?   Who's calling?
delantero   front
descargar   to download
descolgar (ue)   to pick up (the receiver)
descompuesto   broken
empujar   to push
están comunicando   the line is busy

está sonando it's ringing
estropeado broken
la extensión extension
fuera de servicio out of order, broken
grabar to burn, record
la guía telefónica phone book
la guía de teléfonos phone book
hacer una llamada telefónica to make a phone call
la información information
intentar to try
el interlocutor party
el interno extension
el llamado call
la línea line
la línea está cortando the line's cutting out
la línea está ocupada the line is busy
llamada con cobro revertido (de cargo reversible) collect call
la llamada de larga distancia long distance call
la llamada interurbana toll call
la llamada call
la llamada local local call
la llamada urbana local call
la llamada telefónica telephone call
llamar por teléfono to phone, to telephone
marcar to dial
más tarde later
el mensaje de texto text message

el móvil mobile, cellular phone
no cuelgue Ud. hold on, don't hang up
el número de teléfono phone number
el número equivocado wrong number
ocupado busy
oprimir to push
el (la) operador(a) telephone operator
los parásitos static
poner con to put through to
portátil portable
el prefijo del país country code
el procesamiento de datos data processing
la ranura slot
el recado message
la señal dial tone
la señal de ocupado busy signal
sonar (ue) to ring
el sonido sound
la tarjeta telefónica telephone card
el teclado keyboard
telefonear to phone
el teléfono telephone
el teléfono celular cellular phone
el teléfono de (a) botones push button phone
el (la) telefonista telephone operator
el timbre ring
el tono dial tone
el tono de ocupado busy signal
trasero back

CHAPTER 8

Public Bathroom

El lavatorio público

Trying to find the proper word for a public bathroom in the many Spanish-speaking countries is no easy matter since the proper expression varies greatly from area to area and no hard and fast rules can be given for what word to use where. It may be of some consolation to realize that the same problem exists for the foreigner using English. We may ask: Where's the men's room? Where's the ladies' room? Where's the powder room? Where's the restroom? Where's the lavatory? Where's the comfort station? Where's the loo? (in Great Britain). Where's the John? (among friends).

If you were to look up the word "bathroom" in a bilingual dictionary you would probably find *el baño* or *el cuarto de baño*. However, if you were looking for a public facility and asked, "*¿Dónde está el cuarto de baño?*," you would probably receive a funny reaction. *El cuarto de baño* refers to the bathroom in a private home or in a hotel. Since the term encompasses the word *baño*, it literally means a room that has a bathtub. In many older homes the room that contains the washbasin and the bathtub is separate from the smaller room that has only the toilet. In newer homes and hotels all the facilities are housed in the same room, but *el cuarto de baño* means that a bathtub, or at least a shower, is present. How then does one find the public bathroom when the need arises?

If you do not have to ask, look for a sign on a door. *Caballeros* or *señores* indicates a men's room and *damas* or *señoras* indicates a ladies' room.

The literal word for toilet is *el retrete*, and until rather recently one could safely ask in Spain, "*¿Dónde está el retrete?*" Of late, however, it has come to be considered somewhat vulgar. Some acceptable terms are *¿Dónde está el W.C.?* This will probably be understood mostly in Spain. The little room with the toilet was often referred to as the "water closet" and W.C. (pronounced *doble v c*) is the abbreviation for it. More universally understood expressions would be: *¿Dónde está el lavatorio? ¿Dónde está el excusado? ¿Dónde están los aseos (públicos)? ¿Dónde está el váter?* Women may also ask, *¿Dónde está el tocador (de señoras)?*, which equates to some extent with the English "powder room". For men "*¿Dónde está el urinario?*" is sometimes used. Other expressions that you might encounter are: *¿Dónde está el lavabo? ¿Dónde está el servicio? ¿Dónde está el sanitario?* and *¿Dónde está la toilette?* (sometimes pronounced *tualé*). Good luck!

CHAPTER 9

At the Hotel

En el hotel

Checking In (Figs. 9-1 and 9-2 on page 54)

El señor está en la *recepción*.	registration counter
Habla el *huésped:*	guest
Quisiera un *cuarto* sencillo (individual)*.	I would like; single room
un *cuarto doble*.	double room
una *habitación sencilla*.	single room
una *habitación doble*.	double room
Quisiera un cuarto con *dos camas*.	twin beds
con *una cama de matrimonio*.	double bed
Prefiero un cuarto que *dé al mar*.	faces the sea
al patio.	courtyard, patio
a la calle.	street
a la piscina*.	swimming pool
a las montañas.	mountains
¿Tiene el cuarto *aire acondicionado*?	air conditioning
calefacción?	heat
radio?	
balcón?	
televisión?	
un baño particular?	private bath
ducha?	shower
No quiero *pensión completa*.	room and board
¿Cuánto es el cuarto?	
¿Está incluido el servicio?	
el *desayuno*?	breakfast
¿Están incluidos los *impuestos*?	taxes
Estaremos hasta el día _____.	
Tenemos una *reservación (reserva*)*.	reservation
Aquí tiene Ud. nuestra confirmación.	

Fig. 9-1

Fig. 9-2

Habla el *empleado (recepcionista)*:　desk clerk
El hotel no está *completo (lleno)*.　full
Tenemos cuartos (habitaciones) *disponibles*.　available
¿Me permite (deja) ver su pasaporte?
Favor de *llenar esta ficha (tarjeta de recepción)*.　fill out this registration form
¿Va a pagar con una *tarjeta de crédito*?　credit card
El *mozo** puede subir las maletas.　bellhop
Cuando salgan, favor de dejar las *llaves* en la *conserjería*.　keys; reception

Regional Variations

*room	*Cuarto* is more commonly used throughout Latin America and *la habitación* in Spain.	
*pool	*Piscina* is the more commonly used word for swimming pool. In Mexico and some areas of Central America *la alberca* is used. You will also hear *la pileta*.	
*reservation	*Reservación* is commonly used throughout Latin America. *Reserva* is frequently used in Spain.	
*bellhop	In addition to *el mozo* you will also hear *el botones* and sometimes *el maletero*.	

1. Complete.

1. Un cuarto _____ es solamente para una persona.
2. Un cuarto para dos personas es un _____.
3. Un cuarto _____ puede tener dos _____ o una cama de _____.
4. Hay más ruido en un cuarto que da a la _____ que en un cuarto que da al _____.
5. Como el hotel está en la playa, yo quiero un cuarto que dé al _____.
6. No quiero comer en el hotel. Así no quiero _____ _____.
7. El _____, el _____ y los _____ están incluidos en el precio del cuarto.
8. En el verano siempre quiero _____ _____ y en el invierno siempre quiero _____.
9. Yo sé que cuesta más, pero siempre pido un cuarto con _____ _____ particular.
10. Yo hice una _____ para el cuarto y aquí tengo mi _____.
11. El _____ trabaja en la recepción.
12. Si el hotel está _____, no hay cuartos _____.
13. En la recepción el huésped tiene que llenar una _____. Muchas veces tiene que mostrarle al recepcionista su _____ si está en un país extranjero.
14. El _____ sube las maletas al cuarto.
15. Mucha gente prefiere pagar con una _____ _____ _____.

2. Complete.

En la recepción del hotel
— Buenos días, señor.
— Buenos días. ¿Tiene Ud. un _____ para dos personas?
　　　　　　　　　　　　　1
— ¿Tiene Ud. una _____?
　　　　　　　　2
— No, no hice ninguna.
— A ver. El hotel está casi _____ pero tenemos tres cuartos dobles _____.
　　　　　　　　　　　　3　　　　　　　　　　　　　　　　　　　4
　¿Prefiere Ud. un cuarto con _____ _____ o con una cama de _____?
　　　　　　　　　　　　　　5　　　　　　　　　　　　　　　　6
— Con _____, por favor. El cuarto, ¿da a la calle o _____ _____ patio?
　　　　7　　　　　　　　　　　　　　　　　　　　　　8

— Los únicos cuartos dobles que me quedan _____ _____ la calle.

　　　　　　　　　　　　　　　　　　　　　　　　　　9

— Está bien. ¿Cuánto es el _____?

　　　　　　　　　　　　　10

— Mil quinientos pesos al día.

— ¿Está incluido el _____?

　　　　　　　　　11

— Sí, el _____ y los _____ están incluidos, pero el desayuno no.

　　　　　12　　　　　　　　　13

— Está bien.

— ¿Hasta cuándo van Uds. a estar aquí?

— Estaremos hasta el día _____ . Y perdón, en estos días está haciendo mucho calor.

　　　　　　　　　　　　　14

¿Tiene _____ _____ el cuarto?

　　　　　15

— Sí, señor. Y tiene un _____ particular.

　　　　　　　　　　　16

— Muy bien.

— Luego, favor de _____ esta ficha y _____ Ud. aquí. ¿Y me permite

　　　　　　　　　　　17　　　　　　　　　　　　18

ver su _____?

　　　　　19

— Aquí lo tiene.

— Gracias. El _____ les puede subir las maletas.

　　　　　　　　　20

— Gracias.

— De nada.

Speaking with the Housekeeper (Fig. 9-3)

¡La *camarera**!	housekeeper
¡*Adelante!* (*¡Pase Ud.!*)	come in
¿Tiene Ud. *servicio de lavado*?	laundry service
¿Me pueden *lavar* y *planchar* ...	wash; iron
Quiero que me *laven en seco* ...	dry-clean
¿Para cuándo lo puedo tener?	by when
Si Ud. lo quiere hoy, hay que pagar un suplemento.	
¿Puede Ud. *limpiar* (*arreglar*) el cuarto (la habitación) ahora?	clean, make up
Necesito una *almohada* más.	pillow
una *manta** más.	blanket
una *toalla* más.	towel
una *toalla de baño*.	bath towel
más (*una pastilla** *de*) *jabón*.	(a bar of) soap
más *perchas**.	hangers
papel higiénico*.	toilet paper
¿Dónde está *el enchufe* para la *máquina de afeitar* (*la rasuradora*)?	outlet; electric razor
la *secadora para el pelo*?	hair dryer
¿Cuál es el *voltaje* aquí?	voltage

Regional Variations

*housekeeper	The person who actually cleans the room is *el/la criado*(*a*) or *el* (*la*) *camarero*(*a*). The housekeeping manager is *el ama de llaves*.
*blanket	In addition to *la manta* you will also hear *la cobija*. Less commonly used terms are *la frazada* and *la frisa*.
*bar	You will hear both *una pastilla* and *una barra de jabón*.
*hanger	Other words for *percha* are *el colgador, el gancho* and less commonly *el armador*.
*toilet paper	You will also hear *papel de baño* as well as *papel higiénico*.

Fig. 9-3

 3. Complete.

1. Quiero que nos limpien el cuarto. Voy a llamar a la _____.
2. Tengo mucha ropa sucia. A ver si tienen servicio de _____.
3. Señora, ¿me pueden _____ y _____ esta camisa?
4. ¿Y me pueden _____ _____ _____ esta falda?
5. No puedo usar mi máquina de afeitar porque no sé dónde está el _____.
6. Anoche tenía frío. Quiero una _____ más en la cama.
7. Una toalla grande es una _____ _____ _____.
8. Quiero tomar una ducha pero no hay _____.
9. Yo siempre tengo mucha ropa. En los hoteles nunca hay bastantes _____ en el armario.
10. Por lo general ponen un rollo de _____ _____ extra en el cuarto de baño.

4. Identify each item in Fig. 9-4 on page 58.

Fig. 9-4

Some Problems You May Have (Fig. 9-5)

El *grifo* no funciona*.	faucet; doesn't work
La *luz no funciona*.	light
El *retrete* no funciona*.	toilet
El *interruptor* no funciona*.	light switch
La *bombilla* está *fundida*. (*El foco* está *quemado*.)	bulb; burned out
El *lavabo* está *atascado*.	basin; clogged
No hay *agua caliente*.	hot water

Regional Variations

*faucet   In addition to *el grifo* you will also hear *la llave, el caño,* and *la canilla. La pluma* is used in Puerto Rico and Venezuela.

*toilet   The actual "toilet bowl" is *el inodoro.*

*switch   Other words for *el interruptor* are *el apagador* and in Spain, *la llave.* You will sometimes hear *el suiche* due to English influence.

5. Complete.

1. He encendido la luz, pero no pasa nada. Creo que la _____ está fundida o posiblemente no funciona el _____.
2. He abierto el _____, pero no sale agua.
3. El lavabo no se vació (empty). Estará _____.
4. No puedo ducharme si no hay agua _____.

6. Identify each item in Fig. 9-6.

la bombilla está fundida

el interruptor

el lavabo
está atascado

Fig. 9-5

Fig. 9-6

Checking Out

En la *caja*	cashier's office
Habla el huésped:	
¿A qué hora tenemos que *abandonar* el cuarto?	vacate
¿Tiene Ud. la *cuenta* para el (la) 811?	bill
Este cargo (cobro) de servicio de cuartos (de habitaciones) no es mío.	room service charge
¿Acepta Ud. *tarjetas de crédito*?	credit cards
Habla el *cajero*:	cashier
¿Tiene Ud. algunos *cargos (cobros)* esta mañana?	charges
¿Hizo Ud. alguna *llamada telefónica*?	phone call
Aquí tiene Ud. el total.	

7. Complete.

En la caja del hotel

— ¿Tiene Ud. la _____ para el cuarto 811, por favor?
　　　　　　　　　　　1

— ¿Y cuál es el nombre, por favor? _____
　　　　　　　　　　　　　　　　　　　　2

— ¿Tenía Ud. algunos _____ esta mañana?
　　　　　　　　　　　　3

— No, ninguno. Pagué el desayuno.

— ¿Hizo Ud. una _____ telefónica esta mañana?
　　　　　　　　　　　　4

— No, señor.

— Muy bien. Aquí tiene Ud. la _____. El _____ es 15.200,00 pesos.
　　　　　　　　　　　　　　　　5　　　　　　　　6

— Perdón, pero este cargo de _____ _____ _____ no puede ser mío. Yo
　　　　　　　　　　　　　　　　　　　　　　　　7
no pedí nada en el cuarto.

— ¡Ay! Perdón. Es un cargo del 911. Disculpe, por favor.

— ¿Acepta Ud. _____ _____ _____?
　　　　　　　　　　　　　　　　　　　　8

— Sí, señor. ¿Qué _____ tiene Ud.?
　　　　　　　　　　9

8. Complete.

1. Cuando un cliente llega a un hotel, va primero a la _____, donde habla con el _____.

2. Por lo general, hay que _____ una ficha y mostrarle el _____ al recepcionista.

3. Una persona que va sola a un hotel necesita _____ _____ _____.
   Si viajan dos personas juntas, necesitan _____ _____, que puede tener dos _____ o una cama _____.

4. En muchos hoteles, el _____ y los _____ están incluidos en el precio del cuarto. A veces el _____ está incluido también.

5. Hay más ruido en un cuarto que _____ _____ la calle que en un cuarto que _____ al patio.

6. Muchas personas hacen una _____ cuando van a ir a un hotel. Luego cuando llegan le muestran su _____ al recepcionista.

7. Si el hotel no tiene cuartos _____, está _____.

8. El _____ ayuda a los huéspedes a subir sus maletas al cuarto.

9. La _____ limpia los cuartos en el hotel.

10. Algunas cosas que deben estar en el cuarto de baño son _____, _____ y _____.

11. En el invierno casi todos los hoteles tienen _____ y en el verano muchos tienen _____.

12. Cuando un huésped tiene frío mientras duerme, quiere una _____ más para poner en la _____.

13. Es necesario tener _____ en el armario para colgar la ropa.

14. Muchos hoteles le ofrecen a su clientela un _____ _____ _____ para lavar y planchar su ropa.

15. Si los huéspedes quieren tomar algo en sus cuartos tienen que llamar al _____ _____.

16. En muchos hoteles, el día que van a salir los huéspedes tienen que _____ su cuarto al mediodía.

17. Cuando los huéspedes llegan al hotel, van a la _____ y cuando salen, van a la _____.

18. Hoy día mucha gente prefiere pagar la cuenta del hotel con una _____.

9. Answer on the basis of Fig. 9-7.

1. ¿Da a la calle el cuarto?
2. ¿Tiene balcón?
3. ¿Qué tipo de cama tiene el cuarto?
4. ¿Qué tipo de cuarto es?
5. ¿Tiene un cuarto de baño particular?
6. ¿Qué hay en el cuarto de baño?
7. ¿Qué tiene el cuarto para los días que hace calor?
8. ¿Y qué tiene para los días que hace frío?

Fig. 9-7

10. Look at Fig. 9-8 and correct each false statement.

     1. Los señores están en la caja.
     2. Ellos salen del hotel.
     3. Ellos hablan con el botones.
     4. La señora está llenando una ficha.
     5. El recepcionista tiene la llave del cuarto.
     6. El señor tiene una tarjeta de crédito en la mano.

11. Answer on the basis of Fig. 9-9.

     1. ¿Qué tipo de cuarto es?
     2. ¿Qué hay en la cama?
     3. ¿Quién está trabajando en el cuarto?
     4. ¿Qué hace ella?
     5. ¿Qué hay en el armario?
     6. ¿Está el lavabo en el cuarto mismo o en el cuarto de baño?
     7. ¿Hay una ducha en el cuarto de baño?
     8. ¿Cuántas toallas hay?
     9. ¿Cuántos rollos de papel higiénico hay?

Fig. 9-8

Fig. 9-9

Key Words

abandonar　to vacate
adelante　come in
el agua caliente (f)　hot water
el aire acondicionado　air conditioning
la alberca　swimming pool
la almohada　pillow
el armador　hanger
arreglar　to fix up, to make up
atascado　clogged, stopped up
el baño　bathroom
la barra　bar (of soap)
la bombilla　light bulb
el botones　bellhop
la caja　cashier's office
el (la) cajero(a)　cashier
la calefacción　heat
la calle　street

la cama　bed
la cama de matrimonio　double bed
la camarera　housekeeper
el cargo adicional　additional charge
el cargo　charge
la cobija　blanket
el cobro　charge
el colgador　hanger
completo　full
con dos camas　twin-bedded, with twin beds
la confirmación　confirmation of a reservation
el conserje　concierge
la conserjería　reception
el cuarto　room
el cuarto con dos camas　twin-bedded room
el cuarto de baño　bathroom
el cuarto doble　double room

el cuarto individual single room
el cuarto para una persona single room
el cuarto sencillo single room
la cuenta bill
dar a to face
el despertador alarm clock
el desayuno breakfast
disponible available
la ducha shower
el enchufe socket, outlet
la ficha registration form
firmar to sign
el foco light bulb
la frazada blanket
la frisa blanket
funcionar to work
fundido burned out (light)
el gancho hanger
el grifo faucet, tap
la habitación doble double room
la habitación para una persona single room
la habitación sencilla single room
el huésped guest
los impuestos taxes
el inodoro toilet
el interruptor light switch
el jabón soap
el lavabo wash basin
lavar to wash
lavar en seco to dry-clean
limpiar to clean
la luz light
la llamada telefónica telephone call
la llave key, faucet, light switch
llenar to fill out
lleno full

el maletero bell hop
la manta blanket
la máquina de afeitar electric razor
el mar sea
la montaña mountain
el mozo bellhop
el papel higiénico toilet paper
particular private
pase Ud. come in
la pastilla bar (of soap)
la pensión completa room and board
la percha hanger
la pila swimming pool
la piscina swimming pool
planchar to iron
privado private
la recepción reception desk
el (la) recepcionista receptionist, clerk at the
  reception desk
la reserva reservation
la reservación reservation
el retrete toilet
la secadora para el pelo hair dryer
el servicio service
el servicio de cuartos (habitaciones) room
  service
el servicio de lavado laundry service
el suplemento additional charge
el suiche light switch
la tarjeta de crédito credit card
la tarjeta de recepción registration card
la toalla towel
la toalla de baño bath towel
el total total
el voltaje voltage

CHAPTER 10

At the Bank

En el banco

Exchanging Money (Fig. 10-1 on page 66)

Note: Although many banking transactions are done online and travelers' checks are becoming obsolete, the vocabulary in this chapter is still very useful. Note that we have also added a section on the use of the ATM and debit and credit cards.

¿Dónde está el *banco*?	bank
¿Dónde hay una *oficina de cambio*?	exchange bureau
Necesito *dinero* español (mexicano).	money
Quiero *cambiar* cien dólares.	exchange
Quiero cambiar cien dólares en pesos.	
¿Tiene Ud. *cheques de viajero* o *dinero en efectivo*?	travelers' checks; cash
¿Cuál es *el cambio* hoy?	rate of exchange
Está a cien pesos el dólar. (Cien pesos al dólar.)	100 pesos to the dollar
¿Qué *comisión cargan* (*cobran*) Uds.?	commission; charge
Ud. puede pasar a *la caja*.	cashier's window

1. Complete.

El señor Jones está en España y no tiene _____ español. Quiere cambiar cien
                                              1
dólares _____ euros. No quiere cambiar el dinero en el hotel porque en los hoteles
           2
cargan una _____ más alta. Él quiere cambiarlo en el _____. Él sabe que el
              3   4
_____ en el banco es mejor que en el hotel.
     5

2. Complete.

— Quiero _____ cien dólares, por favor.
              1

— Sí, señor.

— ¿Cuál es el cambio?

Fig. 10-1

— ¿Tiene Ud. _____ _____ _____ o dinero en efectivo?

— Dinero en efectivo.

— Hoy está a cien pesos _____ dólar.

— Muy bien.

— ¿Tiene Ud. su pasaporte, por favor?

— Sí, señor. Aquí lo tiene.

— Ud. puede pasar a la _____. Allí le darán su dinero.

Making Change

Pagué *la cuenta (la factura) al contado*.	bill, in cash
No me queda *dinero en efectivo*.	cash
Tengo que *cobrar un cheque*.	to cash a check
Solo tengo *billetes de gran valor* (*grandes*).	bills of high denomination
¿Puede Ud. *cambiarme** este billete de mil pesos?	change
No tengo *suelto** (*monedas*).	change, coins

Regional Variations

*to make change   The most common term is *cambiar* but you will hear *feriar* in Mexico.

*change   *Suelto* means change in coins as opposed to a bank note. In Mexico you will also hear *la feria*. Change received after paying a bill is most often *la vuelta* but the gender will vary. In some countries it is *el vuelto*.

3. Complete.

La señora Ureña no pagó su cuenta con un cheque. Ella la pagó _____ _____.
Ahora no le queda _____ _____ _____. Ella tiene que ir al banco
$_1$
a _____ _____ _____.
$_2$
$_3$

4. Complete.

Oye, amigo. No tengo _____ alguno. ¿Me puedes cambiar este _____ de
$_1$ $_2$
cien _____?
$_3$

5. Complete.

En el banco

— Quiero cambiar un cheque de viajero, por favor.

— Sí, señor. ¿Está en pesos el cheque?

— No, señor. Está en _____.
$_1$

— Pues, no le puedo dar dólares.

— Lo sé. Lo quiero cambiar en pesos. ¿Cuál es el _____?
$_2$

— Cien pesos _____ dólar.
$_3$

— Está bien.

— Muy bien, señor, Ud. puede pasar a la _____.
$_4$

En la _____
$_5$

— Son diez mil pesos. Aquí tiene Ud. diez _____ de mil pesos cada uno.
$_6$

— Perdón, señor. ¿Me puede _____ un _____ de mil pesos? Necesito algo más
$_7$ $_8$
pequeño.

— Aquí tiene Ud. diez _____ de cien pesos.
$_9$

— Ay, perdón, otra vez. No tengo ningún _____. ¿Me puede cambiar un _____
$_{10}$ $_{11}$
de cien pesos, por favor?

— Aquí tiene Ud. una _____ de cincuenta pesos y cinco de diez pesos cada una.
$_{12}$

— Muy agradecido.

A Savings Account (Fig. 10-2 on page 68)

Quiero *abrir una cuenta de ahorros*.	open a savings account
Quiero *hacer un depósito*.	make a deposit
Quiero *depositar* (*ingresar*) cien dólares.	to deposit
No quiero *sacar* (*retirar*) dinero de mi cuenta de ahorros.	take out, withdraw
Allí veo el *letrero* «ahorros».	sign
Voy a la *ventanilla*.	window
Le doy mi *libreta* al *cajero*.	bank book (passbook); teller

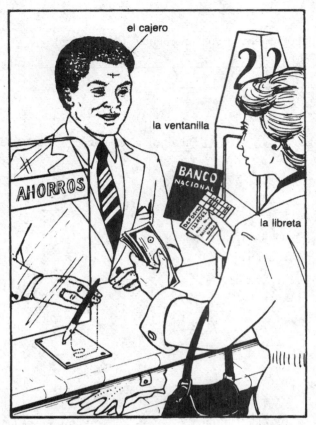

Fig. 10-2

6. Complete.

A mí me gusta ahorrar dinero. Yo tengo una _____ _____ _____ en
el banco. Mañana yo voy a _____ cien dólares en mi cuenta. Yo trato de hacer un
_____ cada mes. En el banco yo voy a la _____ donde veo el letrero «ahorros».
Yo le doy mi _____ al cajero. Como Uds. pueden ver, me gusta _____ dinero,
pero no me gusta _____ dinero de mi cuenta de ahorros.

(with numbers 1, 2, 3, 4, 5, 6, 7 under respective blanks)

A Checking Account

Yo tengo una *cuenta corriente* en el banco.	checking account
Quiero *cobrar* un cheque.	cash
Tengo que *endosar* el cheque antes de cobrarlo.	endorse
Quedan pocos cheques. Necesito otro(a) *talonario (chequera)*.	checkbook
¿Cuál es el *saldo* de mi cuenta?	balance
El banco me manda *un estado bancario*.	a bank statement
Tengo que *conciliar* el saldo.	reconcile

7. Complete.

1. Me quedan doscientos dólares en mi cuenta corriente. Tengo un _____ de doscientos dólares.
2. No tengo más cheques. Necesito otro _____.
3. ¿Me puede Ud. _____ este cheque? Sí, señor. Pero solo si Ud. tiene una _____ _____ en este banco.
4. Si quiero que me cobren el cheque, lo tengo que _____.
5. No quiero pagarlo con dinero en efectivo. Lo voy a pagar con un _____.

Using an ATM (Fig. 10-3)

Se puede usar *el cajero automático* para hacer muchas transacciones bancarias.	ATM
Se puede depositar (ingresar) o retirar fondos de una cuenta bancaria electrónicamente.	
Si tiene que *cambiar* dinero, puede usar el cajero automático también.	change
Tiene que:	
introducir (insertar) su *tarjeta bancaria*.	bank card
seguir las instrucciones que salen en *la pantalla*.	screen
pulsar (oprimir) unas *teclas en el teclado* para introducir su pin o código	press keys, keyboard
entrar la cantidad de dinero que quiere	enter
indicar si quiere *un recibo*.	receipt
En unos momentos saldrá *el monto pedido*.	amount requested
Si está cambiando dinero le salen los euros o pesos.	
Se convierte la cantidad electrónicamente en dólares.	
Los dólares se retiran enseguida de *su cuenta bancaria*.	bank account

la pantalla　el teclado　la tarjeta bancaria　el recibo

el cajero automático

Fig. 10-3

8. Complete.

1. Muchos bancos tienen uno o más _____ a (en) la entrada del banco.
2. No es necesario entrar en el banco. Se puede efectuar (hacer) muchas _____ usando el cajero automático.
3. Es posible _____ o _____ fondos de su cuenta.
4. Es posible _____ dólares en euros, pesos o yenes.
5. Las instrucciones que tiene que seguir salen en _____ del cajero.
6. Como identificación personal tiene que introducir su _____ o _____.
7. Si quiere un récord de su transacción, tiene que indicar que quiere un _____.

Getting a Loan

No lo puedo pagar *al contado*.	in cash, all at once
No lo quiero comprar *a plazos*.	in installments
Voy a hacer *un préstamo*.	loan
Voy a hacer *un pago inicial** de quinientos dólares.	down payment
¿Cuál es *la tasa (el tipo) de interés*?	interest rate
Está a 12 *por ciento*.	percent
Lo quiero comprar *a plazos**.	on time
Tendré que pagar *cuotas*.	installment payments
¿Cuál es *la fecha de vencimiento*?	due date (for payment)
Voy a comprar una casa. Necesito *una hipoteca*.	mortgage
Una hipoteca es un préstamo *a largo plazo*, no *a corto plazo*.	long term; short term

Regional Variations

*on time   A *plazos* is one of the most common ways to express the idea of buying something on time or in installments. Other expressions are *con facilidades de pago* and *a pagar por cuotas*.

*down payment   *Pago inicial* is a safe word to use for down payment, as it will be understood universally. Other terms one will hear, however, are *el pie* and *el pronto*. *El anticipo* is also used, but it often expresses a somewhat different idea, namely a down payment in anticipation of a service to be rendered.

9. Complete.

La señorita Meyers quiere comprar un carro. El carro le va a costar ocho mil dólares. La señorita Meyers lo quiere comprar _____ _____ porque no tiene suficiente dinero para pagarlo _____ _____. Ella puede hacer un _____ _____ de mil
                                     1   3
dólares, pero tiene que ir al banco a hacer un _____ para pagar los otros siete mil. Hay
                   2   4
dos cosas importantes que ella quiere saber antes de hacer el préstamo. Ella quiere saber cuál es
la _____ _____ _____ y cuánto serán los _____ _____.
              5   6
El señor le dice también que la _____ _____ _____ de cada pago será
                                                  7
el primero del mes.

10. Answer.

1. El señor Vargas va a comprar una casa. Él va al banco. ¿Por qué? ¿Qué necesita?
2. ¿Es una hipoteca un tipo de préstamo?
3. ¿Cuál es la tasa de interés en este momento para las hipotecas?
4. ¿Es una hipoteca un préstamo a largo plazo o a corto plazo?
5. ¿Es posible comprar un carro a plazos?
6. Si uno lo compra a plazos, ¿qué tiene que pagar?

7. ¿Las tiene que pagar mensualmente?
8. ¿Cuál es la fecha de vencimiento de muchas cuotas?

11. From the list, select the appropriate word(s) to complete each item.

(*a*) endosar
(*b*) cheques de viajero
(*c*) talonario
(*d*) cambio
(*e*) tasa de interés
(*f*) cuenta de ahorros
(*g*) préstamo
(*h*) pago inicial
(*i*) pago mensual
(*j*) fecha de vencimiento
(*k*) dinero en efectivo
(*l*) suelto
(*m*) cheque
(*n*) por ciento
(*o*) billete
(*p*) hipoteca
(*q*) libreta
(*r*) a plazos
(*s*) saldo
(*t*) al contado
(*u*) cuenta corriente

1. Ud. va a hacer un viaje y no quiere llevar mucho dinero en efectivo. Ud. va a comprar _____ _____ _____.
2. Ud. no quiere pagar con dinero en efectivo. Ud. prefiere pagar con un _____.
3. Para pagar con un cheque, es necesario tener una _____ _____ en el banco.
4. Si Ud. no tiene _____, tiene que cambiar un billete.
5. Antes de cobrar un cheque, Ud. lo tiene que _____.
6. Antes de cambiar dinero, Ud. debe saber el _____.
7. Si Ud. no tiene bastante dinero para comprar algo que necesita, tiene que hacer un _____ en el banco.
8. Es necesario hacer el pago en la _____ _____ _____.
9. No lo pagué al contado. Lo pagué _____ _____.
10. No puedo pagar con cheque porque no tengo mi _____ conmigo.
11. Para sacar (retirar) o depositar dinero en el banco, hay que darle a la cajera la _____.
12. A mí me gusta ahorrar dinero. Tengo una _____ _____ _____.
13. No sé cuánto me queda en mi cuenta. No sé el _____ que tengo.
14. Un préstamo para comprar una casa es una _____.
15. Aun si me hacen un préstamo, tengo que tener bastante dinero para hacer un _____ _____.

12. Complete each item with an appropriate verb.

1. Necesito dinero mexicano. Voy a _____ un cheque de viajero.
2. Tengo dinero que no necesito. Lo voy a _____ en mi cuenta de ahorros.
3. Quiero _____ un cheque.
4. Antes de cobrarlo, lo tengo que _____.
5. Quiero _____ este billete de cien dólares.

6. Para comprarlo, voy a _____ un préstamo.
7. Yo sé que ellos me van a _____ una comisión.
8. Yo lo voy a _____ a plazos.
9. Primero tengo que _____ un pago inicial.
10. Y luego tengo que _____ pagos mensuales.

13. Complete.

1. El cambio está _____ cincuenta pesos _____ dólar.
2. ¿Cuál es el cambio? Cincuenta pesos _____ dólar.
3. La tasa de interés está _____ 18 _____ ciento.
4. Quiero cambiar dólares _____ pesos.
5. Él lo pagó _____ contado. Pero yo lo pagué _____ plazos.

Debit Cards

La tarjeta (carta) de débito es una tarjeta *emitida* por una entidad o institución financiera.	issued
Con la tarjeta se puede retirar fondos de los cajeros automáticos o pagar sus compras en la mayoría de las tiendas o *comercios*.	businesses
La tarjeta de débito elimina la necesidad de llevar *(dinero en) efectivo*.	cash
La tarjeta de débito permite hacer pagos solo con el dinero que el titular de la tarjeta tenga en *una cuenta corriente* o cuenta de ahorros.	checking account
El dinero se retira inmediatamente y no puede exceder *el saldo* que hay en la cuenta.	balance

Instructions for Using a Debit Card

Para hacer una compra con la tarjeta de débito el (la) cliente presenta la tarjeta en el comercio en el cual se efectúa la compra.	
Pasa (Desliza) la tarjeta en un dispositivo electrónico. Si el *monto* indicado en el dispositivo es correcto, el cliente *ingresa* un número de clave (PIN) en el teclado para indicar que acepta *el cargo*.	amount, total enters charge
El pago se hace enseguida si existen los fondos en la cuenta del (de la) dueño(a) de la tarjeta.	
El (La) comprador(a) recibe un *comprobante de pago* que debe guardar para compararlo más tarde con el estado de cuenta que recibirá por correo o electrónicamente de su banco. El (La) cliente puede hacer reclamos si cree que hay cargos en el estado que no le correspondan.	voucher, receipt

14. True or false?

1. Una tarjeta (carta) de débito es una tarjeta emitida por negocios comerciales.
2. Si tienes una carta de débito, la puedes usar para comprar todo tipo de mercancías.
3. Si tienes una carta de débito, puedes gastar más dinero del que tienes en tu cuenta bancaria.
4. Cuando haces una compra con tu tarjeta de débito, el dinero se retira inmediatamente del banco.
5. Para usar tu tarjeta de débito tienes que pasarla por un dispositivo electrónico.
6. Puedes servirte de tu tarjeta de débito aun si has olvidado tu PIN.

15. Match.

1. los fondos   a. billetes y monedas
2. el dinero en efectivo   b. quitar, suprimir
3. la entidad   c. un aparato

4. un comprobante   d. el dinero
5. eliminar   e. una compañía, empresa, corporación
6. el monto   f. el total
7. un reclamo   g. un recibo
8. un dispositivo   h. una queja

16. Answer.

1. ¿Qué se puede hacer con una tarjeta de débito?
2. ¿Qué elimina el uso de una tarjeta de débito?
3. ¿Cuándo se retira el dinero del banco para pagar una compra hecha con una tarjeta de débito?
4. ¿Por qué es importante el comprobante?

Credit Cards

Al hacer una compra con una tarjeta (carta) de crédito, el banco o la institución
    que expidió la tarjeta garantiza a su cliente, el titular de la tarjeta, el pago
    completo del monto de las compras que ha realizado con la tarjeta.

Posteriormente el titular tendrá que pagar al banco. Así, el pago por tarjeta   At a later time
    de crédito es en realidad un pago con dinero *prestado* o sea *un préstamo*.   borrowed, loan

El instituto financiero que emite la tarjeta de crédito manda por correo o vía
    electrónica un estado mensual que indica el monto de los gastos o
    sea *los pagos* hechos por el banco o la institución.   payments

El titular de la tarjeta tiene que pagar el total. Si no puede hacer el pago
    para *la fecha de vencimiento*, los gastos de interés que *se cobran* son   due date, are charged
    muy altos.

17. Match.

1. el banco   a. más tarde
2. expide   b. dinero prestado
3. posteriormente   c. el instituto financiero
4. un préstamo   d. cada mes
5. mensual   e. emite

18. Explain the difference between a debit card and a credit card.

Key Words

abrir   to open
a corto (largo) plazo   short (long) term
ahorrar   to save
al contado   in cash, in one lump sum
el anticipo   deposit for a service to be rendered
a plazos   on time, in installments
el banco   bank
el billete   bill, bank note
el billete de gran valor   bill (of high denomination or amount)

la caja   cashier counter
el (la) cajero(a)   cashier
el cajero automático   automatic teller machine
cambiar   to change, exchange, cash
el cambio   exchange, exchange rate
cargar   to charge
el cargo   charge
el cheque de viajero   travelers' check
la chequera   checkbook
cobrar un cheque   to cash a check
el código   code

el comercio   business
la comisión   commission
el comprobante (de pago)   voucher, receipt
conciliar el saldo   to reconcile, to balance
la cuenta   account, bill
la cuenta corriente   checking account
la cuenta de ahorros   savings account
la cuota   time (installment) payment
depositar   to deposit
el depósito   deposit
el dinero   money
el dinero en efectivo   cash
electrónicamente   electronically
emitido   issued
endosar   to endorse
el estado bancario   bank statement
la factura   bill
la fecha de vencimiento   due date
firmar   to sign
la hipoteca   mortgage
ingresar   to deposit (money or funds into an account); to enter information (on electronic device)
el interés   interest
el letrero   sign
la libreta   savings passbook, bank book
la moneda   coin
el monto   amount, total
el monto pedido   amount requested
la oficina de cambio   exchange office

oprimir   to press
pagar   to pay
pagar al contado   to pay cash, to pay in one lump sum
pagar a plazos   to pay in installments
el pago   payment
el pago inicial   down payment
el pago mensual   monthly payment
el pie   down payment
el PIN   PIN
posteriormente   at a later time
prestado   borrowed
el préstamo   loan
el pronto   down payment
pulsar   to press
quitar   to take out
el recibo   receipt
retirar   to withdraw
sacar   to take out
el saldo   balance
el suelto   change
el talonario   checkbook
la tasa de interés   interest rate
la tecla   key
el teclado   key pad
el tipo de interés   interest rate
la transacción bancaria   bank transaction
la ventanilla   teller's window
una transacción electrónica   electronic transaction

CHAPTER 11

At the Post Office

En el correo

Sending a Letter (Fig. 11-1 on page 76)

Quiero *mandar* una *carta*.	send; letter
una *tarjeta postal**.	postcard
No la puedo echar en el *buzón*.	mailbox
No tengo *sellos* (*estampillas**).	stamps
Tengo que ir al *correo*.	post office
Voy a la *ventanilla*.	window
¿Cuánto es el *franqueo*?	postage
Compro dos estampillas de diez pesos y una de cincuenta.	
Hay también una *distribuidora automática*.	stamp machine
La quiero enviar por *correo certificado* (*recomendado*).	certified (registered) mail
En el sobre tengo que poner la *dirección del destinatario*.	address of the addressee
Pongo también la *dirección* (*las señas*) *del remitente*.	address of the sender
Incluyo la *zona postal*.	zip code

Note: Although e-mail is far more popular than letter writing, there is still some useful post office vocabulary for sending certified mail and packages. For e-mail vocabulary, refer to Chapter 29—La computadora.

Regional Variations

*postcard   A postcard can be referred to as *una tarjeta postal*, *una tarjeta* or *una postal*, A Christmas card can be *una tarjeta de Navidad* or merely *un Christmas*.

*stamp   *Sello* is more commonly used in Latin America; *estampilla* in Spain.

---

1. Complete.

Quiero mandar esta carta. Pero no la puedo echar en el _____. Tendré que ir al
                                                                          1
_____ por dos razones. No sé cuánto es el_____ y no tengo _____.
        2   3   4
Tengo que comprar las (los) _____ en el _____.
                                    5   6

Fig. 11-1

2. Give the appropriate word.

1. contrario de "el remitente"
2. el costo de mandar o echar una carta
3. una carta certificada
4. el sello
5. las señas

3. Give another word for:

    1. la tarjeta
    2. mandar
    3. correo certificado
    4. sello
    5. el correo

4. Answer on the basis of Fig. 11-2.

    1. ¿Cuánto cuesta el franqueo para enviar la carta?
    2. ¿Van a enviar la carta por correo regular o por correo aéreo?
    3. ¿Cuál es el nombre del destinatario?
    4. ¿Cuál es su zona postal?
    5. ¿Cuál es el nombre de la remitente?
    6. ¿Cuántas estampillas (cuántos sellos) hay en el sobre de la carta?

Fig. 11-2

Sending a Package

Quiero enviar este *paquete*.	package, parcel
¿Cuánto *pesa*?	weigh
No sé. ¿Lo puedo poner en la *balanza* (*báscula*)?	scale
¿Lo quiere Ud. *asegurar*?	insure
¿Es *frágil*?	fragile
¿Quiere Ud. *llenar* una *declaración para la aduana*?	fill out; customs declaration
¿Cuánto tiempo *tardará* en llegar?	will it take

5. Complete.

    1. Quiero enviar este _____ a España. Pero no sé cuánto _____. Y no lo puedo pesar porque no tengo _____. Tendré que ir al correo.
    2. Este paquete no vale mucho. Vale menos de diez dólares. No lo voy a _____ antes de enviarlo.
    3. No tengo que _____ _____ _____ para la aduana porque vale menos de diez dólares.
    4. No vale mucho, pero es muy _____ porque es de cristal.

Other Words You May Need

¿Hay *correo* para mí?	mail
Se reparte el correo todos los días menos los domingos.	is delivered
El cartero reparte el correo por la mañana.	letter carrier
¿Tiene Ud. un *apartado postal**?	post office box
¿Dónde puedo comprar un *giro postal*?	money order

Regional Variations

*post office box   *Apartado postal* is used in both Spain and Latin America. In Latin America, however, you will also hear *la casilla postal*.

About the Language

The word for mail one receives or sends is *el correo*. Writing letters or working on one's mail is *la correspondencia*. *El cartero* (letter carrier) is also used in the feminine — *la cartera*. *La cartera* can also mean wallet or purse.

6. Complete.

Yo no tengo que ir al _____ por mis cartas. El _____ las trae a la casa.
                                              1   2
Él _____ el correo cada mañana a eso de las diez. A ver si tengo _____ hoy.
          3   4

Key Words

el apartado postal post office box	*la estampilla* stamp
asegurar to insure	*frágil* fragile
la balanza scale	*el franqueo* postage
el buzón mailbox	*el giro postal* money order
la carta letter	*llenar* to fill out
el (la) cartero(a) letter carrier	*mandar* to send
el correo, la casa de correos mail, post office	*el paquete* package, parcel
correo aéreo airmail	*pesar* to weigh
correo certificado certified mail	*el (la) remitente* sender
correo recomendado certified mail	*repartir* to deliver
la declaración para la aduana customs declaration	*el sello* stamp
el (la) destinatario(a) addressee	*las señas* address
la dirección address	*tardar* to take (time)
la distribuidora automática stamp machine	*la tarjeta postal* postcard
enviar to send	*la ventanilla* window
	la zona postal postal (zip) code

CHAPTER 12

At the Hairdresser's
En la peluquería

For Men

Quiero un *corte de pelo*.	haircut
El (la) peluquero(a) me corta el pelo.	barber, hairdresser
¿Un corte *a navaja* o con *tijeras*?	razor, scissors
Solo necesito un *recorte*.	trim
No me lo corte demasiado.	Don't cut it too short.
Favor de *recortarme* la *barba*.	trim, beard
el *bigote*.	moustache
las *patillas*.	sideburns
Favor de *subirme* las patillas.	raise
Favor de *afeitarme*.	shave
Favor de cortar un poco más *por detrás*.	in the back
en los lados.	on the sides
arriba.	on the top
en el cuello.	on the neck
Quiero un *champú* también.	shampoo
Quiero que me lave *el pelo* (*los cabellos*).	hair
No quiero ningún *aceite* ni *laca* (*spray*).	oil, hair spray

1. Complete.

1. Tengo el pelo muy largo. Necesito un _____ de pelo.
2. No tengo el pelo muy largo. Solo necesito un _____.
3. Acabo de lavarme el pelo. No necesito un _____.
4. Quiero que el peluquero me recorte el _____ y las _____.
5. Tengo las patillas muy largas. ¿Me las puede _____, por favor?
6. No me gusta el pelo muy corto. No me lo _____ demasiado, por favor.
7. El peluquero corta el pelo con una _____ o con _____.
8. Yo me _____ en casa. No quiero que el peluquero me afeite.

Fig. 12-1

2. Complete this exercise on the basis of Fig. 12-1.

Favor de cortarme más ....
1.
2.
3.
4.

3. Match.

A	**B**
1. Tengo el pelo muy largo.	(*a*) Solo necesito un recorte.
2. Quiero que me laven el pelo.	(*b*) Favor de subírmelas.
3. No tengo el pelo muy largo.	(*c*) Necesito un corte de pelo.
4. Tengo las patillas muy largas.	(*d*) Tengo que ir a la peluquería.
5. Necesito un corte de pelo.	(*e*) Necesito un champú.
6. ¿Quiere Ud. un corte a navaja?	(*f*) No, con tijeras, por favor.

For Women

Quiero un *corte de pelo*.	haircut
un *lavado y rizado*.	wash and set
un *ondulado* (*una ondulación*) *permanente*.	permanent (wave)
un *peinado*.	comb out
un *recorte*.	trim
un *tinte*.	dye job, coloring
un *corte a navaja*.	razor cut
No quiero *laca*.	hair spray
una *manicura*.	manicure
Quiero una *pedicura*.	pedicure
No quiero *esmalte* en las uñas.	nail polish

4. Complete.

— Buenos días. ¿Quiere Ud. un _____ permanente?
　　　　　　　　　　　　　　　　　　　1

— No, gracias, Quiero solamente un _____ y _____.
　　　　　　　　　　　　　　　　　　2　　　　　　　3

— Me parece que tiene el pelo un poco largo. ¿No quiere Ud. un _____?
　　　　　　　　　　　　　　　　　　　　　　　　　　　　　　　4

— No, gracias. Me gusta el pelo así. Y no quiero un _____ tampoco porque me gusta el
5
color que tengo.

— De acuerdo, ¿Quiere Ud. una manicura?

— Sí, por favor. Pero favor de no poner _____ en las uñas.
6

Types of Hair and Styles (Fig. 12-2)

5. Answer.

1. ¿Tienes el pelo liso, rizado o crespo?
2. ¿Llevas una raya?
3. ¿Dónde llevas la raya, a la derecha, a la izquierda o en el medio?

Fig. 12-2

6. Identify the hair style (Fig. 12-3).

1. _____   4. _____
2. _____   5. _____
3. _____   6. _____

Fig. 12-3

Materials (Fig. 12-4)

el peine   el cepillo   la maquinilla   el secador   el rizador   la horquilla   el rulo   la pinza

Fig. 12-4

7. Complete.

1. Se peina con un _____ y se cepilla los cabellos con un _____.
2. Se puede secar el pelo con una toalla o con un _____.
3. La señora que tiene el pelo liso pero que quiere tener el pelo rizado tiene que usar un _____.
4. Para tener ondas hay que poner el pelo en _____ a menos que la persona tenga ondas naturales.

Key Words

el aceite oil	*la onda* wave
afeitar to shave	*la ondulación permanente* permanent wave
arriba on the top	*el ondulado permanente* permanent wave
la barba beard	*la patilla* sideburn
el bigote moustache	*la pedicura* pedicure
el bucle spit curl	*el peinado* comb out, combing
los cabellos hair	*el peine* comb
el cepillo brush	*el pelo* hair
el champú shampoo	*el pelo crespo* curly hair
la cola de caballo pony tail	*el pelo lacio* straight hair
cortar to cut	*el pelo liso* straight hair
el corte a navaja razor cut	*el pelo rizado* curly hair
el corte de pelo haircut	*la peluquería* hairdresser's shop
crespo curly	*el (la) peluquero(a)* hairdresser
el cuello neck	*la pinza* hair clip
el esmalte nail polish	*por detrás* in the back
el flequillo bang	*la raya* part
la horquilla bobby pin	*recortar* to trim (hair)
la laca hair spray	*el recorte* trim
lacio straight	*rizado* curly
el lado side	*el rizador* curler
el lavado wash	*los rizos* curls
lavar to wash	*el rulo* roller
liso straight	*el secador* dryer
la manicura manicure	*subir* to raise
el marcado set (hair)	*las tijeras* scissors
el moño bun	*el tinte,* dye job, coloring
la maquinilla shears	*la trenza* braid
la navaja razor	*la uña* fingernail

CHAPTER 13

At the Clothing Store
En la tienda de ropa

Buying Shoes (Fig. 13-1)

¿*En qué puedo servirle*?	What can I do for you?
Yo quisiera un *par de zapatos*.	pair of shoes
botas.	boots
sandalias.	sandals
zapatillas.	slippers
zapatos de tenis.	sneakers
¿Cuál es su *número*?	size
¿Qué número calza Ud.?	
Mi número es 39.	
Los quiero de *cuero* marrón (beige [habano], blanco, negro).	leather
El *tacón* es demasiado alto.	heel
No me gustan los *tacones altos*.	high heels
No quiero *suelas de goma (caucho)*.	rubber soles
Estos no me *quedan* bien.	fit
Son demasiado *estrechos*.	narrow
anchos, amplios.	wide
Me hacen daño en los *dedos*.	hurt; toes
Quiero también un par de *cordones (pasadores)* y *betún*.	shoelaces; shoe polish

1. Answer on basis of Fig. 13-2.

1. ¿Son zapatos, sandalias o botas?
2. ¿Tienen suelas de goma los zapatos?
3. ¿Son altos o bajos los tacones?
4. ¿Tienen cordones los zapatos?

Fig. 13-1

Fig. 13-2

2. Complete.

— ¿En qué puedo servirle, señor?

— Quisiera un par de _____, por favor.
                                       1

— Muy bien. ¿Cuál es su _____?
                                  2

— Mi _____ es 37.
        3

— ¿Prefiere Ud. un _____ bajo o un poco más alto?
                          4

— Bajo, por favor. No me gustan los _____ altos.
                                            5

— De acuerdo. ¿Y qué _____ quiere Ud.?
                              6

— Marrón, por favor.

— ¿Qué tal le gustan estos?

— Me gustan pero no me _____ bien. Me hacen daño en los _____.
                                7   8
Son demasiado _____. ¿Tiene Ud. el mismo zapato pero un poco más _____?
                     9   10

Buying Men's Clothing

— *¿En qué puedo servirle?*	May I help you?
— Quisiera un *par de blue jeans.*	pair of blue jeans
el *abrigo*	overcoat
el *bañador*	bathing suit
los *calcetines*	socks
los *calzoncillos*	underpants
la *camisa*	shirt
la *camiseta*	undershirt
la *campera*	outer jacket
el *cinturón*	belt
la *corbata*	tie
la *chaqueta*	jacket
el *gabán*	coat
la *gabardina*	raincoat
los *guantes*	gloves
el *impermeable* (*encauchado*)	raincoat
los *pantalones*	pants, slacks
los *pantalones cortos* (*largos*)	short (long) pants
el *pañuelo*	handkerchief
el *saco**	jacket
el *sombrero*	hat
el *suéter*	sweater
el *traje*	suit
el *traje de baño, el bañador*	bathing suit
Yo quisiera una camisa de *algodón.*	cotton
franela.	flannel
gabardina.	gabardine
seda.	silk
lana.	wool
nilón.	nylon
tela sintética.	synthetic fabric
tela *inarrugable.*	wrinkle-resistant
La quiero con *mangas largas* y *puños.*	long sleeves; cuffs

Yo quisiera una chaqueta de *pana*.	corduroy
algodón asargado.	denim
cuero.	leather
ante (*gamuza*).	suede
lana.	wool
estambre.	worsted
Me gusta esta camisa *a rayas* (*rayada*).	striped
No me gusta aquella *a cuadros*.	checked
Esta corbata a rayas no *hace buen juego con* esta camisa a cuadros.	match, go with

Regional Variations

*jacket   *Saco* is the more common word for a man's or woman's jacket in most areas of Latin America. *Chaqueta* is used in Spain and understood in Latin America. You will also hear *una campera*, which is more like a windbreaker jacket.

¿Cuál es su *talla*?	size
No sé. ¿Me puede *tomar las medidas*?	take my measurements
No me queda bien. Está un poco *apretado*.	tight
¿Prefiere Ud. un pantalón con botones en la *bragueta* o	fly
prefiere Ud. una *cremallera* (un *cierre*)?	zipper

3. List the items in a complete outfit of clothing for a man.

4. Complete.

— Sí, señor. ¿En qué _____,_____?
$_1$

— Quiero una camisa, por favor.

— ¿La quiere Ud. de algodón?

— De algodón, no. Prefiero una tela _____.
$_2$

— Pues, como es el verano Ud. no la querrá de _____ ni de _____. Yo le
$_3$ $_4$

sugiero una tela _____.
$_5$

— Muy bien.

— ¿Cuál es su _____, por favor?
$_6$

— Mi _____ es cuarenta y uno.
$_7$

— ¿Quiere Ud. _____ cortas o largas?
$_8$

— _____ largas, por favor.
$_9$

— ¿La quiere Ud. a _____ o a cuadros?
$_{10}$

— No. No quiero ni _____ ni _____ . Quiero solamente una camisa
$_{11}$ $_{12}$

blanca o azul porque la voy a llevar con un _____ azul. Quiero comprar también
$_{13}$

una _____ que haga buen _____ con la camisa.
$_{14}$ $_{15}$

5. Choose the one word that does **not** belong.

1. Quiero una camisa de _____. (*a*) lana (*b*) algodón (*c*) cuero (*d*) tela sintética
2. Quiero un pantalón de _____. (*a*) lana (*b*) pana (*c*) gabardina (*d*) seda
3. Quiero una chaqueta de _____. (*a*) lana (*b*) pana (*c*) franela (*d*) algodón asargado
4. Quiero guantes de _____. (*a*) cuero (*b*) ante (*c*) lana (*d*) pana

6. Complete.

1. Esta camisa a rayas no hace muy buen juego con mi saco _____

_____.

2. Se me rompió la _____ en la braqueta de los pantalones que compré ayer.
3. No me gusta llevar zapatos sin _____.
4. Con este pantalón no tengo que llevar _____.
5. Cuando llueve, tengo que ponerme el _____.
6. Necesito ropa interior. Voy a comprarme seis _____ y seis _____.
7. No sé mi talla. El señor tendrá que tomarme las _____.
8. No me gusta el algodón. Prefiero las telas _____ o una combinación porque no se arrugan tanto.
9. Este saco no me _____ bien.
10. Este saco está muy _____. Necesito una talla más grande.

Buying Women's Clothing

— ¿*En qué puedo servirle?*	What can I do for you?
— Quisiera una *bufanda*.	scarf
el *abrigo*	coat
la *bata*	dressing gown, beach wrap
la *blusa*	blouse
los *blue jeans*	blue jeans
el *bolso***	pocketbook
las *bragas***	panties
la *combinación*	full slip
las *enaguas*	half-slip
la *faja*	girdle
la *falda*	skirt
los *guantes*	gloves
el *impermeable* (el *encauchado*)	raincoat
las *medias***	stockings
los *panties***	pantyhose
el *pañuelo*	handkerchief
el *sombrero*	hat
el *sostén*	brassiere
el *suéter*	sweater
el *traje de baño*	bathing suit
el *traje pantalón*	pants suit
el *vestido*	suit, dress
Yo quisiera una blusa de *algodón*.	cotton
seda.	silk
nilón.	nylon
tela sintética.	synthetic fabric
tela inarrugable.	wrinkle-resistant fabric
¿La prefiere Ud. con *mangas* largas o cortas?	sleeves
Quiero una blusa *a rayas*.	striped
a cuadros.	checked
con lunares (*bolitas*).	with polka dots
sin encaje.	with no lace
Quisiera una falda de *pana*.	corduroy
lana.	wool
ante (*gamuza*).	suede
estambre.	worsted

Prefiero una *combinación* de algodón y otra *tela*.   blend; fabric
Esta blusa *hace buen juego con* la falda.   matches, goes well with
¿Cuál es su *talla*?   size
Mi talla es cuarenta.
No sé. ¿Me puede *tomar las medidas*?   take my measurements

Regional Variations	
*pocketbook	Usage of gender will vary. You will also hear *la bolsa* and *la cartera*.
*underpants	The term *los calzones* is also sometimes used. *Las bragas* can sometimes refer to children's underpants.
*stockings	In some areas of Latin America *medias* refers to men's socks as well as to stockings. The more common word for socks, however, is *calcetines*.
*panty hose	Also called *media pantalón*.

7. List the items in a complete outfit of clothing for a woman.

8. Answer based on Fig. 13-3.

   1. Es una blusa _____.
   2. Es una camisa _____.
   3. Es una bufanda _____.

Fig. 13-3

9. Complete.

1. Me hace falta ropa interior. Voy a compar unas _____, una _____
   y un _____. Pero no me hace falta una _____.
2. No quiero una blusa de algodón porque se arruga demasiado. Prefiero una _____
   de algodón y tela sintética.
3. Una blusa a rayas no hace buen _____ con una falda _____.
4. No sé mi talla. Tendrá que tomarme las _____.

10. Choose the appropriate word.

1. Quisiera un bolso de _____. (*a*) cuero   (*b*) tela inarrugable
2. No, no quiero una falda. Prefiero _____. (*a*) un traje pantalón   (*b*) una bufanda
3. ¿Tiene Ud. _____ de nilón? (*a*) zapatos   (*b*) medias
4. Compré un pañuelo de _____. (*a*) cuero   (*b*) seda
5. Hace frío. Quiero un _____. (*a*) suéter   (*b*) traje de baño

Key Words

a cuadros   checked (in design)
a rayas   striped
el abrigo   overcoat
el algodón   cotton
el algodón asargado   denim
amplio   wide
ancho   wide
el ante   suede
apretado   tight
el bañador   bathing suit
la bata   dressing gown, beach wrap
el betún   shoe polish
los blue jeans   blue jeans
la blusa   blouse
la bolita   polka dot
el (la) bolso(a)   pocketbook
las botas   boots
el botón   button
las bragas   panties
la bragueta   fly
la bufanda   scarf
los calcetines   socks
calzar   to take a shoe size
los calzoncillos   underpants
los calzones   panties
la camisa   shirt
la camiseta   undershirt
la campera   outer jacket
el caucho   rubber
la cartera   wallet, pocketbook
la chaqueta   jacket

el cierre   zipper
el cinturón   belt
la combinación   slip
la combinación   blend (of fabrics)
con lunares (bolitas)   with polka dots
la corbata   necktie
los cordones   shoelaces
la cremallera   zipper
el cuero   leather
el dedo (del pie)   toe
las enaguas   half-slip
el encauchado   raincoat
el estambre   worsted
estrecho   narrow
la faja   girdle
la falda   skirt
la franela   flannel
el gabán   coat
la gabardina   gabardine
la gabardina   raincoat
la gamuza   suede
los gemelos   cufflinks
la goma   rubber
los guantes   gloves
hacer buen juego con   to match, go well with
hacer daño   to hurt
el impermeable   raincoat
la lana   wool
largo   long
el lunar   polka dot
la manga   sleeve

las medias   stockings, socks
la medida   measurement
el nilón   nylon
el número   size (of a shoe)
la pana   corduroy
los pantalones   pants, slacks
los panties   pantyhose
el pañuelo   handkerchief
el par   pair
el pasador   shoelace
el puño   cuff
quedarle bien (*a alguien*)   to fit (someone)
rayado   striped
el saco   jacket
las sandalias   sandals
la seda   silk

el sombrero   hat
el sostén   brassiere
la suela   sole (of a shoe)
el suéter   sweater
el tacón   heel
la talla   size (of clothing)
la tela inarrugable   wrinkle-resistant fabric
                         (material)
la tela sintética   synthetic fabric
el traje   suit
el traje de baño   bathing suit
el traje pantalón   pants suit
el vestido   dress, woman's suit
las zapatillas   slippers
los zapatos   shoes
los zapatos de tenis   tennis shoes, sneakers

CHAPTER 14

At the Dry Cleaner's
En la tintorería

Tengo mucha *ropa sucia*.	dirty clothes
Voy a la *tintorería*.	dry cleaner's shop
¿Me puede *lavar y planchar esta camisa*?	wash; iron
No quiero *almidón*.	starch
¿Me puede *limpiar en seco* este traje?	dry-clean
¿Cuándo estará *listo(a)*?	ready
La (lo) *necesito* para....	need
¿Va a *encogerse* el suéter al lavarlo?	shrink
Hay un *hueco* aquí.	hole
¿Lo puede Ud. *remendar*?	mend
¿Puede *quitar* esta *mancha*?	remove; stain
¿Puede *coser el botón*?	sew on the button
¿Puede *zurcir* esto?	darn
El *forro* está *descosido*.	lining; unstitched
¿Lo puede Ud. *coser*?	sew
El (la) *sastre* no está hoy.	tailor

Note: For articles of clothing and fabrics, see Chapter 13.

1. Complete.

1. Este suéter de lana va a _____ si yo lo lavo en agua. Lo tendrán que _____ _____ _____ en la _____.
2. Esta camisa está _____. La tengo que lavar. Y después de lavarla, la tengo que _____.
3. Cuando lavan mis camisas, prefiero que no pongan _____.
4. El _____ de este saco está _____. ¿Me lo pueden _____?
5. Hay un hueco en esta falda. ¿Me lo pueden _____?
6. ¿Me puede _____ este botón?

7. Se me derramó (*spilled*) algo en la camisa. ¿Puede Ud. quitar la _____?

8. ¿Me puede Ud. _____ estos calcetines?

2. Complete.

En la tintorería

— Buenas tardes. ¿Me puede _____ y _____ esta camisa?

                                                         1   2

— Sí, señor. ¡Cómo no! ¿Quiere Ud. _____?
                                              3

— Sí, un poco, por favor. ¿Y ve Ud. que aquí tengo una mancha? ¿Cree Ud. que me la

    puede _____?
                   4

— ¿Sabe Ud. de qué es?

— Sí, es de café.

— Pues, podemos intentar, pero no se lo puedo prometer. _____ una _____ de
                                                               5   6

    café es muy difícil.

— Sí, lo sé. ¿Y me puede lavar este suéter?

— Lavarlo, no, señor. Es de lana. Al lavarlo, el suéter va a _____. Lo tendremos
                                                                                                7

    que _____ _____ _____.
                                      8

— Muy bien. ¿Lo puedo tener para mañana?

— La camisa, sí. Pero el suéter, no. Para la limpieza en seco necesitamos dos días.

— Está bien.

Key Words

el almidón starch	*la mancha* stain, spot
coser to sew	*planchar* to iron
descosido unstitched	*quitar* to remove, get out
encogerse to shrink	*recoser* to sew again (mend, darn, patch)
el forro lining	*remendar (ie)* to mend
el hueco hole	*la ropa* clothing, clothes
lavar to wash	*el (la) sastre* tailor
limpiar en seco to dry clean	*sucio* dirty
la limpieza en seco dry cleaning	*la tintorería* dry cleaner's shop
listo ready	*zurcir* to darn

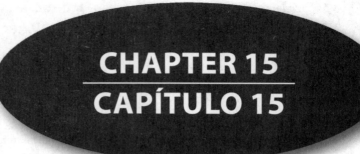

CHAPTER 15

CAPÍTULO 15

At the Restaurant

En el restaurante

Getting Settled (Fig. 15-1 on page 95)

Este es un restaurante* *de lujo.*	luxurious
caro.	expensive
económico*.	inexpensive
Tenemos una *reservación (reserva)* a nombre de _____.	reservation
Hemos reservado una mesa para tres personas.	have reserved
¿Nos puede dar una mesa *en el rincón*?	in the corner
cerca de la ventana?	near the window
afuera (fuera) en el patio?	outside on the patio
Aquí viene el *mesero (camarero*).*	waiter
la *mesera (camarera).*	waitress
¿Desean Uds. algún *aperitivo*?	aperitif
¿Nos puede traer el *menú (la carta, la minuta*)*?	menu

Regional Variations

*foods	Refer to the appendix (pages 201–204) for a listing of foods you may wish to order.
*restaurant	The word *restaurante* is often pronounced "restorán," but it is never written that way.
*inexpensive restaurant	*Económico* is the word used in many areas for an unpretentious, relatively inexpensive restaurant. Many such restaurants serve excellent food.
*server	The word *mesero(a)* is used in Latin America. El *(la) camarero(a)* is used in Spain.
*menu	*El menú* is universally understood, although you will also see *la carta* and *la minuta*. *La carta* is often used for *la carta de vinos*.

---

 1. Complete.

1. Yo no he _____ una mesa. Espero que tengan una _____ disponible.
2. Este es un restaurante caro. Es un restaurante _____ _____.
3. Los precios en los restaurantes de _____ son más altos que en los restaurantes _____.
4. Hace muy buen tiempo esta noche. Yo prefiero sentarme _____ en el patio.

94

el rincón

la ventana

el mesero

el aperitivo

Menú

la bandeja

Fig. 15-1

🔊 **2.** Complete.

En el restaurante

— Buenas noches, señores. ¿Tienen Uds. una _____?
                                                                    1
— Sí, señor. He _____ una _____ para tres personas.
                                   2   3
— ¿Y a qué nombre, por favor?

— A _____ de _____.
         4   5
— ¿Prefieren Uds. una mesa aquí en el _____ o prefieren comer _____ en el
                                              6   7
_____?
         8
— Aquí está bien.

— ¿Desean Uds. algún _____?
                              9
— Sí, creo que vamos a tomar un cóctel.

🔊 **3.** Complete.

El _____ trabaja en un restaurante. Cuando se sientan los clientes, él les pregunta si quieren
              1
algún _____. Y luego les trae el _____. Los clientes leen el _____ para
              2   3   4
decidir lo que van a pedir para comer.

Looking at the Menu

Entremeses	Appetizers
Sopas *Ensaladas*	Soups, Salads
Pescados *Mariscos*	Fish, Shellfish
Carnes *Aves*	Meats, Fowl
Legumbres (Verduras)	Vegetables
Frutas y Quesos	Fruits and Cheeses
Postres	Desserts

Yo no tengo mucha hambre.
Voy a tomar solamente una sopa y un *plato principal**.   main course
Yo tengo mucha hambre.
De primer plato voy a pedir una sopa.   as a first course
De segundo plato voy a pedir pescado.   as a second course
¿No tienen Uds. *un menú del día (menú turístico*, cubierto,*   fixed menu
    platos combinados)
¿Cuál es la *especialidad de la casa*?   house specialty
Habla el mesero (camarero):
¿Qué desean como primer plato?
¿Qué les apetece?
Yo les *recomiendo (sugiero)....*   recommend (suggest)
¡Buen provecho*!
Habla el cliente:
¿Tiene Ud. la *lista (carta) de vinos*?   wine list

Regional Variations

*main course   In addition to *plato principal* you will often hear *plato fuerte* in Latin America.
*fixed menu   *El menú del día* is the most commonly used term but you will also hear *el menú turístico*.
*Buen provecho   The expression **¡buen provecho!** or **¡buen apetito!** is used frequently. A server will often say it as soon as he or she finishes serving the entire table. Also, if one unexpectedly encounters friends or acquaintances who are eating, one may say **¡buen provecho!** to those eating.

About the Language

¿Qué les apetece? is a widely used expression that does not have an exact English equivalent. It is a polite expression and conveys the meaning; "What would you like to have (find appetizing)?"

4. Answer on the basis of Fig. 15-2 on page 97.

    1. ¿Es un restaurante de lujo o económico?
    2. ¿Cuántas personas hay a la mesa?
    3. ¿Dónde está la mesa?
    4. ¿Quién les sirve?
    5. ¿Qué tiene el mesero en la bandeja?
    6. ¿Qué tiene el mesero en la mano?

Fig. 15-2

5. Complete.

1. En muchos restaurantes hay un _____ _____ _____ que ofrece una comida completa a un precio fijo.
2. En muchos restaurantes españoles la _____ _____ _____ _____ es la paella.
3. En muchas regiones una comida completa consiste en cinco o seis _____.
4. Cuando no tengo mucha hambre, prefiero tomar solamente un _____.
5. En algunos países se come la ensalada antes del _____ _____ y en otros países se come después.
6. No sé qué vino voy a pedir. Tengo que ver la _____ _____ _____.
7. No sé lo que voy a comer. Posiblemente el mesero me puede _____ algo.

Ordering Meat or Fowl (Fig. 15-3 on page 98)

¿Cómo le gusta la carne?

A mí me gusta *poco asada (casi cruda)*.	rare
un poco roja.	medium rare
a término medio.	medium
bien asada (bien cocida, bien hecha).	well done

Fig. 15-3

Quiero una *chuleta** de cordero.	lamb chop
una *chuleta de ternera*.	veal cutlet
Quiero un *escalope**.	
Yo voy a comer un biftec*.	
A mí me gusta la carne *asada*.	roasted
(*asada*) *al horno*.	baked
a la parrilla.	broiled, grilled
estofada (*guisada*).	stewed
picada.	diced, minced
en su jugo.	in its juices
salteada.	sautéed

Regional Variations

*cutlet, filet	The word *chuleta* can mean either chop or filet. *Un escalope* is a filet of any type of meat that can be breaded—*empanado*—or dipped in egg and flour or breadcrumbs—*rebozado*—and then fried. In some countries you will hear *apanado* rather than *empanado*.
*steak	The word "steak" can be translated into Spanish in many different ways. *Biftec* and *bistec* are both commonly used. You will also see and hear *filete* and *entrecote*. *Filete* can be a filet of any type of meat or fish. *Entrecote* is used for meat only. The word *lomo* refers to any cut of meat from the loin area, A *lomo de carne de res* is very similar to our sirloin steak. *Solomillo* or *lomo fino* is a very tender cut of beef and is somewhat similar to a tenderloin. In many areas of Latin America the word *churrasco* refers to a grilled steak.

6. Place an order for meat prepared in the following ways.

    1. Cooked on a grill
    2. Cooked in its natural juices
    3. Baked in the oven
    4. Cooked with liquid over a low heat on top of the stove
    5. Cooked in a roasting pan
    6. Diced into small pieces
    7. Cooked lightly in butter in a frying pan

7. Identify each item in Fig. 15-4.

8. Complete.

La mayoría de la gente prefiere el cerdo _____ _____. Yo creo que la mayoría de
la gente prefiere el pollo _____ _____ también. Pero a muchos les gusta el biftec o
                                             1
_____ _____ o _____ _____.
       3   4

Fig. 15-4

Ordering Fish or Seafood (Shellfish)

Me gusta mucho el pescado *cocido al vapor.*	steamed
escalfado.	poached
hervido.	boiled
(cocido) al horno.	baked
frito.	fried
a la romana.	deep-fried
salteado.	sautéed
a la parrilla (plancha).	broiled, grilled
ahumado.	smoked
Algunos pescados tienen muchas *espinas.*	bones

About the Language

A la parrilla, *a la plancha*, and *a la brasa* are all used to express "grilled" or "broiled." There is, however, a slight technical difference. *A la parrilla* is used more frequently for meats, since it means grilled on a grating. *A la plancha* is more often used for seafood such as shrimp, since it means "grilled on a flat surface." *A la brasa* means grilled over coals and is most commonly used for chicken and other meats as well.

9. Place an order for fish prepared in the following ways.

1. Boiled
2. Cooked on a rack over boiling water
3. Sautéed in butter
4. Fried in a frying pan
5. Breaded and deep-fried in oil
6. Cooked on a flat iron grill

Some Problems You May Have

Nos (me) hace falta *un vaso.*	glass
una taza.	cup
un platillo.	saucer
un cuchillo.	knife
un tenedor.	fork
una cuchara.	soup spoon
una cucharita.	teaspoon
una servilleta.	napkin
un salero.	salt shaker
un pimentero.	pepper shaker
un cubierto.	place setting
Pimienta, por favor.	pepper
Sal,	salt
Agua,	water
Azúcar,	sugar
El *mantel* está *sucio.*	tablecloth; dirty
Esta carne está *demasiado cruda.*	too rare
demasiado hecha (cocida).	too well-done
demasiado dura.	too tough
La comida está *fría.*	cold
Esto está muy *salado.*	salty

10. Complete.

    1. En la mesa la sal está en un _____ y la pimienta está en un _____. El _____ está en un azucarero.

    2. Por lo general un cubierto consiste en una _____, una_____, un_____ y un_____.

    3. Hay demasiada sal en la salsa. Está muy _____.

    4. No puedo cortar la carne con este cuchillo. Está muy _____ la carne.

11. Identify each item in Fig. 15-5.

Fig. 15-5

Getting the Check

La *cuenta*, por favor.	check
¿Está incluido el servicio?	Is the service charge included?
Voy a *dejar una propina.*	leave a tip
¿Acepta Ud. *tarjetas de crédito?*	credit cards
¿Me puede dar un *recibo?*	receipt

12. Complete.

Cuando terminamos con la comida en el restaurante, yo le pedí la _____ al mesero. Él me la trajo. Yo le pregunté si el servicio estaba _____[1]. Él me dijo que sí, pero yo decidí dejarle más _____[2] porque nos dio muy buen servicio. Desgraciadamente el restaurante[3]

no aceptaba _____ _____ _____. Por eso tuve que pagar con dinero en
efectivo y le pedí un _____ al mesero.

El otro día algunos amigos y yo fuimos a un restaurante. Cuando llegamos, le explicamos al jefe que teníamos una reservación para cuatro personas. Él nos dio una mesa muy buena en el rincón. Decidimos no sentarnos en el patio porque hacía un poco fresco. Vino el mesero y nos preguntó si deseábamos un aperitivo. Todos decidimos que sí, que íbamos a tomar algo. Mientras tomábamos el aperitivo, el mesero nos trajo el menú. Había un menú turístico, pero no nos apetecía mucho. Cada uno de nosotros pedimos tres platos y cada uno pidió algo distinto.

Cuando vino el mesero con el primer plato, nos dimos cuenta de que faltaba un cubierto. El mesero volvió enseguida con un vaso, una cuchara, una cucharita, un tenedor, un cuchillo y una servilleta. Luego el mesero nos preguntó si nos apetecía un vaso de vino. A mí me gusta el vino tinto, pero a los otros les gusta más el vino blanco. Por eso pedimos una botella de vino blanco. La comida salió riquísima. Todo estaba delicioso aunque todos habíamos comido algo distinto. Es raro que en el mismo restaurante se preparen bien mariscos, pescados, carnes y aves.

El mesero nos preguntó si deseábamos algún postre, pero todos ya habíamos comido demasiado. Nadie tomó postre, pero todos queríamos (café) expreso. Cuando terminamos con el café, yo le pedí la cuenta al mesero. Él me dijo que el servicio estaba incluido, pero yo le dejé más propina porque nos dio un servicio muy bueno.

13. Complete.

1. Los amigos comieron en un _____.
2. Ellos se sentaron en el _____.
3. Tuvieron una _____ para cuatro personas.
4. No se sentaron en el _____ porque hacía un poco fresco.
5. Todos decidieron tomar un _____.
6. El _____ les dio el menú.
7. El _____ _____ no les apeteció.
8. Cada uno pidió tres _____ distintos.

14. Answer.

1. ¿Qué faltaba en la mesa?
2. ¿Qué vino tomaron ellos?
3. ¿Cómo estaba la comida?
4. ¿Qué se preparaba bien en aquel restaurante?
5. ¿Tomaron postre?
6. ¿Qué querían todos?
7. ¿Estaba incluido el servicio en la cuenta?
8. ¿Qué dejaron para el mesero? ¿Por qué?

Key Words

afuera (fuera) outside, outdoors	*el aperitivo* aperitif
ahumado smoked	*asado* roasted
a la brasa charcoal grilled	*(asado) al horno* baked
a la parrilla grilled, broiled	*a término medio, poco rojo* medium (cooked)
a la plancha grilled, broiled	*las aves* fowl
a la romana breaded and deep-fried	*el azúcar* sugar

bien asado   well done
bien cocido   well done
bien hecho   well done
el biftec, bistec   steak
el camarero   waiter
la carne   meat
caro   expensive
la carta   menu, list
la carta de vinos   wine list
casi crudo   rare
cocido al vapor   steamed
cocinado(a)   cooked
el cordero   lamb
crudo   rare, raw
el cubierto   place setting
la cuchara   soup spoon
la cucharita   teaspoon
el cuchillo   knife
la cuenta   bill, check
la chuleta   chop; cutlet
de lujo   luxurious
demasiado cocido, demasiado   too well-done,
  cocinado   overcooked
demasiado hecho   too well-done, overcooked
dulce   sweet
duro   tough
económico   economical, inexpensive restaurant
en su jugo   pot roasted, in its juices
la ensalada   salad
los entremeses   hors d'oeuvre
la especialidad de la casa   house specialty
la espina   bone (for fish only)
estofado   stewed
frío   cold
frito   fried
la fruta   fruit
guisado   stewed
hervido   boiled
incluido   included
la legumbre   vegetable
la lista de vinos   wine list
el mantel   tablecloth
el marisco   shellfish
el menú   menu
el menú del día   fixed menu

la mesa   table
el mesero   waiter
la minuta   menu
el muslo   leg, thigh (of a chicken)
el patio   patio, terrace
la pechuga   breast (of fowl)
el pescado   fish (as a food: does not refer to
                    live fish)
picado   diced, minced
el pimentero   pepper shaker
la pimienta   pepper
el platillo   saucer
el plato   plate; course
platos combinados   mixed platter
el plato principal   main course
poco asado   rare
el pollo   chicken
el postre   dessert
la propina   tip
el queso   cheese
el recibo   receipt
recomendar (ie)   to recommend
la reservación   reservation
reservar   to reserve
el restaurante   restaurant
el rincón   corner
la sal   salt
salado   salty
el salero   salt shaker
salteado   sautéed
el servicio   service; service charge
la servilleta   napkin
la sopa   soup
sucio   dirty
sugerir (ie, i)   to suggest
la tarjeta de crédito   credit card
la taza   cup
el tenedor   fork
la ternera   veal
el vaso   glass
la ventana   window
la verdura   vegetable
el vino   wine
el vino tinto   red wine

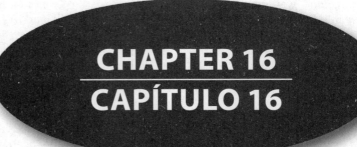

CHAPTER 16

Shopping for Food
Comprando los comestibles

Note: Refer to Appendix 6 (pages 201–204) for food items mentioned in this chapter.

Types of Stores

Tengo que ir a la *panadería*.	bakery (bread store)
pastelería.	bakery (pastry shop)
lechería.	dairy store
huevería.	egg store
carnicería.	butcher shop
charcutería.	delicatessen
pescadería.	fish store
marisquería.	shellfish store
frutería*.	fruit and vegetable store
Tengo que comprar *comestibles* (*abarrotes*).	food (groceries)
Voy a la (*tienda de*) *abarrotes**.	grocery store
Voy al *supermercado*.	supermarket
Empujo el carrito.	I push the cart.
Empujo el carrito por los *pasillos*.	aisles

Regional Variations

*vegetable store Both vegetables and fruits are sold in *una frutería*. *Una verdulería* sells only vegetables.
*grocery store There are many regional variations for this term. They are *la tienda de abarrotes* (*la abarrotes*), *la abarrotería* (not very common). In addition you will frequently hear *la bodega* and *el colmado* as well as *la pulpería*, which in some areas conveys the idea of general store. *La tienda de ultramarinos* is commonly used in Spain.

1. Complete.

    1. Se venden pasteles, tortas y bizcochos en una _____.
    2. Se venden la carne de res y la ternera en la _____.
    3. Se venden frutas y vegetales en una _____.
    4. Se venden los productos que vienen de una vaca en la _____.
    5. Se venden pescados en una _____.
    6. Se vende pan en una _____.
    7. Se venden los productos de puerco en una _____.
    8. Se venden mariscos en una _____.

2. Identify the stores where you would find the following.

1. judías verdes (ejotes)	8. huevos
2. panecillos	9. queso
3. carne de res	10. chuletas de cerdo
4. lenguado	11. fiambres
5. langosta	12. salchicha
6. manzanas	13. crema
7. leche	

3. Identify four terms that convey the meaning "grocery store."

Speaking with the Vendors

*¿A cómo está** la ternera?	How much
A doscientos pesos el kilo.	
Tiene muy buena pinta.	It looks good.
¿A cuánto están los tomates hoy?	How much
Están a setenta y cinco el kilo.	
Están muy *frescos.*	fresh
Déme (póngame) medio kilo, por favor.	give me
Déme seis *lonchas (lonjas)* de tocino.	slices of bacon
Déme una *tajada** de aquel queso.	slice
Déme un *manojo (un atado*)* de zanahorias.	bunch
Déme *una lechuga.*	head of lettuce
Déme quinientos gramos de chuletas de cerdo.	
Déme una *docena* de huevos.	dozen
Quiero un *bote (una lata*)* de *atún.*	can of tuna
Quiero una *bolsa** de papas fritas.	bag of potato chips
Quiero un *envase* de crema.	container
Quiero una *caja de polvos (jabón en polvo)* para la máquina de lavar.	box of laundry detergent
Quiero un *paquete de espinacas congeladas.*	package of frozen spinach
¿Puede poner todo esto en una *bolsa*?	bag (sack)
¿Lo puede *envolver* en papel?	wrap
¿Lo puedo llevar en la *canasta (cesta, el capacho)*?	basket
Quiero devolver estos *cascos (envases).*	empty bottles

Regional Variations

*how much   Note that the expressions *¿A cómo está (están)?* and *¿A cuánto está(n)?* are frequently used when asking the price of food items that change frequently. When asking the price of other types of merchandise *¿Cuánto es (son)?*, *¿Cuánto cuesta(n)?* and *¿Cuál es el precio de ...?* are more common.

*slice   The word for "slice" varies depending upon what is sliced. Although there are no hard and fast rules as to when to use which word, the following can be used as a guideline. *Loncha* or *lonja* can be used for most meats unless one wishes to be more specific and ask for *un filete*, *un medallón*, etc. *Rebanada* is used for a slice of bread or cake, among other things. A slice of something that is definitely round in shape is often *una rueda* or *una rodaja*. *Raja* is also used for a slice of fruit. *Tajada* is a general word and can be used when one wants a slice of something without being precise about the size or shape.

*bunch   The word for "bunch" also varies. *Un manojo* or *un atado* is used for those items that have been bunched together into a sales unit; for example, carrots or beets. Note that the literal meaning of *manojo* is "a handful" and that of *un atado* is "that which has been tied together." The word for a bunch of something that actually grows in a bunch is *un racimo*; thus a bunch of grapes is *un racimo de uvas*. A bunch of flowers is *un ramo de flores*.

*can   *Bote* and *lata* can be used almost interchangeably.

*bag   *La bolsa* is the most common word for "bag," be it a paper bag or a plastic bag. In some countries such as the Dominican Republic *la bolsa* is frowned upon and the word *funda* is used. *Una funda* is the word for a "pillow case." *La funda* is not, however, restricted to the Dominican Republic. *Bolsa* is also used for any item actually packaged in a bag and is usually called *una bolsa plástica* or *una bolsa de papel*. The word *el cartucho* is sometimes used.

4. Complete.

— Buenas tardes, señor.

—¿ _____ _____ _____ la lechuga hoy?

                   1

— A treinta pesos por pieza.

— ¿Son de aquí los tomates?

— Sí, están muy _____.

                 2

— Es verdad que tienen muy buena _____. ¿A _____ _____ hoy?

                        3   4

— Están a ochenta pesos el kilo.

— _____ medio kilo, por favor.

          5

— Aquí los tiene. Medio kilo de tomates. _____ pesos.

                                 6

— Gracias. ¿Me los puede poner en una _____ o envolverlos en papel?

                                       7

5. Choose the appropriate word.

1. Déme _____ _____ de huevos, por favor. (*a*) una docena (*b*) un bote (*c*) una pieza
2. Déme dos _____ de uvas. (*a*) repollos (*b*) chuletas (*c*) racimos
3. Déme _____ de zanahorias. (*a*) un casco (*b*) una caja (*c*) un manojo
4. Déme _____ _____ de agua mineral. (*a*) un envase (*b*) una botella (*c*) un paquete
5. Déme cuatro _____ de cerdo. (*a*) chuletas (*b*) bolsas (*c*) gramos
6. Déme seis _____ de aquel jamón. (*a*) cajas (*b*) lonchas (*c*) botellas
7. Déme _____ _____ de harina. (*a*) una caja (*b*) una botella (*c*) una tajada
8. Déme _____ _____ de salsa de tomate. (*a*) una caja (*b*) una lata (*c*) una bolsa

6. Complete.

1. No, el pescado no está fresco. Está _____.
2. Lo siento. No tengo bolsas, pero se lo puedo _____ en papel.
3. Tengo que _____ estos envases.
4. Él me va a _____ la lechuga en papel.

7. Complete.

1. una _____ de tomates
2. un _____ de zanahorias congeladas
3. un _____ de remolachas
4. un _____ de coliflor
5. un _____ de uvas
6. medio _____ de cerezas
7. cuatro _____ de cerdo
8. seis _____ de jamón
9. seiscientos _____ de ternera
10. una _____ de atún
11. dos _____ de agua mineral
12. una _____ de azúcar

Key Words

abarrotes groceries
¿a cuánto está(n)? how much is (are)?
el atado bunch
la bodega grocery store (Latin America)
la bolsa bag
el bote can
la caja box
la canasta basket
el capacho basket, pannier
la carnicería butcher shop
el carrito cart
el cartucho bag
el casco empty bottle to be returned
la cesta basket
el colmado grocery store (Puerto Rico)
los comestibles food
congelado frozen
la charcutería delicatessen
déme give me
devolver (ue) to return (something)
la docena dozen
el envase empty bottle to be returned, container
envolver (ue) to wrap
fresco fresh
la frutería fruit and vegetable store
la funda bag

el gramo gram
la huevería egg store
el jabón en polvo soap powder
el kilo kilogram
la lata can
la lechería dairy store
la lechuga lettuce (head of lettuce)
la loncha slice
la lonja slice
el manojo bunch
la marisquería shellfish store
la panadería (bread) bakery store
el paquete package
el pasillo aisle (of a supermarket)
la pastelería bakery, pastry shop
la pescadería fish market
la pulpería grocery store
póngame give me
la pulpería grocery store, general store
la rebanada slice
el supermercado supermarket
la tajada slice
tener buena pinta to look good
la tienda de abarrotes grocery store
la tienda de ultramarinos grocery store

CHAPTER 17
CAPÍTULO 17

At Home

En casa, el hogar

The Kitchen (Fig. 17-1)

Fig. 17-1

Note: Refer to the appendix on pages 201–204 for the foods mentioned in this chapter.

Regional Variations

*sink	The most commonly used word for "sink" in Spain is *fregadero*. *Pileta* is more common in Latin America, but you will also hear *pila*. *Pila* can also mean the baptismal font in a church.
*faucet	*Grifo* is the most commonly used word for "faucet" or "tap". In Spain and some areas of Latin America you also hear *la llave*. *La pluma* is used in Puerto Rico and Venezuela. Other words heard in other areas are *la canilla*, *el caño*, and *el charro*.
*dishwasher	The word for "automatic dishwasher" will vary. *Lavadora* is probably the most commonly used term, but you will also hear *el lavaplatos*, *el (la) lavador(a) de platos*, *la lavadora de vajilla*. Note too that many items of machinery or equipment, such as *lavadora*, that end in *–or(a)* will vary in gender. Words such as *refrigerador* and *lavador* are actually adjectives that are made into nouns by using the article *el* or *la*. In some countries people think in terms of *el (aparato) lavador* and therefore the masculine form is used. In other areas people think in terms of *la (máquina) lavadora* and the feminine form is used.
*stove	Either *cocina* or *estufa* can mean "stove" or "range". *Cocina* with this meaning is a relatively new entry in the *Diccionario de la Real Academia*. Please note that these words can be used interchangeably in describing the type of range; *una cocina eléctrica*, *una estufa eléctrica*, *una cocina de gas*, *una estufa de gas*.
*burner	The gender will vary. In some areas *hornillo* is used.

Washing the Dishes

Lavo (friego*) los platos (la vajilla*) en la pileta*.	wash the dishes
Abro el grifo* y lleno la pileta de agua.	turn on the faucet
Antes, tapo el desagüe con un tapón.	drain; plug
Echo un poco de polvo de lavar.	soap powder
Lavo (friego) los platos con un estropajo (fregador).	dishrag
Luego los pongo en el escurridero.	drainboard
Los seco con un paño (secador).	dish towel

Regional Variations

*to wash dishes	The word *fregar* (ie) actually means "to scrub". It is, however, the most commonly used verb in Spain to express "wash the dishes." It is also used in areas of Latin America. However, in many areas of Latin America people prefer to say *lavar los platos*, since *fregar* is used figuratively to mean "bother, annoy, pester". In certain areas of South America, *fregar* is a completely vulgar term.
*dishes	*La vajilla* encompasses all those items needed to set a table. Another useful word is *los cacharros*, which equates with the English "pots and pans." In many areas, however, *un cacharro* can mean any old piece of junk.

1. Complete.

Tengo un montón de platos sucios. Los tengo que lavar. Primero tapo el _____ 1 de _____ 2 con un _____ 3. Abro el _____ 4 y lleno _____ 5 de agua. Echo un poco de _____ 6 _____ y luego empiezo mi trabajo. Friego los platos con un _____ 7 y luego los pongo en el _____ 8. Después de lavarlos, los tengo que _____ 9. Los seco con un _____ 10. ¿No sería más fácil tener _____ 11 _____?

Cooking (Fig. 17-2)

Tengo que preparar la comida.	
Voy a *cocinar**.	
Voy a *guisar** la carne.	cook
Voy a *cocer* los huevos en una olla.	cook
Voy a *hervir** el agua en una caldera.	boil
Voy a *freír* las papas en una (un) sartén.	fry
Voy a *asar** la carne en el horno.	roast
Voy a *saltear* las legumbres.	sautée
Voy a *derretir* la mantequilla.	melt
Lo voy a guisar *a fuego lento*.	on a low (slow) flame
Lo voy a *tapar*.	to cover
Lo voy a *llevar a ebullición**.	bring to a boil
Tengo que *picar (cortar)* las cebollas con un cuchillo.	dice
Tengo que *pelar* las frutas.	pare, peel
Tengo que trinchar la carne con un *trinchante (trinche)*.	carving knife
Tengo que *colar (cernir)* el arroz en un *colador (una cernidera)*.	strain; strainer

Fig. 17-2

Regional Variations

*to cook The various words for "to cook" can also be rather confusing. The two most general words are *cocinar* and *guisar*. *Cocer* (ue) means to cook, but usually in water. It is the verb that is used for cooking eggs, for example. Interestingly enough it is also the verb used for making bread. The verb *hervir* (ie, i) means to boil. Note that the verb *cocer* would never be used in the sense "to boil water", which in a recipe would read *hiérvase el agua.* "Bring to the boiling point" is "*llévese (póngase) a ebullición.*" The verb *freír* (i, i) means to fry, and the verb *saltear* means to sautée. *Asar* basically means to roast, but *asar en el horno* means to bake and *asar a la parrilla* means to grill or broil. The nouns for cooking are la *cocina* and la *cocción. La cocina* means the cooking style or cuisine. *La cocción* refers to the duration of cooking. The word most commonly used for the general preparation of a dish is *la elaboración* or *la confección.*

*cooking utensils The terms for cooking utensils can also be a bit confusing. If one were to look up the word "saucepan" in a bilingual dictionary, one would probably find both *cacerola* and *cazuela.* If one looks up "pot" or "pan," there are even more entries. Here are some simple guidelines that may help anyone interested in cooking. *Una sartén* (*un sartén*) is a frying pan or a skillet. *Una tortera* (*tartera*) (*un molde*) is a baking pan for cakes, etc. *Una olla* is convex pot, rather high, with two handles. *Un puchero* is a big stew pot, larger than *una olla,* and it usually has one handle. *Una cacerola* is a round pan, often of metal, with low sides and two handles. *Una cazuela* is usually made of ceramic or clay; it is wide and not very deep. *Una caldera* is a large pot usually used for boiling water. In addition the word *el pote* can be used for any round pot with one handle but it is not used in all countries.

2. Tell which pot you need.

1. Voy a hervir agua.
2. Voy a asar carne y vegetales en el horno.
3. Voy a hacer una torta.
4. Voy a freír papas.

3. Tell what utensil you need.

1. Voy a trinchar la carne.
2. Voy a pelar las papas.
3. Voy a batir los huevos.
4. Voy a colar el arroz.
5. Voy a sacar el corcho de una botella de vino.
6. Voy a abrir una lata de atún.

4. Answer on the basis of Fig. 17-3 on page 112.

1. ¿Hay una lavadora en la cocina?
2. ¿Cuántos grifos tiene la pileta?
3. ¿Hay platos en el escurridero?
4. ¿Tiene despensa la cocina?
5. ¿Hay comestibles en la alacena?
6. En la cocina, ¿hay una estufa de gas o una estufa eléctrica?
7. ¿Cuántas hornillas tiene la estufa?
8. ¿Hay cubitos de hielo en el refrigerador?
9. ¿En qué parte del refrigerador están los cubitos de hielo?

5. Complete.

1. Voy a _____ las cebollas y luego las voy a _____ con aceite en una sartén.
2. Voy a preparar huevos pasados por agua. Los voy a _____ ahora.
3. Voy a _____ el cordero en el horno.
4. Antes de _____ el arroz, tengo que _____ el agua a ebullición.

Fig. 17-3

6. Give the Spanish verb for:

1. bake something in the oven
2. fry something in a frying pan
3. sautée something in butter
4. boil something such as potatoes
5. roast pork in the oven
6. melt butter

The Bathroom (Fig. 17-4 on page 113)

About the Language

A useful word to learn in connection with a bathroom is the one for "tile." The larger tiles used on a bathroom wall and around the shower are called *baldosas*. The smaller tiles used on the floor (and sometimes the wall) are *las baldosinas*. The tile floor in a bathroom is called el *embaldosado*. The larger glazed tiles are *azulejos*.

Por la manaña . . .	
me baño o *me ducho*.	bathe; shower
me lavo el pelo.	wash my hair
me seco con una toalla.	dry myself

Fig. 17-4

me cepillo los dientes con pasta (crema) dentífrica.	brush my teeth
me afeito con jabón de afeitar y una *navaja.*	shave with shaving soap; razor
me pongo el maquillaje.	put on makeup
me peino.	comb my hair

 7. Complete.

1. Me lavo las manos en el _____. Cuando me lavo las manos uso _____ y un(a) _____.

2. Después de usar el jabón, lo pongo en la _____.

3. A veces me baño en _____ _____ o me ducho en la _____.

4. Después de ducharme (o bañarme) me seco con una _____.

5. Las toallas cuelgan del _____.

6. Me miro en el _____ mientras que me peino.

7. Me cepillo los dientes y luego pongo la _____ _____ en el _____.

8. Si no quiero mojarme el pelo, me pongo una _____ _____ _____ antes de ducharme.

9. El _____ está al lado del lavabo.

10. Después de bañarme y secarme, me pongo una _____ _____ _____.

11. No quiero mojar el embaldosado. Voy a ponerme en la _____ _____ _____.

Fig. 17-5

8. Label each item in Fig. 17-5.

The Dining Room (Figs. 17-6 and 17-7 on page 115)

La señora *pone la mesa*.	sets the table
Los comensales se sientan a la mesa.	diners
Alguien *sirve* (*a*) la mesa.	serves
Después de la sobremesa, los comensales *se levantan* *de* la mesa.	get up from
El señor *quita la mesa*.	clears the table
Pone todo en una *bandeja*.	tray

9. Complete. (Refer to Fig. 17-7.)

1. Quiero azúcar. Páseme _____ _____, por favor.
2. Quiero mantequilla. Páseme _____ _____, por favor.
3. Quiero más sal. Páseme _____ _____, por favor.
4. Quiero pimienta. Páseme _____ _____, por favor.
5. Quiero más salsa. Páseme _____ _____, por favor.

10. Complete. (Refer to Fig. 17-7.)

1. Se sirve la ensalada en una _____.
2. Se sirve la sopa en una _____.
3. Se sirve la carne en una _____.
4. Se sirve la salsa en una _____.
5. Se puede calentar los platos en un _____.

Fig. 17-6

Fig. 17-7

11. Identify each item in Fig. 17-8.

Fig. 17-8

The Living Room (Fig. 17-9 on page 117)

La familia se sienta en la sala.
Hablan (*charlan, platican, conversan*).   chat
Miran (*ven*) la televisión.   watch
Escuchan un programa de radio.   listen to
Escuchan *discos* (*cintas*).   records (tapes)
Leen el *periódico* (la *revista*).   newspaper (magazine)
Reciben a sus *convidados* (*invitados*).   guests

12. Complete.

1. Hay _____ y _____ en la ventana.
2. La señora tiene muchos libros en _____ _____.
3. Cuando hace frío pongo _____ _____ cerca de _____ _____ y me siento allí.

Fig. 17-9

4. La lámpara está en una _____ al lado del _____.
5. El cuadro tiene _____ _____ de madera.
6. De noche yo miro la _____ y _____ la radio.
7. Una _____ cubre una parte del piso. La _____ cubre todo el piso.
8. Solamente una persona puede sentarse en una _____ pero tres o cuatro pueden sentarse en un _____.
9. Esta noche voy a estar solo(a). No vienen _____.

In the Bedroom (Figs. 17-10 and 17-11 on page 118)

Voy a *acostarme*.	go to bed
Voy a *poner el despertador*.	set the alarm clock
Duermo ocho horas.	sleep
Me duermo enseguida.	fall asleep
Me levanto a las ocho.	get up
Hago (tiendo) la cama.	make the bed

About the Language

La cama matrimonial is the general word for "double bed." The word for "bed" is *la cama*. The definite article *la* is always used with *cama* when one is in bed to sleep or rest. *Estoy en la cama* means "I am in bed (resting)." When *cama* is used without the article (*Estoy en cama*) it means "I am sick in bed." *Tengo que guardar cama* means "I have to stay in bed."

Fig. 17-10

Fig. 17-11

118

13. Complete.

1. Hay dos camas en el dormitorio. En el _____ entre las dos camas hay una lámpara y un _____.
2. Una cama para dos personas es una _____.
3. En una cama matrimonial hay generalmente dos _____. Para cubrir las almohadas se ponen _____.
4. Cuando hago la cama, arreglo primero las _____, luego las _____ y al final la _____.
5. Hay cinco _____ en la cómoda.
6. No puedo colgar nada en el armario porque no hay _____.

14. Name six items that go on a bed.

15. Answer.

1. ¿A qué hora te acuestas?
2. ¿Pones el despertador antes de acostarte?
3. ¿Cuántas horas duermes cada noche?
4. ¿Te duermes enseguida o pasas tiempo dando vueltas en la cama?
5. ¿A qué hora te levantas?
6. ¿Haces la cama enseguida?

Housework

Tengo que lavar la *ropa sucia*.	dirty clothes
Tengo que *hacer el lavado*.	do the laundry
Voy a ponerlo en la *lavadora*.	washing machine
Tengo que hacer *el planchado*.	ironing
¿Dónde están la *plancha* y la *tabla de planchar*?	iron; ironing board
Tengo que *limpiar (quitar) el polvo de los muebles*.	dust the furniture
¿Dónde está el *paño*?	dust cloth
Tengo que *aspirar* la moqueta.	vacuum
¿Dónde está la *aspiradora*?	vacuum cleaner
Tengo que *pulir* los muebles.	shine
Tengo que *barrer (escobar) el piso (suelo)*.	sweep the floor
¿Dónde está *la escoba*?	broom
Tengo que *fregar el piso (baño)*.	scrub the floor (bathtub)
¿Dónde están los *trapos*?	rags
¿Dónde está el *estropajo*?	mop
¿Dónde está la *esponja*?	sponge
Tengo que *tirar la basura*.	throw out the garbage
Tengo que vaciar el *basurero*.	garbage can
Tengo que vaciar el *balde de basura (cubo de basura, tarro de basura)*.	garbage can

16. Complete.

Hoy tengo mucho que hacer. Tengo un montón de ropa sucia. Primero tendré que hacer el _____. Gracias a Dios tengo una _____ que facilita mucho el trabajo.
$\quad$ 1 $\qquad$ 2
Pero después de terminar con el lavado, tengo que hacer el _____.Voy a poner
$\qquad$ 3
la _____ y la _____ de planchar en la cocina ahora.
$\quad$ 4 $\qquad$ 5
Después de hacer el lavado y el planchado tengo que _____ la moqueta en la sala.
$\qquad$ 6
Antes de poner el lavado en la lavadora voy a quitar la _____ y ponerla en la sala.
$\qquad$ 7
Posiblemente podré _____ la moqueta mientras esté la ropa en la _____.
$\quad$ 8 $\qquad$ 9
Y también tengo que _____ el polvo de los muebles. Cuando tengo las ventanas
$\quad$ 10
abiertas, entra mucho polvo de la calle.

17. Match what you are doing in column A with what you need in column B.

A	B
1. planchar	(a) trapos
2. barrer	(b) la tabla de planchar
3. fregar la tina	(c) un paño limpio
4. limpiar el polvo	(d) la escoba
5. aspirar la moqueta	(e) los muebles
	(f) la aspiradora

18. Complete.

Después de preparar una comida grande siempre hay mucha _____. La tiro en el
$\qquad$ 1
_____ y luego tengo que quitarlo de la cocina para vaciarlo.
$\quad$ 2

Some Minor Problems Around the Home

Voy a *poner (encender) la luz.*	turn on the light
No enciende.	it won't go on
¿Está *fundida la bombilla (quemado el foco)?*	light bulb blown out
Ay, no. Tengo que *enchufar* la lámpara.	plug in
Aquí está el *enchufe.*	plug
Las luces *se han apagado.*	gone out
Yo no *las he apagado.*	turn them off
Se quemó un fusible.	a fuse blew
Tengo que chequear *el tablero (cuadro, panel) de fusibles.*	fuse box
¿Dónde está* el *interruptor?*	light switch
Tendré que llamar *al (a la) electricista.*	electrician
No puedo *vaciar el fregadero.*	empty the sink
He quitado el *tapón.*	plug, stopper
Está *atascado.*	clogged up
Está goteando agua de la ducha.	dripping, leaking
Tendré que llamar *al plomero (fontanero).*	plumber
La *cañería* es muy vieja.	pipes (plumbing)

Regional Variations
*light switch   Other words for "light switch" are *el apagador* and *el suiche*. In Spain you will also hear *la llave*.

19. Complete.

No puedo encender la luz. No sé lo que pasa. ¿Estará _____ la _____ de la
                                                        1   2
lámpara? Ay, no.¡Mira! La lámpara no está enchufada. La tengo que _____. Pero ¿dónde
                                                                          3
está el _____?
              4

20. Complete.

No   tengo   luces.   ¿Qué   ha   pasado?   No   las   he   _____.   Posiblemente
                                                                          1
_____ un fusible. Tendré que chequear el _____
       2
_____ _____. Si no se ha quemado un _____ que yo puedo reemplazar
       3   4
fácilmente, tendré que llamar al _____ _____.
                                          5

21. Complete.

— El fregadero está lleno de agua y no lo puedo _____.
                                                        1
— Pues, ¿has quitado el _____ del desagüe?
                              2
— Claro que lo he quitado.
— Pues, estará _____. Tendremos que llamar _____ _____. Pronto
                    3   4
tendremos que reemplazar toda la _____ en esta casa.
                                        5

Key Words

The kitchen
a fuego lento on a slow heat, on low flame
el abrebotellas bottle opener
el abrelatas can opener
la alacena kitchen closet, cupboard
asar to roast
el batidor de huevos eggbeater
la batidora mixer, blender
la cacerola casserole, (type of) pot
la cazuela (type of) pot, casserole meal
la cernidera strainer
cernir (ie) to strain, to sift
cocer (ue) to cook (in water)
la cocina kitchen, stove, range; cuisine
cocinar to cook
el colador strainer, colander
colar (ue) to strain
la congeladora freezer
derretir (i,i) to melt
el desagüe drain
la despensa pantry
el destapador bottle opener
el escurridero rinsing board, drainboard
el estropajo dishrag, mop

la estufa stove, range
el fregadero sink
el fregador dishrag
fregar (ie) to wash (dishes), to scrub
freír (i,i) to fry
el grifo faucet, tap
guisar to cook, stew
hervir (ie,i) to boil
la (el) hornilla(o) burner on a stove
el horno oven
el lavadero sink
la lavadora (de platos, de vajilla) dishwasher
lavar to wash
llevar a ebullición to bring to a boil
el mango handle
la olla (type of) pot
el paño cloth
pelar to pare, peel
picar to dice
la pila sink
la pileta sink
el polvo de lavar washing powder
el refrigerador refrigerator
el sacacorchos corkscrew

saltear   to sautée
la (el) sartén   frying pan
el secador   dish towel
la tapa   cover, lid
tapar   to cover, put a lid on
el tapón   plug, stopper
el tarro de basura   garbage can
la tortera (tartera)   baking pan
el trinchante   carving knife
trinchar   to carve
el trinche   carving knife
la vajilla   dishware

The bathroom

afeitarse   to shave
la alfombrilla de baño   bath mat
la baldosa   tile
el baldosín   small tile
bañarse   to bathe, take a bath
la bañera   bathtub
el baño   bath, bathtub
la bata de baño   bathrobe
el botiquín   medicine cabinet
cepillarse los dientes   to brush one's teeth
el cuarto de baño   bathroom
el dentífrico   toothpaste
la ducha   shower
ducharse   to take a shower
el espejo   mirror
la gorra de baño   bath cap
el inodoro   toilet
el jabón   soap
el jabón de afeitar   shaving soap
la jabonera   soap dish
el lavabo   washbasin
el lavamanos   washbasin
lavarse   to wash
el maquillaje   makeup
la navaja   razor
el paño   face cloth
el papel higiénico   toilet paper
la pasta dentífrica   toothpaste
peinarse   to comb one's hair
ponerse   to put on
el retrete   toilet
secarse   to dry oneself
la tina   bathtub
la toalla   towel
la toalla de baño   bath towel
el toallero   towel rack
tomar un baño   to take a bath
tomar una ducha   to take a shower

The dining room

el aparador   buffet, sideboard, credenza
el azucarero   sugar bowl
la bandeja   tray
el calientaplatos   plate warmer
el candelabro   candelabra
el comedor   dining room
el comensal   (fellow) diner
la copa   stem glass
la cuchara   soup spoon, tablespoon
la cucharita   teaspoon
el cuchillo   knife
la ensaladera   salad dish, salad bowl
la fuente   serving platter
levantarse de la mesa   to get up from the table
el mantel   tablecloth
el mantequero   butter dish
la mantequillera   butter dish
el pimentero   pepper shaker
el platillo   saucer
el plato   plate, dish
poner la mesa   to set the table
quitar la mesa   to clear the table
el salero   salt shaker
la salsera   gravy boat
la servilleta   napkin
servir (i,i)   to serve
la sobremesa   conversation at table after a meal; dessert
la sopera   soup bowl
la taza   cup
el tenedor   fork
el vaso   glass

The living room

la alfombra   rug, carpet
la biblioteca   bookcase
la butaca   armchair
la cinta   tape
el (la) convidado(a)   guest
la cortina   curtain
el cuadro   picture, painting
charlar   to chat
la chimenea   fireplace
el diario   newspaper (daily)
el disco   record
el dominical   newspaper (sunday)
el estante   bookcase, bookshelf
el (la) invitado (a)   guest
la lámpara   lamp
la lámpara de pie   floor lamp
la librería   bookcase

el living   living room
el marco   frame
la mesa   table
la moqueta   wall-to-wall carpeting
el periódico   newspaper
la persiana   venetian blind
platicar   to chat
la radio   radio
la revista   magazine
la sala de estar   living room
la silla   chair
el sillón   armchair
el sofá   sofa, divan
la televisión   television

The bedroom

acostarse (ue)   to go to bed
la alcoba   bedroom
la almohada   pillow
el armador   hanger
el armario   closet
el cajón   drawer
la cama matrimonial   bed
la colcha   bedspread
el colchón   mattress
la cómoda   bureau, chest of drawers
el cuarto   bedroom
el cubrecama   bedspread
el despertador   alarm clock
dormir (ue,u)   to sleep
dormirse (ue,u)   to fall asleep
el dormitorio   bedroom
la frazada   blanket
la frisa   blanket
la funda   pillowcase
el gancho   hook, hanger
hacer la cama   to make the bed
levantarse   to get up
la manta   blanket
la percha   hanger
poner   to set (alarm clock)
la recámara   bedroom
la sábana   sheet
la sobrecama   bedspread
el velador   night table

Housework

la aspiradora   vacuum cleaner
aspirar   to vacuum
el balde de basura   garbage can
barrer   to sweep
la basura   garbage
el basurero   garbage can

el cubo de basura   garbage can
la escoba   broom
escobar   to sweep
la esponja   sponge
el estropajo   dishrag, mop
fregar (ie)   to scrub, to wash (dishes)
el lavado   laundry
la lavadora   washing machine
lavar   to wash
limpiar el polvo   to dust
el paño   cloth
el piso   floor
la plancha   iron
el planchado   ironing
planchar   to iron
pulir   to polish
los quehaceres domésticos   housework
quitar el polvo   to dust
la ropa   clothes
sucio   dirty
el suelo   floor
la tabla de planchar   ironing board
el trapo   rag

Some minor problems around the home

apagar la luz   to turn out (off) the light
atascado   clogged, stopped up
la bombilla   light bulb
la cañería   pipes, plumbing
el cuadro de fusibles   fuse box
el desagüe   drain
el (la) electricista   electrician
encender (ie) la luz   to turn on the light
enchufar   to plug in
el enchufe   plug
el enchufe hembra   socket
el (la) fontanero(a)   plumber
fundido   blown out
el fusible   fuse
gotear   to drip, leak
el interruptor   light switch
la llave   light switch
el panel de fusibles   fuse panel, fuse box
el (la) plomero(a)   plumber
poner la luz   to turn on the light
quemarse un fusible   to blow a fuse
quitar   to take out
el suiche   switch
el tablero de fusibles   fuse box
el tapón   plug, stopper
vaciar   to empty

CHAPTER 18

At the Doctor's/ Dentist's Office

En la consulta* del médico/dentista

At the Doctor's Office

A Cold

Habla el (la) paciente:	
Yo no estoy bien. Estoy *enfermo(a)*.	sick
Creo que *tengo un catarro*.	a cold
tengo un resfriado.	
tengo un resfrío.	
estoy resfriado(a).	
estoy constipado(a)*.	
No sé si tengo (*la*) *gripe*.	flu, influenza
Me duele la garganta.	My throat hurts.
el *oído*.	ear
Tengo *fiebre*.	fever
escalofríos.	chills
una *fiebre intermitente*.	chills and fever
las *glándulas hinchadas*.	swollen glands
un *dolor de cabeza*.	a headache
tos.	cough
mucha *congestión* (*flema*).	a lot of congestion

Habla el (la) médico(a):
¿Cuáles son sus *síntomas*?   symptoms
¿Se siente Ud. *mareado(a)*?   dizzy, nauseous
Abra Ud. la boca.   Open your mouth.
Le quiero *examinar* la garganta.   examine
Respire Ud. hondo (profundo).   Take a deep breath.
¿Le duele el *pecho*?   chest
Le voy a tomar la temperatura.
¿Tiene Ud. alergia a la penicilina?
Le voy a poner (dar) una inyección.
Súbase la manga.   Roll up your sleeve.
Desvístase hasta la cintura.   Strip to the waist.
Le voy a *recetar* unos antibióticos.   prescribe
Ud. tiene que tomar tres *píldoras* (*pastillas, comprimidos*) al día.   pills

---

Regional Variations

*doctor's office   One of the most common ways to express doctor's office is *consulta del médico*. You will also hear *el consultorio del médico* and *el gabinete del médico*. Note that *la médica* is used for a female doctor. When speaking about a medical doctor, *médico(a).*is used. When addressing the doctor directly, however, *doctor(a)* is used. Many doctors own clinics today and you will also hear *la clínica del médico*.

*to have a cold   There are several ways to say "I have a cold" in Spanish. *Tengo un resfrío* or *estoy resfriado(a)* is probably more common in Latin America than in Spain. Be careful of the false cognate *constipado(a)* which does in fact mean a "cold" and not "constipated." The word for "constipated" in Spanish is *estreñido(a)*.

---

1. Complete.

El pobre señor Prieto no está bien. Está _____. Tiene la _____ muy roja y le duele

mucho. A veces tiene mucho frío y a veces tiene mucho calor. Tiene una _____ _____.
                                     1   2   3

Tiene las glándulas _____, _____ y mucha _____. Él no sabe si tiene
                              4   5   6

solo un _____ o si tiene _____. Él tiene que ir a ver al médico.
                  7   8

2. Complete.

En la _____ del médico
              1
— Buenos días, doctor.

— Buenos días. ¿Qué tiene Ud.?

— Pues, yo no sé si tengo un _____ o si tengo _____.
                                          2   3
— ¿Cuáles son sus _____?
                              4
— Me duele la _____ y tengo mucha _____.
                        5   6
— Muy bien. Abra Ud. la _____, por favor. Le quiero examinar la _____.
                                    7   8
   Es verdad que está muy roja. Ud. tiene las _____ un poco hinchadas también.
                                                        9
   _____ Ud. hondo, por favor. ¿Le duele el _____ cuando respira?
         10   11
— Un poco, pero no mucho.

— ¿Tiene Ud. _____?
                      12
— Sí, estoy tosiendo bastante.

— Abra Ud. la boca otra vez. Le voy a tomar la _____. Está a 38. Un poco alta. Ud.
                                                          13
   tiene _____ también. ¿Sabe Ud. si tiene _____ a algunas medicinas?
                14   15

— No, no lo creo.

— Pues, súbase la _____, por favor. Le voy a dar una _____ de penicilina y le
voy a _____ un antibiótico. Ud. tiene que tomar tres _____ al día. Estará
mejor dentro de algunos días.

16   17   18   19

3. Complete.

1. Cuando alguien tiene un _____, por lo general no tiene fiebre. Sin embargo, es
bastante común tener _____ con la _____.
2. A veces una persona que tiene fiebre se siente fría un momento y caliente el otro. Cuando se
siente fría es posible que tenga _____ también.
3. El paciente tiene que abrir la _____ cuando el médico le _____ la garganta.
4. Cuando el médico le va a poner una _____ en el brazo, es necesario subirse la
_____.

A Physical Examination

Historial clínico (*médico*)	medical history
¿Ha sufrido Ud. o alguien en su familia de alergias?	
artritis?	
asma?	
cáncer?	
diabetes?	
una *enfermedad del corazón*?	heart disease
una *enfermedad mental*?	mental illness
una *enfermedad venérea*?	venereal disease
epilepsia?	
tuberculosis?	
Cuando Ud. era niño(a), ¿tenía poliomielitis?	
sarampión?	measles
viruelas?	chicken pox
paperas?	mumps

Note: Some other diseases you may have to know for travel purposes are: *la viruela* (smallpox), *el
paludismo* (malaria), *la fiebre amarilla, el tifus, la fiebre tifoidea, el tétanos.*

At the Doctor's Office (Fig. 18-1 on page 127)

¿Cuál es su *grupo* (*tipo*) *sanguíneo*?	blood type
¿Tiene Ud. problemas con *su período menstrual* (*regla*)?	menstrual period
¿Ha tenido Ud. una operación?	
Sí, me han sacado *las amígdalas.*	tonsils
el apéndice.	appendix
Habla el médico:	
Súbase la manga, por favor.	
Le quiero tomar la *presión sanguínea* (la *tensión arterial*).	blood pressure
Le voy a tomar *una prueba* (*muestra*) de *sangre*.	blood sample
Quiero hacer un *análisis de sangre.*	blood test
Le voy a tomar el pulso.	

Fig. 18-1

Le voy a hacer unos *rayos equis de los pulmones*.	x-rays of the lungs
Los voy a *auscultar*.	examine with a stethoscope
Le voy a hacer un electrocardiograma.	
Necesito una *muestra* de *orina*.	sample; urine
heces.	feces

4. Complete.

1. Una persona que tiene una _____ _____ _____ puede sufrir un ataque cardíaco (al corazón).
2. Él no puede soportar la penicilina. Tiene _____.
3. En el pasado muchos niños sufrían de _____, _____, _____ o _____. Todas son enfermedades contagiosas. Hoy día hay inyecciones de inmunización contra estas _____.
4. Una persona que tiene _____ tiene problemas para respirar.
5. El corazón, el hígado y los riñones son _____ _____.
6. Si por acaso una persona tiene un accidente, es importante saber su _____ _____.
7. Los psiquíatras tratan las _____ _____.
8. _____, _____, _____ y _____ son órganos vitales.
9. Yo nunca he _____ de epilepsia.
10. El asma es una enfermedad de los _____.

11. Cada vez que yo voy a ver al médico él me toma la _____ _____.
12. Ella me va a tomar una muestra de sangre porque quiere hacer un _____.
13. Si hay la menor posibilidad de una enfermedad del corazón, el médico le hará un _____.
14. Muchas veces si una persona está mal del _____, vomita o tiene diarrea.

5. Select the normal procedures for a medical or physical examination.

1. El médico le toma la temperatura.
2. El médico le toma la tensión arterial.
3. El médico le hace una operación.
4. El médico le toma unos rayos equis de los pulmones.
5. El médico le toma una prueba de sangre para hacer un análisis de sangre.
6. El médico le toma el pulso.
7. El médico le da una inyección de penicilina.
8. El médico le hace un electrocardiograma.
9. El médico le receta unos antibióticos.
10. El médico lo ausculta.
11. El médico le pide una muestra de orina.
12. El médico examina ciertos órganos vitales.

An Accident (Fig. 18-2)

Fig. 18-2

Se me (le) rompió el *dedo*.	finger
el *brazo*.	arm
la *muñeca*.	wrist
la *pierna*.	leg
el *tobillo*.	ankle
la *cadera*.	hip
la *rodilla*.	knee
el *codo*.	elbow
el *hombro*.	shoulder
Se me torció la espalda.	I sprained my back.
Me duele aquí.	It hurts me here.
El médico quiere *radiografiar (tomar una radiografía de)* la herida.	x-ray the wound
Tiene una *fractura complicada*.	compound fracture
El médico (cirujano ortopédico) tiene que *ensalmar (acomodar) el hueso*.	set the bone
Se le *rompió (quebró)* la pierna	broke
Luego la tiene que *enyesar*.	put it in a cast
No la puede solo *entablillar*.	put into a splint
El paciente tendrá que andar *con muletas*.	on crutches
Se me (le) cortó el dedo.	
la *mejilla*.	cheek
el *pie*.	foot
El médico le va a *tomar (dar) puntos*.*	stitch
Luego le va a *vendar* la herida.	bandage
Le va a poner una *venda (un vendaje)*.*	bandage
Va a *quitarle los puntos* en cinco días.	take out the stitches

---

Regional Variations

*stitches   *Puntos* is the commonly used word for "stitches." The noun *sutura* and the verb *suturar* also exist.
*Band-Aid   *Una venda* is usually smaller than *un vendaje*. The comparison between Band-Aid and bandage could be made.

🔊 **6.** Complete.

El pobre Juanito tuvo un accidente. Se cayó y se le rompió _____ _____.
                                                                                                                                      1
Sus padres lo llevaron al hospital. El médico les dijo que quería _____ la herida para
                                                                                                                2
saber si Juanito sufrió una rotura o una dislocación. La radiografía indicó una rotura. Así el
_____ ortopédico tuvo que _____ el hueso y luego lo tuvo que _____.
          3   4   5
El pobre Juanito tendrá que andar con _____ por unas semanas.
                                                                    6

7. Complete.

1. Se le cortó el dedo. El médico no va a enyesar la herida, pero la va a _____.
2. Antes de vendarla, le tiene que tomar (dar) _____ porque es una cortadura bastante profunda.

8. Identify each item in Fig. 18-3.

Fig. 18-3

At the Dentist's Office
Some Dental Problems

El comer mucho azúcar o dulces es la causa principal de *la placa*.	plaque
La placa es la causa principal de las caries y enfermedades de *las encías*.	gums
Tengo una caries. Necesito *un empaste*.	filling
Mis dientes no están alineados. Necesito *brackets**. La edad ideal para ponerse brackets está entre los 10 y 14 años.	braces
Mis dientes están *manchados* y *descoloridos*. Necesito *un blanqueamiento*.	stained, discolored / whitening
Me duele *la muela del juicio*. ¡Ojalá no necesite una extracción!	wisdom tooth
Tengo las encías inflamadas. *Sangran* un poco.	are bleeding
Tengo *la boca seca*.	dry mouth
Tengo *mal aliento*.	bad breath

Regional Variations	
*brackets	Other regional variations for this term are *aparatos, frenos, fierros,* and *frenillos*.
*un empaste	Other regional variations for this term are *tapadura, emplomadura,* and, less frequently, *una calza* (slang).

9. True or false?

    1. El empaste es una causa principal de las caries.
    2. Se puede quitar las manchas de los dientes con un blanqueamiento.
    3. Algunos jóvenes pierden las muelas del juicio.
    4. La edad ideal para tener brackets está entre los 20 y 25 años.
    5. Las encías inflamadas pierden sangre.
    6. La boca seca puede causar el mal aliento.

10. Complete the following with an appropriate word.

    1. Muchas veces cuando le duele una o más muelas del juicio es necesario tener una
    _____.
    2. Sus dientes están _____ porque tienen muchas manchas.
    3. Él va a necesitar brackets porque sus dientes no están bien _____.
    4. El comer mucho azúcar o dulces causa _____ que es la causa principal de las
    caries.

At the Dentist's Office

— Buenos días.
— Buenos días, doctor.
— ¿Hace cuánto tiempo desde su última vista a un dentista?
— Un año.
— Bien. Y, ¿cuál es el problema que tiene ahora?

— *Me duele* un diente aquí.	hurts me
— Permítame ver. Abra Ud. *la boca*, por favor. ¿Dónde le duele?	mouth
— Aquí.	
— ¿Le duele aquí cuando lo *toco*?	touch
— Sí.	
— ¿Le *molesta* el agua fría?	bother
— Sí, *bastante*.	quite a bit
— Toma un poco de agua y luego *escupa*, por favor.	spit
— Cierre la boca un poco y *muerda* despacio.	bite
Una vez más, por favor.	
Yo voy a tomar *una radiografía*.	x-ray
(Unos momentos después)	
— Indica que Ud. tiene una caries *profunda*.	deep
Afortunadamente no será necesaria una extracción. Puedo restaurar	
el diente con un empaste.	
— Ah, ¡qué bien! Pero, ¿me va a *doler* lo que tiene que hacer?	hurt
— No, no se preocupe. Le voy a dar una inyección de novocaína. Ahora,	
vuelva (voltee) la cabeza a la izquierda. Un poco más, por favor.	
(Después del procedimiento, el dentista le da consejos).	
— Ahora, tome un poco de agua y luego escupa, por favor. El diente le va	
a molestar un poco por unos dos días. Es normal. No *mastique* en este	chew
lado y esta noche no *se cepille* los dientes. Y no *se enjuague la boca*.	rinse your mouth
No tome nada muy frío ni muy caliente. ¿Tiene Ud. alguna pregunta?	
— No, doctor. Y gracias.	

11. Complete according to the conversation.

    1. La joven habla con el _____.
    2. Hace _____ desde su última visita al dentista.
    3. Ahora le _____ un diente.
    4. El dentista quiere que ella _____ la boca.
    5. Le duele el diente si el dentista (odontólogo) lo _____.
    6. El agua _____ le molesta.
    7. El dentista quiere que la joven _____ la boca y que _____ despacio.
    8. El dentista quiere tomar una _____.

12. Answer according to the conversation.

    1. ¿Qué indica la radiografía?
    2. ¿Necesita la joven una extracción?
    3. ¿Cómo puede el dentista restaurar el diente?
    4. ¿Por qué le dice el dentista que no le va a doler el procedimiento?

13. Complete the following with the correct words that the dentist uses to give the young woman advice.

    _____ poco de agua. _____ el agua, por favor. Al comer, no _____ en
este lado. Esta noche o después de comer no se _____ los dientes y no se
_____ la boca. No _____ nada muy frío ni muy caliente.

(numbered blanks 1, 2, 3, 4, 5, 6)

Dental Hygiene

Sugerencias para seguir un buen régimen de higiene dental o *bucal:*	mouth
Cepíllate los dientes por lo menos dos o tres veces al día usando movimientos suaves y cortos.	
No olvides cepillarte *la lengua* y las encías.	tongue
Cambia tu *cepillo de dientes* cada tres meses.	toothbrush
Utiliza *un dentífrico (una pasta dentífrica)* con *flúor.*	toothpaste, flouride
Utiliza *un hilo (seda) dental* por lo menos una vez al día.	dental floss
Enjuágate la boca con frecuencia. Trata de tener a tu disposición *un enjuague bucal.*	mouthwash
Visita al (a la) dentista una vez al año.	

About the Language

In today's Spanish, informal magazine articles usually use the **tú** form, whereas in a conversation with a medical professional one would use the **Ud.** form.

14. Answer the following.

    1. ¿Cuántas veces al día debes cepillarte los dientes?
    2. ¿Qué más debes cepillarte?
    3. ¿Con qué frecuencia debes cambiar tu cepillo de dientes?
    4. ¿Qué tipo de dentífrico debes usar?
    5. ¿Cuántas veces al día debes utilizar el hilo dental?
    6. ¿Con qué frecuencia debes visitar al (a la) dentista?

Key Words

At the Doctor's Office

acomodar   to set (a bone)
la alergia   allergy
las amígdalas   tonsils
el análisis   analysis
el antibiótico   antibiotic
el apéndice   appendix
la artritis   arthritis
el asma (f)   asthma
el ataque al corazón   heart attack
el ataque cardíaco   heart attack
auscultar   to examine with a stethoscope
la boca   mouth
el brazo   arm
la cadera   hip
el cáncer   cancer
el catarro   cold
la cintura   waist
el (la) cirujano(a) ortopédico(a)   orthopedic surgeon
el comprimido   pill, tablet
la congestión   congestion
constipado (estar)   to have a cold
la consulta del médico   doctor's office
el corazón   heart
cortar   to cut
el dedo   finger
desvestirse (i, i)   to undress
la diabetes   diabetes
la diarrea   diarrhea
el (la) doctor(a)   doctor
el dolor   pain, ache
el electrocardiograma   electrocardiogram
la enfermedad   illness, disease
la enfermedad mental   mental illness
la enfermedad venérea   veneral disease
ensalmar   to set (a bone)
entablillar   to put in a splint
enyesar   to put into a cast
la epilepsia   epilepsy
los escalofríos   chills
la espalda   back
el estómago   stomach
estreñido   constipated
examinar   to examine
la fiebre   fever

la fiebre intermitente   chills and fever
la flema   congestion, phlegm
la fractura complicada   compound fracture
la garganta   throat
la glándula   gland
la gripe   flu, influenza
el grupo sanguíneo   blood type
hacer daño (a alguien)   to hurt (someone)
las heces   feces
la herida   wound
el hígado   liver
hinchado   swollen
el historial médico   médical history
el hueso   bone
la intervención quirúrgica   operation
los intestinos   intestines, bowels
la inyección   injection
la manga   sleeve
mareado   dizzy, nauseous
el (la) médico(a)   doctor
la mejilla   cheek
la muestra   sample
la muleta   crutch
la muñeca   wrist
el oído   ear
la operación   operation
la orina   urine
las paperas   mumps
la pastilla   pill
el pecho   chest
la penicilina   penicillin
el período menstrual   menstrual period
el pie   foot
la pierna   leg
la píldora   pill
la poliomielitis   polio
la presión sanguínea   blood pressure
la prueba   sample
los pulmones   lungs
el pulso   pulse
el punto   stitch
quebrar   break
radiografiar   to x-ray
los rayos equis   x-rays
recetar   to prescribe
la regla   menstruaction, menstrual period

resfriado   cold
el resfrío   cold
los riñones   kidneys
romper   to break
la sangre   blood
el sarampión   measles
el sida   AIDS
el síntoma   symptom
suturar   to suture
la temperatura   temperature
la tensión arterial   blood pressure
el tipo sanguíneo   blood type
el tobillo   ankle
tomar (dar) puntos   to stitch
torcer (ue)   to sprain
la tos   cough
toser   to cough
la tuberculosis   tuberculosis
la venda   bandage
el vendaje   bandage
vendar   to bandage
las viruelas   chicken pox
vomitar   to vomit

At the Dentist's Office
abrir   to open
el aliento   breath
alineado   aligned
los aparatos   braces
el blanqueamieto   whitening
la boca   mouth
brackets   braces
bucal   pertaining to the mouth
la caries   cavity
cepillarse   to brush
el cepillo   brush
cerrar (ie)   to close
la consulta del (de la) dentista   dentist's office
el dentífrico   toothpaste

descolorido   discolored
el diente   tooth
(a su) disposición   available
doler (ue)   to hurt
el empaste   filling
la emplomadura   filling
la encía   gum
enjuagarse   to rinse
el enjuague bucal   mouthwash
escupir   to spit
la extracción   extraction (of a tooth)
los fierros   braces
el flúor   flouride
los frenillos   braces
los frenos   braces
el hilo dental   dental floss
inflamado   imflamed
la inyección   injection
la lengua   tongue
el mal aliento   bad breath
manchado   stained
masticar   to chew
molestar   to bother
morder (ue)   to bite
la muela del juicio   wisdom tooth
la novocaína   novocaine
el (la) odontólogo(a)   dentist
la pasta dentífrica   toothpaste
la placa   plaque
el procedimiento   procedure
la radiografía   x-ray
sangrar   to bleed
la seda dental   dental floss
suave   soft
la tapadura   filling
tocar   to touch
voltear   to turn
volver   to turn

CHAPTER 19
CAPÍTULO 19

At the Hospital
*En el hospital**

Regional Variations

*hospital   The word *hospital* is used throughout the Spanish-speaking world and is universally understood. In some cases, however, *hospital* more specifically refers to a large public hospital. The word *clínica* can refer to a hospital in addition to meaning "clinic." Very often a doctor or group of doctors will own their own private hospital, which is called a *clínica*. Today many large hospitals are referred to as *centros médicos*.

Admittance

Favor de llenar este *formulario*.	form
Indique Ud. su compañía de *seguros*.	insurance
Escriba también el número de su *póliza*.	policy

In the Emergency Room (Fig. 19-1 on page 136)

Llega una ambulancia.	
El paciente está en una *camilla*.	stretcher
No está en una *silla de ruedas*.	wheelchair
Lo llevan a la *sala de emergencia(s) (urgencias)*.	emergency room
Enseguida un(a) *enfermero(a)* le toma el pulso.	nurse
Le toma la *presión sanguínea* (*tensión arterial*).	blood pressure
El (la) *médico(a)* lo examina.	doctor
Un *médico residente* (*interno*) lo examina en la sala de emergencia.	intern
El paciente tiene *dolores abdominales*.	abdominal pains
El (la) médico(a) quiere una *radiografía*.	x-ray
Llevan al paciente al departamento de radiología*.	

Fig. 19-1

About the Language

The medical departments in a hospital named after a medical science are almost always the same in English and Spanish since the words stem from Latin roots. However, the –y in English becomes –*ía* in Spanish. Thus radiology becomes *radiología*. Other common examples are *urología, neurología*, and *cardiología*. The same is true for the doctor who is a specialist in a particular field. The English ending –ologist becomes –*ólogo(a)*: *urólogo(a), neurólogo(a), cardiólogo(a), ginecólogo(a)*, etc.

1. Answer.

    1. ¿Cómo llega el paciente al hospital?
    2. ¿Puede andar a pie el paciente?
    3. ¿Cómo entra él en el hospital?
    4. ¿Qué le toma un enfermero?
    5. ¿Quién examina al paciente?
    6. ¿Dónde lo examina?
    7. ¿Qué tiene el paciente?
    8. ¿Qué quiere el médico?
    9. ¿Adónde llevan al paciente?

 2. Complete.

Por lo general cuando un paciente llega al hospital, él o un miembro de su familia tiene que llenar un _____ en la recepción. En el _____ tiene que escribir el nombre de la com-
                  1   2
pañía de _____ y el número de su _____.
              3   4

3. Complete.

1. Muchos pacientes llegan al hospital en una _____.
2. Si el paciente no es ambulatorio, lo ponen en una _____ o en una _____ _____ _____.
3. Cuando un paciente llega al hospital en una ambulancia, por lo general va enseguida a la _____ _____ _____.
4. Casi siempre un(a) enfermero(a) le toma el _____ y la _____ al paciente.
5. Si el (la) médico(a) no sabe lo que tiene el paciente, frecuentemente querrá una _____.

Surgery (Fig. 19-2)

Van a operar al paciente.
Le van a (*operar*) *hacer una intervención quirúrgica.*   operate
Le dan al paciente una inyección de un *calmante* (*tranquilizante*).   tranquilizer
Lo preparan para la operación.
Lo llevan a la *sala de operaciones* (al *quirófano*) en una camilla.   operating room
Lo ponen en la *mesa de operaciones.*   operating table
El (la) *anestesista* le da la anestesia.   anesthetist
Le da *pentotal sódico.*   sodium pentothal
El (la) *cirujano(a)* le opera (hace una intervención quirúrgica).   surgeon
Le opera al paciente del *apéndice.*   appendix
Le *saca* el apéndice.   takes out
El paciente tuvo (sufrió) un ataque de apendicitis.

Fig. 19-2

About the Language

Note the use of the preposition *de*. *Le opera del apéndice. Le opera del intestino.*

4. Complete.

El médico decide que el paciente necesita una _____. Le va a hacer una _____ _____. Antes de llevarlo a la _____ _____ _____, le dan una inyección de un _____ porque no quieren que esté muy nervioso. Lo llevan a la sala de operaciones en una _____ porque el paciente no puede ir a pie. Cuando llegan al quirófano, ponen al paciente en la _____ _____ _____. El _____ le da _____ y luego el _____ empieza la operación. Le operan _____ apéndice.

(numbered blanks: 1, 2, 3, 4, 5, 6, 7, 8, 9, 10)

5. Give other words for:

1. la sala de operaciones
2. hacer una intervención quirúrgica
3. una operación
4. un tranquilizante
5. extraer
6. la sala de emergencia

In the Recovery Room

Después de una operación, el paciente va a la *sala
   de recuperación* (*la sala de restablecimiento*).   recovery room
En la sala de recuperación le dan oxígeno.
No lo ponen en una *tienda de oxígeno*.   oxygen tent
Le dan *alimento por vía intravenosa*.   intravenous feeding
La enfermera le explica que el *pronóstico* (*la prognosis*)   prognosis
   no es grave.
Pero si el paciente está muy enfermo, lo llevan a *la unidad*   intensive care unit
   de cuidados intensivos.

6. Complete.

1. El paciente va a la _____ _____ _____ después de la operación.
2. Para que el paciente respire fácilmente le dan _____.
3. A veces le dan alimento al paciente por _____ _____.
4. El paciente estaba contento porque le dijeron que _____ _____ no era grave.

In the Delivery Room

La señora está *encinta* (*embarazada, preñada*).   pregnant
Va a *parir* (*dar a luz*).   give birth
Está *de parto*.   in labor
Tiene *dolores de parto*.   labor pains
Está en la *sala de parto*.   delivery room
El (la) *obstétrico*(*a*) la atiende.   obstetrician

7. Complete.

La señora está _____. Dentro de poco, ella va a _____. En este momento
tiene _____ de parto. El _____ la atiende en la _____ _____
_____.
<small>1</small> ... <small>2</small> ... <small>3</small> ... <small>4</small> ... <small>5</small>

Un día Carlos se despertó con un dolor de estómago. No pudo levantarse de la cama. No sabía qué
hacer y decidió llamar a una ambulancia. La ambulancia llegó dentro de algunos minutos. Pusieron a
Carlos en una camilla y lo llevaron al hospital. Después de cinco minutos él se encontró en la sala de
emergencia. Un enfermero le tomaba el pulso y otro le tomaba la tensión arterial. Entró un médico que
le pidió sus síntomas. Carlos le describió el dolor que tenía. El médico quería saber si había vomitado
o si tenía diarrea. Carlos le dijo que no, que solo tenía el dolor abdominal. El médico lo examinó y le
dijo que quería una radiografía. Una enfermera ayudó a Carlos a sentarse en una silla de ruedas y lo
llevó al departamento de radiología, donde le tomaron (sacaron) unos rayos equis. Una hora más tarde
el médico le explicó que sufría de un ataque de apendicitis y que sería necesario hacer una intervención
quirúrgica. Le dieron una inyección de un calmante y casi enseguida el paciente se encontró acostado
en la mesa de operaciones en el quirófano. La anestesista le puso una inyección en el brazo derecho
y le dijo que contara de uno a diez. El cirujano le operó del apéndice y luego le tomó (dio) algunos
puntos. Al despertarse, Carlos se encontró en la sala de recuperación con tubos de oxígeno en la nariz.
Le daban también suero por vía intravenosa. El pobre Carlos no sabía dónde estaba cuando se acercó
una enfermera que le dijo que todo estaba bien. Habían terminado con la operación y el cirujano le dio
un pronóstico muy bueno. En un día él podría salir del hospital sano y salvo, no en una camilla ni en
una silla de ruedas, sino a pie.

8. Complete.

1. Carlos tenía un _____ de estómago.
2. Él fue al hospital en una _____.
3. Él no se sentó en la ambulancia. Lo pusieron en una _____.
4. En el hospital lo llevaron a la _____ _____ _____.
5. Allí le tomaron el _____ y la _____ _____.
6. Él le dijo sus _____ al médico.
7. Llevaron al paciente al departamento de _____ donde le tomaron algunos
   _____.
8. El médico decidió hacer una _____ _____.
9. Antes de llevarlo a la sala de operaciones le dieron una _____ de un _____.
10. En el quirófano lo pusieron en la _____ _____ _____.
11. La _____ le dio anestesia.
12. El _____ le operó _____ apéndice.
13. Después de la operación el cirujano le _____ algunos _____.
14. Cuando Carlos se despertó estaba en la _____ _____ _____.
15. Para que respirara sin problema tenía _____ _____ _____ en la
    nariz.
16. Tomaba suero por _____.
17. Carlos no estaba nervioso porque el cirujano le dio un _____ muy bueno.

Key Words

abdominal abdominal
la ambulancia ambulance
las amígdalas tonsils
la anestesia anesthesia
el (la) anestesista anesthetist
el apéndice appendix
la apendicitis appendicitis
el ataque attack
el calmante tranquilizer
la camilla stretcher
las cataratas cataracts
el (la) cirujano(a) surgeon
la clínica hospital, clinic
el colon colon
la compañía de seguros insurance company
dar a luz to give birth
de parto (estar) in labor
el dolor pain, ache
los dolores de parto labor pains
embarazada pregnant
encinta pregnant
el (la) enfermero(a) nurse
examinar to examine
extraer to take out
el formulario form
grave serious
hacer una intervención quirúrgica to operate, do surgery
las hemorroides hemorrhoids, piles
la histerectomía hysterectomy
el hospital hospital
la intervención quirúrgica surgery
el intestino intestine, bowel
la inyección injection
el (la) médico(a) doctor
el (la) médico(a) residente intern, resident
la mesa de operaciones operating table
el (la) obstétrico(a) obstetrician

la operación operation
operar to operate
el ovario ovary
el oxígeno oxygen
el (la) paciente patient
parir to give birth
el pentotal sódico sodium pentothal
el pólipo polyp
la póliza (de seguro) policy
por vía intravenosa intravenous(ly)
preñada pregnant
la presión sanguínea blood pressure
la prognosis prognosis
el pronóstico prognosis
el pulso pulse
el quirófano operating room
el quiste cyst
la radiología radiology
la radiografía x-ray
sacar to take out
la sala de emergencias (urgencias) emergency room
la sala de operaciones operating room
la sala de partos delivery room
la sala de recuperación recovery room
la sala de restablecimiento recovery room
el seno breast
la silla de ruedas wheelchair
la tensión arterial blood pressure
la tienda de oxígeno oxygen tent
el tranquilizante tranquilizer
las úlceras ulcers
la unidad de cuidados intensivos intensive care unit
la vejiga bladder
la vejiga de la bilis gallbladder
la vesícula bladder
la vesícula biliar gallbladder

CHAPTER 20

At the Theater and the Movies

En el teatro y en el cine

Seeing a Show

Quiero ir al *teatro*.	theater
¿Qué tipo de *obra* quieres ver?	work
un *drama*.	drama
una *tragedia*.	tragedy
una *comedia*.	comedy
Quiero ver una *obra musical*.	musical
una *revista musical*.	musical revue
una *zarzuela*.	operetta
¿Quién es el *actor* (la *actriz*)?	actor (actress)
¿Quién *hace el papel* de Adán?	plays the part, takes the role
¿Quién es el (la) *protagonista*?	lead
La obra tiene tres *actos*.	acts
Cada acto tiene dos *escenas*.	scenes
Hay un *intermedio* después del segundo acto.	intermission
El actor (la actriz) *entra en escena*.	enters, comes on stage
Los *espectadores* aplauden.	spectators
Les gusta el *espectáculo*.	show
Los espectadores *patean* si no les gusta el espectáculo.	stamp their feet
Se levanta el telón.	The curtain goes up.
Cae el telón.	The curtain goes down.

1. Complete.

1. ¿Por qué no vamos al _____? Quiero ver una obra teatral.
2. No quiero ver una tragedia. Prefiero ver una _____.
3. El _____ Horacio López hace el papel del rey y la _____ Leonora Riscal hace el _____ de la reina.
4. Ella tiene el papel más importante. Ella es la _____.
5. La obra es bastante larga. Tiene cinco _____ y cada uno tiene dos _____.
6. Cae el _____ después de cada acto.
7. Entre el tercer acto y el cuarto hay un _____ de quince minutos.
8. Todos los espectadores aplauden cuando la protagonista _____ _____ _____ por primera vez.
9. Los espectadores aplauden porque les gusta el _____.
10. Si a los espectadores no les gusta, luego _____.

2. Give the opposite.

1. una comedia
2. un actor
3. aplaudir
4. Se cae el telón.

In the Theater (Fig. 20-1)

Fig. 20-1

En la *taquilla*	ticket window, box office
¿Quedan *localidades** para la *función de esta noche*?	seats; tonight's performance
Lo siento. Están *agotadas.*	sold out (all gone)
¿Hay localidades para la función de mañana	
en el *patio* (la *platea*)?	orchestra
en el *entresuelo* (el *anfiteatro*)?	mezzanine
Quiero sentarme en la *galería* (el *balcón*).	balcony
el *gallinero* (el *paraíso*).	top balcony
Quiero dos *butacas* de patio* (platea).	orchestra seats
Quiero un *palco de platea.*	parterre box
Quiero dos *delanteras* en el entresuelo.	front-row seats
¿*Cuánto valen* las localidades?	how much are
Aquí tiene Ud. sus *entradas*.*	tickets
Tienen los asientos 15 y 16 en la *fila* D.	row
¿A qué hora *empieza* la función?	starts
Podemos dejar el abrigo en el *vestuario* (*guardarropa*).	cloakroom
El (la) *acomodador*(*a*) nos dará un programa.	usher
Tenemos que darle una *propina* al (a la) acomodador(a).	tip

Regional Variations

*seat   The word *localidad* can mean "seat" or "ticket."

*ticket   Take special note that the word for theater or movie *tickets* is *entradas* and not *boletos* or *billetes*.

---

3. Complete.

En la _____ del teatro
        1

— ¿_____ localidades para la _____ de esta noche?
       2   3

— No, señor. Están _____. Pero quedan _____ para la función de mañana.
                    4   5

— Para mañana está bien.

— ¿Prefiere Ud. sentarse en el _____, en el _____ o en la _____?
                                 6   7   8

— Quiero dos _____ de patio, por favor.
             9

— ¡Ay, perdón! Lo siento. Para la función de mañana el patio está completo. Pero me quedan algu-

nas _____ en el entresuelo.
     10

— Está bien. ¿Cuánto _____ las localidades?
                      11

— Sesenta pesos cada una.

— De acuerdo.

— Aquí tiene Ud. sus _____. Uds. están en la _____ *A* del entresuelo.
                      12   13

— Gracias. Y perdón. ¿A qué hora _____ la función?
                                  14

— Se _____ el telón a las ocho en punto.
     15

4. Read the conversation and answer the questions that follow.

Marta:	¿Fuiste a la taquilla del teatro hoy?
Elena:	Sí, fui.
Marta:	Luego, ¿vamos al teatro esta noche?
Elena:	Esta noche, no. No quedaban localidades. Estaban agotadas, pero tengo dos entradas para la función de mañana.
Marta:	Está bien. ¿Estamos en el patio?

Elena: No, no quedaban butacas de patio, pero había algunas delanteras en el entresuelo. Estamos en la primera fila del entresuelo.

Marta: Está bien. De allí se ve muy bien. No me gusta sentarme ni en el balcón ni en el gallinero. De allí no se oye bien. Prefiero estar o en el patio o en el entresuelo.

1. ¿Adónde fue Elena hoy?
2. ¿Van Elena y Marta al teatro esta noche?
3. ¿Qué no quedaba para la función de esta noche?
4. ¿Estaban agotadas para la función de mañana también?
5. ¿Cuántas entradas tiene Elena para la función de mañana?
6. ¿Están en el patio?
7. ¿Por qué no?
8. ¿Dónde van a sentarse Marta y Elena?
9. A Marta, ¿por qué no le gusta sentarse ni en el balcón ni en el gallinero?
10. ¿Dónde prefiere sentarse ella?

5. Correct each statement.

1. Se puede comprar (sacar) entradas para el teatro en el vestuario.
2. El taquillero les muestra a los espectadores donde están sus asientos.
3. Al entrar en el teatro una persona puede dejar su abrigo en la taquilla.
4. Se cae el telón cuando empieza la función.
5. En el teatro se oye mejor en el gallinero.

6. Give another word for:

1. la platea
2. el entresuelo
3. el gallinero
4. el balcón

At the Movies

En el *cine*   movies
¿Qué película *están poniendo* (*presentando, pasando*) esta noche?   showing, playing
¿Quién *actúa* en la película?   is playing, acting
¿Quedan localidades para esta noche?
No quiero sentarme muy cerca de la *pantalla*.   screen
Es una película española, pero está *doblada* en inglés.   dubbed
¿Dónde fue *rodada* la película?   shot
¿Prefieres ver la película en versión original?
Muchas películas en versión original llevan subtítulos.

7. Complete.

1. Están _____ una nueva _____ del director Humberto Vargas en el _____ Imperial.
2. Es una película española y fue _____ en el sur de España.
3. No entiendo muy bien el español. ¿Sabe Ud. si la película está _____ en inglés?
4. ¿Por qué no vamos a ver la película esta noche si quedan _____ ?
5. En el cine no me gusta sentarme muy cerca de la _____.
6. Yo prefiero ver las películas _____. No me gustan las películas dobladas.
7. Si no entiendo todo lo que están diciendo los actores, leo _____.

Key Words

el (la) acomodador(a)   usher
el acto   act
el actor   actor
la actriz   actress
actuar   to act, play a part
agotado   gone, sold out
el anfiteatro   mezzanine
aplaudir   to applaud
el balcón   balcony
la butaca   seat (in a theater or movie theater)
caer   to go down (curtain)
el cine   movies
la comedia   comedy
dejar   to leave, to check
la delantera   a seat in one of the front rows
doblar   to dub
el drama   drama
empezar(ie)   to begin
la entrada   ticket
entrar en escena   enter, come on stage
el entresuelo   mezzanine
la escena   scene
el escenario   stage
el espectáculo   show
el (la) espectador(a)   spectator
la fila   row
la función   show, performance
la galería   balcony
el gallinero   top balcony

el guardarropa   cloakroom
hacer el papel   to play the part, take the role
el intermedio   intermission
levantarse   go up, rise (curtain)
la localidad   seat, ticket
la obra   work
la obra musical   musical
el palco   box seat
la pantalla   screen
el paraíso   top balcony
el patio   orchestra
patear   to stamp one's feet
la película   movie, film
la platea   orchestra
poner   to present, show, play
presentar   to present
el programa   program
la propina   tip
el (la) protagonista   lead performer
la revista musical   musical revue
rodar (ue)   to shoot (a film)
el subtítulo   subtitle
la taquilla   ticket window, box office
el teatro   theater
el telón   curtain (of a stage)
la tragedia   tragedy
la versión original   original version
el vestuario   cloakroom
la zarzuela   Spanish musical comedy or operetta

CHAPTER 21

Sports
Los deportes

Soccer

Es un *equipo* de fútbol*.	team
Hay once *jugadores* en cada equipo.	players
Están en el *campo* de fútbol.	field
Los jugadores *lanzan el balón* con los pies.	toss the ball
El *portero* (*guardameta*) guarda la *portería* (*la puerta*).	goalie; goal
El portero *para* el balón.	stops, blocks
El *ala izquierda* pasa el balón a un compañero.	left end
El jugador *hace* (*mete*) *un gol*.	makes a goal
Marca un tanto (*punto*).	scores a point
Un jugador *le da una patada* al otro.	kicks
El *árbitro* suena (silba) el *silbato*.	referee; whistle
Llama (declara) un foul.	
Es el final del primer *tiempo*.	period
El juego está *empatado*.	tied
El partido quedó empatado en cero.	It was a no-score game.
Ningún equipo *ganó*.	won
Se ve el *tanto* en el *tablero* (*cuadro*) *indicador*.	point; scoreboard

Regional Variations

*football   The term *fútbol* refers to the game known as soccer in the United States and is derived from the word football.

1. Answer.

    1. ¿Cuántos jugadores hay en un equipo de fútbol?
    2. ¿Cuántos equipos juegan en un partido de fútbol?

3. ¿Dónde juegan los jugadores (al) fútbol?
4. ¿Quién guarda la portería?
5. ¿Con qué lanzan el balón los jugadores?
6. ¿Qué quiere hacer con el balón el portero?
7. Si un jugador mete un gol, ¿marca un tanto o no?
8. ¿Quién declara un foul?
9. ¿Qué silba el árbitro?
10. ¿Está empatado el juego al final del primer tiempo?

2. Complete.

El partido empieza. Los dos _____ están en el _____ de fútbol. En total
hay 22 _____. Un jugador le da una _____ al balón. Otro del equipo contrario lo
     1   2
intercepta. Él lo _____ a un compañero. Él se acerca a la _____, pero el balón
            3   4
no entra. El portero salta y _____ balón. Es casi el final del primer _____ y el
          5   6
_____ queda _____ en cero. Ningún equipo está ganando.
       9   10

3. Identify each item in Fig. 21-1.

Fig. 21-1

Tennis

Hay un *torneo* de tenis.	tournament
Las dos jugadoras están en la *cancha de tenis*.	tennis court
Cada una tiene su *raqueta*.	racket
Están jugando un *juego de individuales*.	singles
No están jugando *dobles*.	doubles
Una jugadora *sirve* la pelota.	serves the ball
La otra la *devuelve*.	returns
Ella lanza la pelota *por encima de la red*.	over the net
La pelota está out.	
El tanto está a quince–*nada* (*cero*).	love
Hizo un *net*.	net ball
Ella ganó dos de los tres *sets*.	sets

4. Complete.

1. Hay dos _____ en un juego de individuales y hay cuatro en un juego de _____.
2. Para jugar (al) tenis, hay que tener una _____ y algunas _____.
3. Se juega (al) tenis en una _____ de tenis.
4. En un juego de tenis hay que lanzar la _____ por encima de la _____.
5. Si la pelota roza (touches) la red, es un _____.
6. Una jugadora _____ la pelota y la otra la _____.
7. Cuando un jugador ha marcado, y el otro no ha marcado, el tanto es quince- _____.

Basketball

Los jugadores están en la *cancha* (el *campo*) de básquetbol.	court
Un jugador *tira* el balón.	shoots
Lo mete en el *cesto* (la *canasta*).	basket
Tiene que meter el balón en el cesto en la *meta* del equipo contrario.	goal
Si tira el balón y no lo mete en el cesto, *falla el tiro*.	misses the shot
Si el jugador mete el balón en el cesto, *marca un punto* (*tanto*).	scores a point

5. Answer on the basis of Fig. 21-2 on page 149.

1. ¿Dónde está la jugadora?
2. ¿Qué juega?
3. ¿Qué tiró?
4. ¿Dónde lo metió?
5. ¿Falló el tiro o no?
6. ¿Marcó un tanto la jugadora?

Golf (Fig. 21-3 on page 149)

6. Complete.

El golf se juega en un _____ de golf. El jugador o la jugadora tiene que darle un golpe a
                                    1
la _____ con un _____ para meterla en un _____.
         2   3   4

Fig. 21-2

Fig. 21-3

Key Words

el ala   end (player)

el (la) árbitro(a)   umpire, referee

el balón   ball

el baloncesto   basketball

el básquetbol   basketball

la bola   ball (golf)

el campo   field, court

la canasta   basket

la cancha   field, court

el cero   zero, love (tennis)

el cesto   basket

el cuadro indicador   scoreboard

darle una patada   to kick

el deporte   sport

devolver (ue)   to return

dobles   doubles (tennis)

empatado   tied (score)

el equipo   team

fallar   to miss

el foul   foul

el fútbol   soccer

ganar   to win

el gol   goal (point)

el guardameta   goalie

hacer un gol   to make a goal

el hoyo   hole

individuales   singles (tennis)

el juego   game, match

el (la) jugador(a)   player

jugar (ue)   to play

marcar   to score

la meta   goal

meter   to put in

meter un gol   to make a goal

nada   nothing, love (tennis)

el net   net ball

el palo   club (golf)

parar   to stop, block

el partido   game

la pelota   ball (small)

la portería   goal

el portero   goalie

la puerta   goal

el punto   point

la raqueta   racket

la red   net

servir (i,i)   to serve (a ball)

el set   set

silbar   to whistle

el silbato   whistle

el tablero indicador   scoreboard

el tanto   point

el tenis   tennis

el tiempo   period

tirar   to throw, shoot

el tiro   shot

el torneo   tournament

The Beach
La playa

Talking About the Sea

Hoy el mar está muy *calmo (tranquilo, calmado, apacible)*.	calm
Ayer estaba muy *agitado (turbulento, revuelto)*.	rough
Las *olas* son muy grandes.	waves
Las olas *se rompen (revientan, estallan)* contra las rocas.	break
¿Cuándo es la *marea alta*?	high tide
¿Cuándo es la *marea baja*?	low tide
Hay una *corriente fuerte*.	strong current
Hay una *contracorriente (resaca) peligrosa*.	dangerous undertow

1. Complete.

1. Hoy no hay olas en el mar. Está muy _____.
2. Ayer había olas grandísimas y muy fuertes. El mar estaba muy _____.
3. Hoy la marea alta es por la mañana y la _____ _____ es por la tarde.
4. A veces las olas _____ _____ contra las rocas con mucha violencia.
5. Es peligroso bañarse en el mar cuando hay una _____.

2. Match to complete each statement.

A	**B**
1. Hay más playa . . .	(*a*) durante la marea alta.
2. Las olas son grandísimas . . .	(*b*) las olas se rompen con violencia.
3. Cuando el mar está agitado . . .	(*c*) cuando hay corrientes peligrosas.
4. Hay menos playa . . .	(*d*) cuando el mar está muy tranquilo.
5. Es mejor no bañarse . . .	(*e*) cuando la marea está baja.
	(*f*) cuando el mar está muy agitado.

Activities On the Beach (Fig. 22-1)

Voy a *veranear* en la playa.	spend the summer
Es un *balneario* muy conocido.	seaside resort
Se puede alquilar una *cabaña*.	cabin
Me gusta *nadar*.	swim
flotar (*hacer la plancha*).	float
bucear.	scuba dive
correr (*montar*) *las olas*.	ride the waves, surf
esquiar en el agua.	water-ski
Me gusta *caminar por la orilla* del mar.	walk along the seashore
bañarme en el mar.	bathe
tomar el sol.	sunbathe
Te estás poniendo muy *quemado*(*a*).	burned
Los *rayos del sol* pueden ser muy *peligrosos*.	sun rays; dangerous
Pueden causar *cáncer de la piel*.	skin cancer
Hay que usar una bronceadora protectora (bloqueadora).	sun block
Estás muy *bronceado*(*a*)*.	tanned
¿Qué *bronceador*(*a*) tienes?	tanning lotion
Me gusta tu *bañador* (*traje de baño*)*.	bathing suit
tu *bata*.	beach robe
Me gustan tus *gafas para el sol* (*anteojos de sol*).	sunglasses
tus *sandalias* (*zapatillas*) *playeras*.	beach sandals

Fig. 22-1

	Regional Variations
*tanned	The word *tostado*(*a*) is also used.
*bathing suit	The words *bañador* and *traje* de *baño* are equally common in usage. *Un bañador de dos piezas* is a two-piece bathing suit for a woman. The word *el bikini* is also used.

3. Complete.

    1. Me parece que te estás poniendo muy quemado(a). Debes sentarte debajo de la _____ y ponerte _____.

    2. Me gusta mucho _____ en el mar y luego _____ el sol.

    3. No me gusta sentarme en la _____. Prefiero sentarme en una _____.

    4. ¿Por qué no caminamos un poco por la _____ del mar?

    5. Ella está llevando un bañador de dos _____.

    6. Voy a flotar en este _____ _____.

4. Say in a different way.

    1. Voy a *hacer la plancha.*

    2. Voy a *hacer surf.*

    3. Voy a *esquiar en el agua.*

    4. Voy a *hacer natación submarina.*

    5. Voy a *pasar el verano* en la playa.

5. Complete.

    1. Voy a cambiarme la ropa y ponerme el traje de baño. Voy a alquilar una _____.

    2. No quiero sentarme en el sol. Voy a alquilar una _____.

    3. Quiero esquiar en el agua. Voy a alquilar _____ _____.

    4. No quiero sentarme en la arena. Voy a alquilar una _____.

    5. Quiero flotar en el agua. Voy a alquilar un _____ _____.

    6. Voy a correr (montar) las olas. Voy a alquilar una _____ _____ _____.

    7. Quiero ir en un bote de vela. Voy a alquilar un _____.

6. Write *sí* or *no*.

Podemos nadar cuando. . .

    1. el vigilante está.

    2. la playa no está vigilada.

    3. hay una contracorriente (resaca).

    4. el mar está tranquilo.

    5. las olas están estallándose violentamente.

    6. hay un montón de barcas (lanchas) en el mar.

Key Words

agitado   rough
los anteojos de sol   sunglasses
apacible   calm (sea)
la arena   sand
el balneario   bathing or beach resort
el bañador   bathing suit

bañarse   to bathe
la barca   small boat
la bata   beach robe
el bikini   bikini
bronceado   tan
la bronceadora   tanning lotion

la bronceadora protectora (bloqueadora)　sun block

bucear　to scuba dive
cabaña　cabin
calmo　calm
calmado　calm (sea)
el colchón neumático　air mattress
la contracorriente　undertow
correr las olas　to ride the waves, surf
la corriente　current
esquiar en el agua　to water-ski
los esquís acuáticos　water skis
estallarse　to break
el faro　lighthouse
flotar　to float
las gafas para el sol　sunglasses
hacer esquí acuático　to water-ski
hacer la plancha　to float with hands behind the head
la lancha　boat, launch
el mar　sea
la marea　tide
montar las olas　to ride the waves, surf
nadar　to swim
la natación　swimming

la ola　wave
la orilla　shore
peligroso　dangerous
la playa　beach
quemado　burned, sunburned
la resaca　undertow
reventarse (ie)　to break
revuelto　rough, churned up (sea)
la roca　rock
romperse　to break
el (la) salvavidas　lifeguard
las sandalias playeras　beach sandals
la silla de lona　canvas beach chair
la silla plegable　folding chair
la tabla de vela　windsurf
la tabla hawaiiana　surfboard
tomar el sol　to sunbathe
tostado　sunburned, tanned
el traje de baño　bathing suit
tranquilo　calm
turbulento　rough
el velero　sailboat
veranear　to spend the summer
el (la) vigilante　lifeguard
la zapatilla　sandal

CHAPTER 23

Skiing

El esquí

Skiing (Fig. 23-1)

las montañas

el telesilla

la pista

el esquí alpino

el telesquí

las botas

los esquís

el anorak

el esquiador

la estación de esquí

los guantes

la esquiadora

los bastones

el esquí de fondo (nórdico)

Fig. 23-1

En *una estación de esquí* grande hay pistas fáciles,   ski resort
    intermedias, difíciles y muy difíciles.
Los esquiadores expertos bajan las pistas muy difíciles.
Y los *principiantes* (*novatos*) bajan las pistas fáciles.   beginners

1. Complete.

1. Hay muchas _____ de esquí en los Alpes, en los Pirineos, en la Sierra Nevada y en el
    sur de los Andes.
2. Una estación de esquí tiene _____ para principiantes y expertos.
3. Hay pistas _____, _____ y _____.
4. Los esquiadores no suben la pista, _____ la pista.
5. Y no suben la montaña a pie. Toman _____ o _____.

2. Prepare a list of the equipment one needs to ski.

Key Words

el anorak parka	*la estación de esquí* ski resort
bajar to descend, go down	*los guantes* gloves
el bastón pole	*la montaña* mountain
la bota boot	*la pista* slope
el esquí ski, skiing	*subir* to go up, climb
el esquí alpino downhill skiing	*el telesilla* chairlift
el esquí de fondo (nórdico) cross country skiing	*el telesquí* ski lift
el (la) esquiador(a) skier	

CHAPTER 24

Camping

El camping

¿Se puede *acampar* aquí?	to camp
¿Es este un *camping* oficial?	campsite
¿Dónde podemos *estacionar* (*aparcar, parquear*) la *casa remolque* (el *cámper*)?	park, trailer
¿Cuáles son los *servicios* que tienen Uds.?	facilities
¿Dónde están los *baños*?	baths
las *duchas*?	showers
los *retretes*?	toilets
¿Dónde hay *agua potable*?	drinking water
Voy a poner el agua en un *termo*.	thermos

1. Complete.

La Estrella del Mar es un _____ oficial. Aquí viene mucha gente en el verano

para _____. Tiene un parking muy grande donde la gente puede estacionar
              2

sus _____. El camping ofrece muchos _____. Tiene _____,
    3   4   5

_____ y _____.
    6   7

Voy a *armar la tienda* (*de campaña*) (*la carpa**) aquí.	pitch the tent
¿Dónde está el *martillo*?	hammer
Quiero *clavar estas estacas* en la tierra.	hammer these spikes
Voy a *atar* (*amarrar*) *las cuerdas* de la tienda a las estacas.	tie the cords (ropes)
¿Dónde están los *palos*?	poles

Regional Variations

*tent   *La carpa* is commonly used in Latin America and *la tienda de campaña* in Spain.
*sleeping bag   You will hear both *el saco* and *la bolsa para (de) dormir*.

Fig. 24-1

2. Answer.

    1. ¿Qué va a armar la joven?
    2. ¿Qué tiene que clavar en la tierra?
    3. ¿Qué tiene que usar para clavarlas en la tierra?
    4. ¿A qué va a atar las cuerdas de la tienda?

3. Answer on the basis of Fig. 24-2.

    1. ¿Es este un camping oficial?
    2. ¿Están estacionados al lado de las tiendas los cámpers?
    3. ¿Qué está armando la joven?
    4. ¿Qué está clavando en la tierra?
    5. ¿Con qué está clavándolas?
    6. ¿Qué está preparando el joven?
    7. ¿En qué está cocinando?
    8. ¿Dónde está durmiendo la joven?
    9. ¿Qué tiene al lado de su saco de dormir?

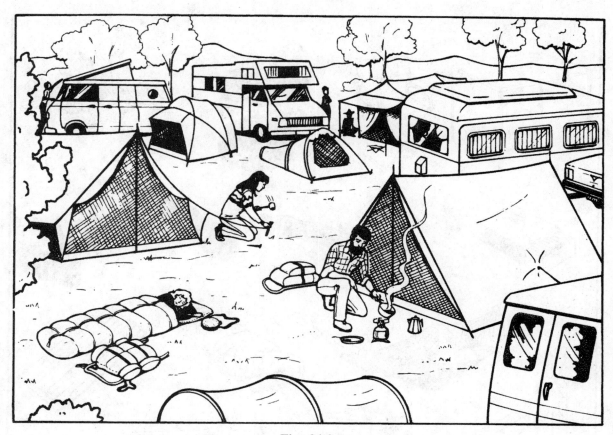

Fig. 24-2

4. Identify each item in Fig. 24-3 on page 160.

5. Complete.

    1. Voy a preparar la comida en el _____.
    2. No queda gas. Me hace falta un tanque de gas _____.
    3. Si no hay gas, ¿por qué no enciendes una _____?
    4. Si una mesa y cuatro sillas no pueden caber en el cámper, tendré que comprar una mesa y sillas _____.
    5. Para encender una hoguera necesito _____.
    6. Cuando voy de camping, no llevo una maleta. Pongo mi ropa en una _____.
    7. Aquí no hay luz eléctrica. Tendremos que poner _____ en la mesa.
    8. ¿Tienes un(a) _____? Quiero cortar algo.
    9. No puedo encender la linterna porque no tiene _____.
    10. Tengo aspirinas, vendajes y yodo *(iodine)* en el _____.
    11. Cuando vamos de camping podemos dormir en una _____, en un _____, _____ o en un _____ _____ _____.

6. Complete.

    1. Como no hay luz eléctrica, tendremos que usar _____ o una _____ si queremos ver.
    2. Podemos preparar la comida en un _____ o podemos encender una _____.
    3. Voy a llevar mi ropa en una _____ y no puedo olvidar llevar un _____ de agua potable.

Fig. 24-3

Key Words

acampar to camp	*la casa remolque* trailer
el agua potable (*f*) drinking water	*la cerilla* match
amarrar to tie	*el colchón neumático* air mattress
aparcar to park	*el cortaplumas* penknife
armar una tienda to pitch (a tent), to put up	*la cuerda* cord, rope
atar to tie	*la ducha* shower
el baño bath	*encender* (*ie*) to burn, to light a fire
la batería battery	*la estaca* spike
la bolsa de dormir sleeping bag	*estacionar* to park
el botiquín first-aid kit	*la fogata* bonfire
el cámper camper	*el fósforo* match
el camping camping, campsite	*el gas butano* butane gas
la caravana trailer	*la hamaca* hammock

la hoguera bonfire
el hornillo burner
la linterna (*eléctrica*) flashlight
el martillo hammer
la mesa plegable folding table
la mochila backpack
la navaja penknife, razor
el palo pole
el mástil pole
parquear to park
portátil portable

la pila battery
el retrete toilet
el saco de dormir sleeping bag
los servicios facilities
la silla plegable folding chair
el tanque tank
el termo thermos
la tienda de campaña tent
la carpa tent
la vela candle
el yodo iodine

CHAPTER 25

The Weather

El tiempo

Hace *buen tiempo*.	nice
mal tiempo.	bad
calor.	hot
frío.	cold
fresco.	cool
viento.	windy
Hay *sol*.	sun
nubes.	clouds
lluvia.	rain
nieve.	snow
neblina (niebla).	fog
relámpagos (rayos).	lightning
trueno.	thunder
Llueve *(está lloviendo)*.	It's raining.
Nieva *(está nevando)*.	It's snowing.
Llovizna *(está lloviznando)*.	It's drizzling.
Graniza *(está granizando)*.	It's hailing.
Truena *(está tronando)*.	It's thundering.
El tiempo está *agradable*.	nice
caluroso.	warm
despejado.	clear
húmedo.	humid
lluvioso.	rainy
inestable.	unstable
tempestuoso.	stormy
Había *una tempestad (una tormenta, un temporal)*.	storm
una nevada (una nevasca).	snowfall (snowstorm)
una tronada.	thunderstorm

una ráfaga.	sudden windstorm
un aguacero (*un chubasco, un chaparrón*).	shower
Hemos tenido un día *caliente.*	warm
fresco.	cool
frío.	cold
húmedo.	humid
nublado.	cloudy
soleado.	sunny
bochornoso.	sultry

1. Complete.

1. En el verano hace _____ y hay mucho _____.
2. En el invierno hace _____ y a veces _____.
3. Hay sol. El cielo está _____. El día está _____.
4. Hay _____. El cielo está nublado.
5. No hace ni frío ni calor. Hace _____.
6. No se ve casi nada. Hay mucha _____.
7. A veces durante una tempestad hay _____ y _____.
8. No _____ en el verano, pero en el invierno, sí. Y a veces _____ también.
9. No está lloviendo mucho. Solo está _____.

2. Complete.

1. Durante un _____, llueve.
2. Durante una _____, nieva.
3. Hay truenos durante una _____.
4. Hay viento y relámpagos durante una _____.

3. Tell more about the weather.

1. El tiempo está inestable. ¿Cómo está?
2. El tiempo está despejado. ¿Cómo está?
3. El tiempo está tempestuoso. ¿Cómo está?
4. El tiempo está agradable. ¿Cómo está?

4. Give a word related to each of the following.

1. soleado
2. nevada
3. tronada
4. tempestad
5. humedad
6. nube
7. calor
8. lluvia

5. Complete.

1. Está lloviendo bastante. Hay un _____.
2. Ayer hacía mucho calor. Tuvimos un día _____.
3. Un momento hace buen tiempo y el otro hay una tormenta. El tiempo está muy _____.
4. Ayer hacía mucho sol. Disfrutamos de un día _____.

6. Write *true* or *false*.

1. Cuando el cielo está despejado hay muchas nubes.
2. Cuando el cielo está despejado no hay nubes, el sol brilla y disfrutamos de un día soleado.
3. Cuando hace mucho frío y el cielo está nublado, es posible que nieve o granice.
4. Durante un chubasco, nieva.
5. Durante una nevada, hay por lo general muchos truenos y relámpagos.

7. Read the following weather reports and then answer the questions.

(1) Pronóstico meteorológico

Nubosidad variable con aguaceros dispersos (scattered) y posibilidad de aguaceros con tronadas sobre el interior. Vientos del este a 20 kilométros por hora, con ráfagas locales reduciéndose de noche. Posibilidad de lluvia (precipitación) 95 por ciento. Temperatura máxima de 28 grados centígrados. Temperatura mínima de 22 grados. La presión barométrica (atmosférica) de 735 milímetros y cayendo.

1. ¿Está haciendo buen tiempo?
2. ¿Está totalmente nublado?
3. ¿Se despeja el cielo a veces?
4. ¿Hay aguaceros por toda la región?
5. ¿Dónde habrá aguaceros con tronadas?
6. ¿De dónde vienen los vientos?
7. ¿A cuántos kilómetros por hora soplan los vientos?
8. ¿Cuál es la probabilidad de precipitación?
9. ¿Cuál será la temperatura máxima?
10. ¿Cuál será la temperatura mínima?
11. ¿Cuál es la presión barométrica?

(2) Pronóstico meteorológico

Parcialmente nublado de noche con nubosidad variable de tarde con algunas nevadas. Temperatura máxima de dos grados centígrados. Temperatura mínima de tres grados bajo cero. Mañana despejándose (aclarándose) con temperaturas más altas alcanzando los diez grados centígrados.

1. ¿Estará completamente nublado?
2. Y por la tarde, ¿cómo estará el tiempo?
3. ¿Va a nevar?
4. ¿Está haciendo frío o calor?
5. ¿Cuál será la temperatura máxima?
6. ¿Y la mínima?
7. ¿Cuándo va a despejarse?
8. ¿Cómo será la temperatura?

8. Give other terms for:

1. aguaceros en algunas partes de la región, pero no en todas
2. nubes que van y vienen
3. probabilidad de lluvia
4. la presión atmosférica
5. aclarándose

Key Words

el aguacero (rain) shower
alcanzar to reach
bochornoso sultry
el calor heat
caluroso warm, hot
caliente warm
centígrado celsius (centigrade)
el chaparrón shower
el chubasco shower
despejado clear
despejarse to clear
disperso scattered
fresco cool
frío cold
granizar to hail
húmedo humid
inestable unstable, changeable
llover (ue) to rain
lloviznar to drizzle
la lluvia rain
lluvioso rainy
la neblina fog
la nevada snowfall
nevar (ie) to snow
la nevasca snowstorm

la niebla fog, mist
la nieve snow
la nube cloud
nublado cloudy, overcast
la nubosidad cloudiness
la precipitación precipitation
la presión barométrica (atmosférica) barometric pressure
el pronóstico meteorológico weather forecast
la ráfaga sudden windstorm, small cloud that brings a sudden change in weather
los rayos lightning
los relámpagos lightning
el sol sun
soleado sunny
la temperatura temperature
la tempestad storm
tempestuoso stormy
el temporal storm
el tiempo weather
la tormenta storm
la tronada thunderstorm
tronar (ue) to thunder
el trueno thunder
el viento wind

CHAPTER 26

Crime

Delitos y crímenes

Fig. 26-1

La pistola es un arma de fuego.
El cuchillo es un arma blanca.   knife
El robo es la toma ilegal de la propiedad de otro.
La toma ilegal de la propiedad de otro por la fuerza es *el latrocinio.*   armed robbery
El asalto es el acto de causarle *daño* físico a otro.   harm
El homicidio es el acto de causar la *muerte* de otra persona   death
　　sin justificación.
El asesino es el que *mata.*   kills
El asesinado es el que fue asesinado, es decir la víctima de
　　un homicidio.
La violación sexual es el acceso sexual a una persona por la fuerza
　　o sin el consentimiento.

1. Complete.

　1. El _____ empujó al señor y luego le robó la cartera.
　2. El que roba es un _____.
　3. El _____ es el acto de robarle a una persona. Es decir tomarle su propiedad ilegalmente.
　4. La entrada ilegal a un edificio, sea casa o negocio, con el interés de cometer un delito (un crimen) es el _____.
　5. Matar a una persona es un _____.
　6. La víctima de un homicidio es el _____ y el que comete un homicidio es el_____.
　7. La pistola es _____ y el cuchillo es _____.
　8. La _____ es un crimen sexual cometido con más frecuencia contra las mujeres.

At the Police Station

La señorita fue a la *comisaría.*   police station
Ella *denunció* un robo.   reported
El policía la interrogó (le hizo preguntas).
Ella le dio una descripción del autor del delito.

2. Answer in the affirmative.

　1. ¿Fue la señorita la víctima de un crimen?
　2. ¿Le robó la cartera en la estación de metro?
　3. ¿Había dos carteristas?
　4. ¿La empujó un carterista mientras el otro le quitó la cartera?
　5. ¿Fue la joven a la comisaría?
　6. ¿Denunció el crimen?
　7. ¿Le dio una descripción de los carteristas al agente de policía?

Key Words

el (la) agente de policía   police officer
el arma blanca   weapon with a blade
el arma de fuego   firearm
el asalto   assault
el asesinado   person killed
el (la) asesino(a)   murderer
el (la) carterista   pickpocket
la comisaría   police station
el consentimiento   consent
el crimen   crime
el cuchillo   knife
el daño   harm
el delito   crime
denunciar un crimen   to report a crime
empujar   to push, shove

el escalamiento breaking and entering
físico physical
el homicidio homicide, murder
interrogar   to interrogate
el (la) ladrón (ladrona)   robber, thief
el latrocinio   armed robbery
la muerte   death
el (la) autor(a)   perpetrator
la pistola   pistol, gun
el (la) policía   police officer
la propiedad   property
el robo   robbery
la toma   taking, seizing
la víctima   victim
la violación   sexual rape

CHAPTER 27

Education

La educación

Elementary School

Los niños pequeños asisten a una *escuela de párvulos*.	nursery school
Los niños en los primeros seis grados asisten a una *escuela primaria* (*elemental*).	elementary school
El (la) *maestro*(*a*) les *enseña*.	teacher; teaches
Los alumnos aprenden.	the pupils learn
La maestra les *da una lección* de geografía.	gives a lesson
Ella escribe algo en la *pizarra* (el *pizarrón*).	chalkboard
Los alumnos tienen sus *libros de texto* (*libros escolares*).	textbooks
Tienen sus libros en sus *pupitres*.	desks
La maestra les lee un cuento de su *libro de lectura*.	reading book
El (la) *director*(*a*) entra en el *aula* (la *sala de clase*).	principal; classroom

1. Match.

A	**B**
1. el (la) alumno(a)	(*a*) una escuela para niños pequeños
2. el aula	(*b*) da una lección
3. una escuela de párvulos	(*c*) lo que hacen los alumnos en la escuela
4. enseña	(*d*) niño(a) que asiste a una escuela primaria
5. escuela primaria	(*e*) libro que les enseña a los alumnos a leer
6. el (la) maestro(a)	(*f*) escuela que por lo general tiene los primeros seis grados
7. aprenden	(*g*) sala de clase
8. libro de lectura	(*h*) el (la) jefe(a) de la escuela
9. el (la) director(a)	(*i*) persona que enseña en una escuela primaria

2. Complete.

Una escuela para niños pequeños es una _____ _____ _____. Los niños
de los primeros seis grados son _____ y ellos asisten a una escuela _____. La
persona que les enseña es _____ _____. Él o ella les _____ muchas
lecciones. Les enseña a leer de sus libros de _____. A veces él o ella escribe algo en
la _____.

Secondary School

Después de la primaria, los estudiantes asisten a la *escuela secundaria (a la preparatoria, al colegio, al liceo)*.	secondary school
El (la) *profesor(a)* les enseña.	
En muchos colegios hay *internos y externos*.	boarders; day students
En muchos colegios los estudiantes tienen que llevar *uniforme*.	uniform
Llevan sus libros en una *cartera* (un *portalibros*, una *mochila**).	book bag
Ellos siguen un *plan de estudios*.	course of study
El plan de estudios incluye muchas *asignaturas* (*materias*).	subjects
Cada día tienen que seguir su *horario*.	schedule
Mientras habla el (la) *profesor(a)*, los estudiantes *toman apuntes*.	take notes
Escriben los apuntes en un *cuaderno* (*bloc*).	notebook
Escriben con un *bolígrafo**.	ballpoint pen
Todos quieren *salir bien* en los exámenes.	pass
No quieren *salir mal* (*ser suspendidos*).	fail
Quieren recibir (sacar) buenas *notas* (*calificaciones*).	marks, grades
Al graduarse del colegio, los estudiantes reciben el *bachillerato**.	upon graduating
Algunas calificaciones son *sobresaliente*.	outstanding
notable (*muy bueno*).	very good
bueno.	good
aprobado (*regular*).	passing
suspenso (*desaprobado*, *cate*).	failing

Regional Variations

*private and public	In most of the Spanish-speaking countries there are many more private and church-supported schools than here in the United States.
*backpack	Today many youngsters carry their books in a backpack, *una mochila*.
*ballpoint pen	Terms you will hear for ballpoint pen are *el bolígrafo* and *el lapicero*, sometimes *la lapicera*. In some countries you will hear *la pluma* but this term usually refers to a fountain pen.
*degrees	In many Spanish-speaking countries students receive *el bachillerato* upon completion of the *preparatoria* (often shortened in colloquial speech to *la prepa*). The word *bachillerato* translates into English as "bachelor's degree," but it does not necessarily mean that the individual has a college or university degree.
*grading system	There is no one grading system that is followed in all the Spanish-speaking countries, but these terms are used in many areas.

3. Answer.

1. ¿Cuáles son otras palabras que significan "escuela secundaria"?
2. ¿Quiénes asisten a una escuela secundaria?
3. ¿Quiénes enseñan en una escuela secundaria?
4. ¿Quiénes son los estudiantes que viven en el colegio?
5. ¿Quiénes son los estudiantes que vuelven a casa todos los días?
6. ¿Cómo llevan sus libros los estudiantes?

7. En muchos colegios, ¿qué tienen que llevar los estudiantes?
8. ¿Qué incluye un plan de estudios?
9. ¿Qué hacen los estudiantes mientras el profesor habla?
10. ¿En qué escriben sus apuntes?
11. ¿Con qué escriben?
12. ¿Cómo quieren salir en sus exámenes los estudiantes?
13. ¿Qué quieren recibir?

4. Give another word for:

1. el liceo
2. el bloc
3. la nota
4. salir mal
5. regular

5. Choose the appropriate word.

1. _____ asisten a una escuela secundaria. (*a*) los alumnos (*b*) los estudiantes
2. _____ enseñan en la secundaria. (*a*) los profesores (*b*) los maestros
3. _____ no vuelven a casa todos los días. (*a*) los externos (*b*) los internos
4. El álgebra y la historia son_____. (*a*) un plan de estudios (*b*) asignaturas
5. El estudiante escribe apuntes en su_____. (*a*) bloc (*b*) bolígrafo

6. Give equivalent words for the following grades in the United States.

1. A, A +
2. B
3. C
4. F
5. B +, A −

7. Complete.

1. Un _____ es una escuela secundaria en la mayoría de los países hispanos.
2. La mayoría de los estudiantes llevan sus libros en una _____.
3. Los estudiantes tienen que llevar _____ a clase.
4. Los estudiantes no quieren ser suspendidos. Prefieren _____ buenas _____.

University

Él (ella) quiere *matricularse* en la universidad.	register, matriculate
El bachillerato es un *requisito* para matricularse en la universidad.	requirement
Espera recibir una *beca*.	scholarship
Los *derechos de matrícula* son caros.	tuition
La *apertura de curso* es el 10 de octubre.	beginning of the term
Él (ella) quiere *inscribirse* en cinco cursos.	enroll
En otro quiere ser *oyente*.	auditor
El profesor da una *conferencia**.	lecture
Él (ella) quiere *especializarse* en literatura.	major
graduarse.	graduate
*licenciarse**.	get a master's degree
*doctorarse**.	get a doctorate
La universidad se divide en *facultades**.	schools
El doctor Hurtado es *rector*.	rector
decano.	dean
Los internos se hospedan en el *dormitorio* (*el colegio mayor*).	dormitory

8. Give the word being defined.

1. lo que uno tiene que pagar para estudiar en la universidad
2. inscribirse en cursos en la universidad
3. el día que empiezan las clases
4. los estudiantes que viven en la universidad
5. lo que puede recibir un(a) estudiante para ayudarle a pagar los gastos universitarios
6. el (la) director(a) de una universidad
7. recibir el doctorado
8. una cosa necesaria u obligatoria
9. lo que dan los profesores
10. el (la) que asiste a un curso sin recibir créditos
11. terminar con los estudios universitarios y salir de la universidad
12. recibir la licenciatura

9. Complete.

1. Si Ud. quiere asistir a la universidad, tiene que _____.
2. Ella quiere ser médica. Va a _____ en medicina.
3. Ella estudia literatura. Es estudiante en la _____ de letras.
4. Para matricularse en la universidad, hay que pagar los _____ _____ _____.
5. Este semestre, yo quiero _____ en solo tres cursos.
6. Por lo general, la _____ _____ _____ en Estados Unidos es a principios de septiembre.
7. El profesor de literatura hispanoamericana da una _____ sobre Borges.
8. El curso del nivel 100 es un _____ para continuar en un curso del nivel 200.

10. Answer.

1. ¿Tienen que matricularse los universitarios?
2. ¿Cuál es un requisito para matricularse en la universidad?
3. En Estados Unidos, ¿cuestan mucho los derechos de matrícula?
4. ¿Cuándo es la apertura de curso en Estados Unidos?
5. ¿Tienen que especializarse en algún campo los estudiantes?
6. ¿Es posible ser oyente en algunos cursos?
7. ¿Tiene una universidad más profesores que decanos?

11. Tell in which school one would enroll if one wished to become the following.

1. médico(a)
2. profesor(a) de literatura
3. abogado(a)
4. biólogo(a)
5. ingeniero(a)

Key Words

el (la) alumno(a) pupil
la apertura de curso beginning of classes,
               opening of school
aprender to learn
aprobado passing
asistir to attend
el aula (f) classroom
el bachillerato bachelor's degree
la beca scholarship
el bloc pad
el bolígrafo ballpoint pen
bueno good (mark)
la calificación mark, grade
la cartera book bag
cate failing
el colegio high school
el colegio mayor dormitory
la conferencia lecture
el cuaderno notebook
el curso course
dar una lección to present (give) a lesson
el (la) decano(a) dean
los derechos de matrícula tuition
desaprobado failing
el (la) director(a) director, principal,
              headmaster, headmistress
el doctorado doctorate
doctorarse to get a doctorate
el dormitorio dormitory
enseñar to teach
la escuela school
la escuela de párvulos nursery school
la escuela primaria elementary school
la escuela secundaria secondary school
especializarse to specialize, to major in
el (la) estudiante student
el examen test, exam
el (la) externo(a) day student
la facultad school

el grado grade (in school)
graduarse to graduate
el horario schedule
inscribirse to enroll
el (la) interno(a) boarding student
la lectura reading
el libro de texto textbook
el libro escolar school book
licenciarse to get a master's degree
la licenciatura master's degree
el liceo high school
el (la) maestro(a) elementary school teacher
la materia subject (in school)
matricularse to register, to matriculate
la nota mark, grade
notable very good (mark)
el (la) oyente auditor
la pizarra chalkboard
el pizarrón chalkboard
el plan de curso (estudios) course of study,
              curriculum
el portalibros book bag
la preparatoria (prepa) prep school
el profesorado faculty
el pupitre school desk
el (la) rector(a) rector
regular fair or passing grade
el requisito requirement
la sala de clase classroom
salir bien to pass
salir mal to do poorly
ser suspendido(a) to fail
sobresaliente outstanding or excellent grade
suspendido(a) failing, failed
suspenso fail
tomar apuntes to take notes
el uniforme uniform
la universidad (uni) university

CHAPTER 28

Business
El comercio

El propósito del *comercio* es el de producir y vender productos.	business
Los *vendedores* venden y los *compradores* compran.	sellers, buyers
Los compradores son *consumidores*.	consumers
Compran *bienes* y *servicios*.	goods and services
Los vendedores pueden vender *al por mayor* o *al por menor* (*al detal*).	wholesale retail
Los que venden al por mayor son *mayoristas*.	wholesalers
Los que venden al por menor son *detallistas*.	retailers
Hay muchos tipos de *empresas comerciales*.	business enterprises
Hay grandes *corporaciones* o *sociedades anónimas*.	corporations
Hay también *sociedades colectivas* o *asociaciones*.	partnerships
Una asociación tiene dos o más *socios*.	partners
Hay también empresas de propiedad individual.	
La toma de decisiones en las grandes corporaciones está en manos de *la junta directiva*.	decision making board of directors
Los administradores y *los gerentes* también toman muchas decisiones.	managers
La junta directiva siempre quiere cumplir con los intereses de *los accionistas*.	stockholders
Los accionistas tienen *acciones*.	stocks
Las acciones pagan dividendos.	
Las acciones bajan o suben en valor según los resultados de la empresa.	
Las acciones *se comercian* en la *Bolsa de Valores*.	are traded; stock market

1. Match the related words.

A	**B**
1. comerciar	(*a*) la venta, el vendedor
2. vender	(*b*) la toma
3. comprar	(*c*) el consumo, el consumidor
4. consumir	(*d*) el comercio, el comerciante
5. tomar	(*e*) la compra, el comprador
6. producir	(*f*) la producción, el producto

2. Rewrite using another word or expression.

1. El propósito del comercio es *la producción y la venta de* bienes y servicios.
2. *Los que compran* son los clientes.
3. *Los que compran* son *los que consumen*.
4. IBM es *una corporación*.
5. Ella vende *al por mayor* y él vende *al por menor*.

3. Complete.

1. Los _____ venden y los _____ compran.
2. Los compradores son los _____.
3. Los que venden en grandes cantidades son _____.
4. Los que venden en pequeñas cantidades son _____.
5. Los mayoristas venden _____.
6. Las mercancías son _____, no servicios.
7. Hay _____ comerciales grandes y pequeñas. IBM, por ejemplo, es una _____ grandísima y la tienda Hermanos Otero es pequeña.
8. Una empresa que tiene solo un propietario es una empresa _____.
9. Una sociedad colectiva tiene dos o más _____.
10. Los administradores o los _____ de la empresa toman muchas decisiones.
11. La _____ tiene que tomar en cuenta los intereses de los accionistas.
12. Las _____ que tienen los accionistas les pagan dividendos.
13. Si la empresa tiene buenos resultados financieros, las acciones _____ en valor. Pero si tiene malos resultados, las acciones _____ en valor.

Marketing

Cada producto o servicio tiene que tener *un mercado*.	market
El servicio (departamento) de marketing se responsabiliza por la promoción y *la publicidad*.	advertising
Antes de producir un producto nuevo hay que tomar en cuenta *la oferta y demanda*.	supply and demand
Hay que *fijar un precio*.	establish a price
La empresa tiene que recuperar los costos (gastos) y realizar *un beneficio*.	profit
Las empresas comerciales, como los individuos, tienen que pagar *impuestos*.	taxes
Tienen que pagar impuestos sobre *el ingreso gravable*.	taxable income

4. Answer

   1. ¿Qué tiene que tener un producto o servicio?
   2. ¿De qué se responsabiliza el departamento de marketing?
   3. ¿Qué tiene que recuperar una empresa que crea o lanza un producto nuevo?
   4. ¿Y qué tiene que realizar la empresa?
   5. ¿Qué tienen que pagar al gobierno las empresas comerciales?

5. Give the word being defined.

   1. el conjunto de clientes, consumidores posibles de un producto
   2. las contribuciones que tienen que hacer las empresas y los individuos al gobierno
   3. lo que queda después de pagar los costos de producción, los gastos generales y los impuestos
   4. el valor que se le da a algo
   5. la cantidad de productos disponibles vs. la cantidad pedida
   6. los ingresos sobre los cuales es necesario pagar impuestos
   7. anuncios dedicados a promover un producto

Accounting

Los *contables* preparan los *estados financieros*.	accountants, statements
Los estados financieros indican *los activos* y *los pasivos*.	assets; liabilities
La hoja de balance es un tipo de estado financiero muy importante.	balance sheet
Si una empresa no es rentable, tiene que declarar *la quiebra*.	bankruptcy

6. Complete.

   1. Los contables y los tenedores de libros trabajan en el servicio (departamento) de _____.
   2. Los contables preparan muchos tipos de _____ financieros.
   3. La _____ de balance compara los activos con los pasivos.
   4. Los _____ son deudas.
   5. Los _____ son el total de lo que posee la empresa o el individuo.
   6. Una empresa que realiza un beneficio es _____.
   7. Si a la empresa no le quedan fondos, tiene que declarar la _____.

Key Words

la acción stock	*consumir* to consume
el (la) accionista stockholder	*la contabilidad* accounting
los activos assets	*el (la) contable* accountant
el (la) administrador(a) administrator	*la corporación* corporation
al por detal (detalle) retail	*el costo* cost
al por mayor wholesale	*el departamento* department
al por menor retail	*el (la) detallista* retailer
la asociación partnership	*el dividendo* dividend
bajar to decrease, go down	*la empresa* enterprise
los bienes goods	*el estado financiero* financial statement
comercial commercial, business	*fijar* to fix, set
el comercio commerce, business	*fijar un precio* to set a price
el (la) comprador(a) buyer, purchaser	*las ganancias* profit
el (la) consumidor(a) consumer	*el (la) gerente* manager

gravable   taxable
la hoja de balance   balance sheet
los impuestos   taxes
el ingreso   income
la junta directiva   Board of Directors
el marketing   marketing
el (la) mayorista   wholesaler
el (la) menorista   retailer
el mercado   market
los pasivos   liabilities
la producción   production
producir   to produce
el producto   product
la propaganda   advertising

la publicidad   advertising
recuperar   to recover
rentable   profitable
las rentas   profits, income
los resultados   results
el servicio   department
los servicios   services
la sociedad anónima   corporation
la sociedad colectiva   partnership
el (la) socio(a)   partner
subir   to increase, go up, raise
la toma de decisiones   decision making
tomar una decisión   to make a decision
el (la) vendedor(a)   sales representative

CHAPTER 29
CAPÍTULO 29

The Computer
La computadora

Some Computer Parts (Fig. 29-1 on page 179)

la computadora, el ordenador*	computer
el ratón	mouse
la alfombrilla	mouse pad
la pantalla de escritorio	desk top screen
el teclado	keyboard
el icono	icon
herramientas	tools
la barra de herramientas	tool bar
una página de inicio	home page

Using the Computer

La muchacha quiere *entrar en línea*.	go online
Prende la computadora.	starts up
Hace clic con el ratón.	clicks on
Navega la red. (el, la Internet)*	searches the Web
Quiere *regresar* a un sitio anterior.	go back
Oprime (pulsa) *el botón regresar/retroceder*.	return key
Ella no quiere *guardar el archivo*.	keep the file
No lo necesita y lo *borra (elimina)*.	trashes
Cuando termina, *apaga* la computadora.	turns off, shuts down

---

Regional Variations

*computer   *La computadora* is used throughout Latin America. *El ordenador* is used in Spain.
*online   You will hear and see both *en línea* and *online*.
*Internet   You will see and hear *Internet* with both *el* and *la*.

Fig. 29-1

1. Identify the following items in Fig. 29-1.

1. mouse
2. keyboard
3. tool bar
4. desk top
5. icon
6. mouse pad

2. Indicate if each of the following is true or false.

1. Si usted quiere ver algo una vez más, puede oprimir el botón regresar.
2. Si usted quiere guardar un archivo o documento, lo debe borrar.
3. Antes de usar la computadora la tiene que prender.
4. Antes de usar la computadora tiene que entrar en línea.
5. Para navegar la red, haga clic con la alfombrilla.

3. Give another word that means the same thing.

1. el ordenador
2. retroceder
3. pulsar
4. eliminar
5. online
6. prender
7. la red

Other Common Computer Functions

La *carpeta* tiene varios *archivos* (*documentos*).	folder, files
Si quiere *trasladar* un archivo a otra carpeta, lo puede *arrastrar* y colocarlo en la carpeta donde lo quiera.	move, drag, place
Para copiar y mover sus archivos (documentos) a diferentes carpetas en su *unidad de disco duro* es fácil usar su ratón para arrastrarlo hasta allí.	hard disc drive
Si no quiere continuar, puede *cerrar la sesión*.	log off
Si quiere, puede *descargar* (*bajar*) muchas cosas en su computadora.	download
Si quiere, puede *grabar* sus archivos o documentos en un disco.	burn
Puede grabar un video.	
Puede grabar fotografías.	
Puede grabar música.	

4. Complete.

1. Una _____ tiene varios archivos.
2. Un archivo es también un _____.
3. Si usted quiere, puede _____ un archivo de un lugar a otro con su _____.
4. Puede almacenar (store) sus carpetas en su unidad de _____.
5. Puede _____ sus archivos, un video, una canción o lo que sea para tener una copia.
6. Cuando no quiere continuar con el trabajo que está haciendo, puede _____.

E-mail

Important e-mail terms

el correo electrónico, el e-mail	e-mail
la bandeja de entrada	inbox
la bandeja de salida	outbox
la carpeta *de elementos enviados*	sent items
la carpeta *de elementos eliminados*	deleted items
la carpeta de *borradores*	drafts
correo no deseado	junk mail

Cuando recibe un correo electrónico, puede no hacer nada.	
O puede	
responder (contestar)	respond
archivar el mensaje	file
imprimir el mensaje	print
eliminar (borrar) el mensaje	erase, trash

Si quiere una *copia dura* de su mensaje, lo puede imprimir.	hard copy
La copia dura sale de la *impresora*.	printer
A veces quiere enviar un *documento adjunto* con su e-mail.	attachment
Se anexa el *adjunto* al correo electrónico.	
Unos documentos adjuntos de *usuarios desconocidos* pueden contener un virus.	unknown users

5. Tell what you're going to pull up.

1. los e-mails que te esperan
2. los e-mails que ya has borrado o eliminado
3. los e-mails que has enviado
4. los e-mails que has empezado a escribir, pero que quieres revisar o terminar

6. Complete.

1. Es posible enviar una tarjeta o un artículo con un correo electrónico en forma de _____.
2. Puede _____ un mensaje que quiere leer más tarde.
3. Si quiere una _____ de un mensaje, lo puede imprimir.
4. Para imprimirlo es necesario tener una _____.

7. Answer

¿Por qué pueden ser peligrosos los documentos adjuntos?

Key Words

apagar to turn off, shut down	*en línea* online
archivar to file	*entrar en línea* go online
el archivo file	*el escritorio* desktop
arrastrar to drag	*grabar* to burn
bajar to download	*guardar* to save
la bandeja de entrada inbox	*hacer clic* click on
la bandeja de salida outbox	*la impresora* printer
los borradores drafts	*imprimir* to print
borrar erase, trash	*el (la) Internet* Internet
el botón button	*navegar la red* search the web
cerrar la sesión to log off	*oprimir* to press
la carpeta folder	*el ordenador* computer
la computadora computer	*la pantalla* screen
la computadora portátil portable computer	*la pantalla de escritorio* desktop screen
una copia dura hard copy	*prender* to start (up)
copiar to copy	*pulsar* to press
el correo electrónico e-mail	*el ratón* mouse
el correo no deseado junk mail	*regresar* go back
descargar to download	*responder* to respond
el documento document	*retroceder* go back
el documento adjunto attachment	*el sitio anterior* previous site
elementos borrados erased, trashed items	*la tecla* key
elementos eliminados deleted items	*el teclado* keyboard
elementos enviados sent items	*la unidad de disco duro* hard drive disc
eliminar eliminate, trash	*el usuario* user
el e-mail e-mail	

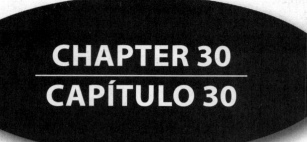

CHAPTER 30

CAPÍTULO 30

Government and Politics

El gobierno y la política

Forms of Government and Ideologies

Ideología

el comunismo
el fascismo
el monarquismo
el socialismo
la democracia

Términos afines

el aislacionismo
el imperialismo
el intervencionismo
el marxismo
el militarismo
el progresismo
el racismo
el separatismo
el terrorismo

Miembro o partidario

el (la) comunista
el (la) fascista
el (la) monarquista*
el (la) socialista
el (la) demócrata

el (la) aislacionista
el (la) imperialista
el (la) intervencionista
el (la) marxista
el (la) militarista*
el (la) progresista
el (la) racista
el (la) separatista
el (la) terrorista

el anticlericalismo	el (la) anticlerical
el liberalismo	el (la) liberal
el radicalismo	el (la) radical
el conservatismo	el (la) conservador(a)

	Regional Variations
*ideologies	Since the terms for the forms of government and political ideologies are cognates, merely study these terms. Note that the word for the person who espouses a particular ideology usually ends in *-ista*, but there are some exceptions.
*monarch	*El (la) monarquista* is a monarchist. The monarch (*el rey o la reina*) is *el (la) monarca*.
*military	*El (la) militarista* is a militarist. A person in the military is *el (la) militar*.

1. Give the noun or adjective for the individual who espouses each of the following doctrines or ideologies.

1. la democracia
2. el marxismo
3. el liberalismo
4. el conservatismo
5. el socialismo
6. el radicalismo
7. el aislacionismo
8. el intervencionismo
9. el comunismo
10. el monarquismo
11. el progresismo
12. el terrorismo
13. el anticlericalismo
14. el racismo
15. el separatismo

Rights of the People

En los países democráticos *el pueblo* tiene el *derecho al voto*.	the people; voting rights
Bajo un *régimen autocrático* (*despótico*), es posible no tener el derecho al voto.	autocratic regime
Los *ciudadanos* del país pueden votar en las elecciones nacionales y locales.	citizens
Los que pueden votar tienen que ser *mayores de edad*.	of legal age
El (la) que gana la *mayoría* de los votos *es elegido*(*a*) *presidente* (*a*) *o primer*(*a*) *ministro*(*a*).	majority; is elected president or prime minister
El gobierno tiene la responsabilidad de *proteger* los *derechos del pueblo* (*derechos humanos*).	protect the rights of the people
En muchos países existe la *libertad de prensa* (*libertad de palabra*).	freedom of the press (freedom of speech)
Un *dictador* es un líder autocrático (*despótico*).	dictator
Muchos países están bajo una *dictadura*.	dictatorship
Muchos están bajo el control de una *junta* militar.	junta
A veces hay *manifestaciones y sublevaciones*.	demonstrations and uprisings
A veces el gobierno declara la *ley marcial*.	martial law
A veces imponen un *toque de queda*.	curfew
Los políticos de ideas más progresivas son de la *izquierda*.	left
Son *izquierdistas*.	leftists
Los de ideas más conservadoras son de la *derecha*.	right
Son *derechistas*.	rightists
Los derechistas y los izquierdistas tienen ideas *contrarias* (*opuestas, del otro lado, de la otra acera*).	opposite

2. Answer.

1. ¿En qué países tiene el pueblo el derecho al voto?
2. ¿En qué países es posible no tener el derecho al voto?
3. En Estados Unidos ¿existe la libertad de prensa? ¿Y la libertad de palabra?
4. ¿Tenemos el derecho al voto en Estados Unidos?
5. ¿Elegimos a un nuevo presidente cada tres años?
6. ¿Cuál es una responsabilidad que debe tener el gobierno?
7. En algunos países, ¿abusan los líderes de los derechos humanos?
8. En un país que tiene el derecho al voto, ¿solo pueden votar en las elecciones los ciudadanos?
9. ¿Pueden votar los menores de edad?
10. ¿Gobierna una junta militar en muchos países?
11. Una junta militar, ¿es una forma de gobierno autocrática o democrática?
12. Cuando hay muchas sublevaciones y manifestaciones, ¿qué suele declarar el gobierno?
13. ¿Qué acompaña muchas veces a la ley marcial?
14. Los socialistas, ¿son izquierdistas o derechistas?
15. Los conservadores, ¿son izquierdistas o derechistas?
16. ¿Hay dictaduras en algunos países latinoamericanos?

3. Complete.

1. El _____ _____ _____ significa que el pueblo tiene el derecho de elegir un presidente o primer ministro.
2. En muchos países bajo el control de una _____, el derecho al _____ no existe.
3. Cuando no hay derecho al voto, decimos que es un régimen _____.
4. En muchos regímenes autocráticos no existe ni la _____ ni la _____ _____ _____.
5. Cuando el pueblo está en contra de la política del gobierno, a veces hay _____ o _____.
6. Cuando hay muchas manifestaciones el gobierno suele declarar la _____ _____ y poner en efecto (imponer) un _____ _____ _____.
7. Si está en efecto el _____ _____ _____, la gente no puede estar en la calle durante ciertas horas, sobre todo por la noche.
8. Una persona de ideas políticas muy liberales o progresivas es _____.
9. Una persona de ideas políticas muy conservadoras es _____.

Political Organization

En muchos países hay dos o más *partidos políticos*.	political parties
Algunos gobiernos tienen el *sistema bicameral*	bicameral system
Otros tienen un sistema *unicameral*.	unicameral
Bajo el sistema unicameral hay solo una *cámara de diputados**.	chamber of deputies
Bajo el sistema bicameral hay la *cámara alta** y la *cámara baja**.	upper chamber, lower chamber
La cámara alta en Estados Unidos es el *Senado*.	Senate
La cámara baja en los Estados Unidos es el *Congreso**.	House of Representatives
El (la) presidente(a) o el (la) primer(a) ministro(a) tiene su *Consejo de Ministros* (*Gabinete*).	cabinet

*Chamber of Deputies   The term *la Cámara de Diputados* is somewhat difficult to translate since its English equivalent would depend upon the organization of this particular government. In France, for example, it would translate as the Chamber of Deputies. In U.S. parlance it would be the House of Representatives. Some countries do not have a *cámara de diputados* as such. Terms such as *la dieta* or *el Parlamento* would be used. In Spain the term *las Cortes* refers to *la corte alta* and *la corte baja*. The term *la corte*, in addition to denoting the court of the king or queen, can also mean a court of law or justice. Therefore *la corte suprema* means the supreme court. An equally common term is *el tribunal* or *el tribunal supremo*.

*upper chamber, house   In U.S. parlance *la cámara alta* or the upper chamber would be *el Senado*. In Spanish newspapers you would read "*el Senado de Estados Unidos*" and a person elected to the U.S. Senate would be *un (a) senador(a)*.

*lower house   In U.S. parlance *la cámara baja* is the House of Representatives, and you will read in Spanish newspapers "el Congreso de Estados Unidos," Since the word *congreso* can mean any large, important meeting such as a convention, the word *congresista* means a person attending such a meeting or conference. To avoid confusion the translation for a U.S. representative in Congress would be *el (la) diputado(a) del Congreso* or *el (la) representante del Congreso*.

Algunos departamentos gubernamentales importantes son

Ministerio de Agricultura	Ministry of Agriculture
Ministerio de Comunicaciones	
*Ministerio de Estado** (*de Relaciones Exteriores*)	Ministry of Foreign Affairs
Ministerio de Hacienda	Ministry of the Treasury
Ministerio de Justicia	
Ministerio de Instrucción Pública (*Educación*)	
Ministerio de Gobernación (*del Interior*)	
Ministerio de Trabajo	Labor Ministry

*Ministry of Foreign Affairs   The translation for many of these governmental organizations would vary depending upon the terminology of the specific country. For example, *el Ministerio de Estado* or *el Ministerio de Relaciones Exteriores* would translate as State Department or Department of State in the United States and as the Foreign Office in the United Kingdom. *El Ministerio de Gobernación* or *el Ministerio del Interior* would be the Department of the Interior in the United States and the Home Office in the United Kingdom. Note that government offices in many of the Spanish-speaking countries and other countries of the world are referred to as ministries and not departments, as in the United States. Therefore the most common translation for "department" in this sense is *ministerio* in Spanish, but in newspapers the word *departamento* is used when the specific reference is to a U.S. Department. Since Puerto Rico follows the United States system, the term *Departamento de Instrucción Pública* is used rather than *Ministerio de Instrucción Pública*. In the United States the director of each department is called a secretary, whereas in many countries he or she is referred to as a minister. In a Spanish newspaper the term *ministro(a) de Educación* would be used for France, but the term *secretario(a) de Educación* would be used for the United States.

4. Answer.

1. ¿Cuántos partidos políticos principales hay en Estados Unidos?
2. ¿Tenemos un sistema unicameral?
3. ¿Cuántos senadores hay de cada estado?
4. ¿Cuántos diputados del Congreso hay de cada estado?
5. En el gobierno de Estados Unidos, ¿cómo se llama la cámara baja?
6. ¿Cómo se llama la cámara alta?

5. Complete.

1. En algunos países como Francia hay muchos _____ _____.
2. Inglaterra tiene un _____ _____ y los Estados Unidos tiene un _____.

3. El presidente no toma todas las decisiones. Consulta con su _____
   _____ _____.

4. Si un país tiene solamente una _____ _____ _____ tiene un
   sistema de gobierno unicameral.

5. En el sistema bicameral hay una _____ _____ y una
   _____ _____.

6. Tell which government department has responsibility for each of the following areas.

1. la educación de los niños
2. asuntos o relaciones con el extranjero
3. el trabajo
4. asuntos nacionales o domésticos
5. las finanzas

Procedures

Los diputados van a *tomar en consideración* una	take into consideration
enmienda a la Constitución.	amendment
Van a *enmendar* la Constitución.	amend
No van a *anular* la Constitución.	nullify
Un diputado *presentó una moción.*	made a motion
Otro *apoyó* la moción.	seconded, supported
Los diputados van a *discutir* la moción.	discuss
Tienen que *deliberar* antes de llegar a una decisión.	deliberate
Parece que la *mayoría* va a *aprobar* la enmienda.	majority; approve
La *oposición* (*minoría*) tiene que ceder a los deseos	opposition (majority)
de la mayoría.	
Los diputados van a votar en una *sesión plenaria.*	plenary session
No van a votar en una *sesión secreta.*	closed (secret) session
El comité no puede votar sin *quórum.*	quorum
La oposición está *en contra de* la política del primer ministro.	against
El primer ministro va a pedir un *voto de confianza.*	vote of confidence
Habrá un *plebiscito* (*referéndum*).	plebiscite
Había muchos votos *en* (*a*) *favor* y pocos *en contra.*	in favor (for); against

7. Give the word or term being defined.

1. expresar conformidad, autorizar, aceptar
2. hablar en contra y en favor de una cosa
3. un grupo de cuatro
4. los en contra
5. salir de una sesión o reunión para discutir y pensar en el pro y el contra de algún asunto
6. considerar
7. la mayor parte
8. añadir algo o cambiar algo en la Constitución
9. la acción de pedir al pueblo que vote en favor o en contra de algún asunto o de alguna resolución
10. declarar algo inválido

8. Put the following in the proper order.

1. Alguien apoyó la moción.
2. La sometieron a votación.
3. Todos discutieron la moción.
4. Alguien presentó una moción.
5. La moción fue aprobada.

9. Complete.

1. Si un comité quiere aceptar o aprobar una resolución, hay que tener presente un
_____ antes de votar.

2. A veces el presidente o primer ministro someterá una resolución a un _____ para
determinar si el pueblo está en favor o en contra de la resolución.

3. En muchos países donde hay muchos partidos políticos es necesario en la Cámara de
Diputados formar una coalición para ganar la mayoría de los votos. Si el primer ministro
encuentra una oposición muy fuerte, a veces someterá su política a un _____
_____ _____.

4. Para aprobar o desaprobar una resolución, alguien tiene que _____ una moción, otro la
tiene que _____. Luego todos la pueden _____ antes de votar en pro o en contra
de la resolución.

5. Como la mayoría quiere aprobar la resolución, parece que la _____ (los en contra), que
consiste en una _____, tendrá que ceder.

Key Words

el aislacionismo   isolationism
el (la) aislacionista   isolationist
el (la) anticlerical   anticlerical person
el anticlericalismo   anticlericalism
apoyar una moción   to second a motion,
                    to support a motion
aprobar (ue)   to approve, accept
autocrático   autocratic
bajo   under
bicameral   bicameral (two-house)
la cámara alta   upper house, senate, upper
                 chamber
la cámara baja   lower house, lower chamber
la Cámara de Diputados   Chamber Of
                         Deputies, House Of
                         Representatives
Cámara de Representantes   Chamber Of
                           Deputies, House Of
                           Representatives
el (la) canciller   chancellor
ceder   to concede, give in to
el (la) ciudadano(a)   citizen
el comité   committee
el comunismo   communism
el (la) comunista   communist
conceder   to concede
el Congreso   House of Representatives (U.S.),
              large meeting, convention,
              conference
el Consejo de Ministros   cabinet
el (la) conservador(a)   conservative
el conservatismo   conservatism

la constitución   constitution
contrario   opposite, contrary
el control   control
la corte   chamber, court
las Cortes   upper and lower chambers (in Spain)
declarar   to declare
de la otra acera   on the other side, with a
                   completely different point of
                   view or opinion
deliberar   to deliberate
del otro lado   on the other side
la democracia   democracy
el (la) demócrata   democrat
la derecha   right (with regard to political
             orientation)
el (la) derechista   rightist
el derecho   right
el derecho al voto   voting right
los derechos humanos   human rights
el (la) dictador(a)   dictator
la dictadura   dictatorship
la dieta   diet
el (la) diputado(a)   deputy, representative
el (la) diputado(a) del Congreso   representative in
                                   Congress (U.S.)
discutir   to discuss
la elección   election
elegir (i,i)   to elect
en contra   against
en favor   in favor
enmendar (ie)   to amend
la enmienda   amendment

el fascismo   fascism
el (la) fascista   fascist
el gabinete   cabinet
el gobierno   government
gubernamental   governmental
el imperialismo   imperialism
el (la) imperialista   imperialist
imponer   to impose
el intervencionismo   interventionism
el (la) intervencionista   interventionist
la izquierda   left
el (la) izquierdista   leftist
la junta   junta
la ley   law
la ley marcial   martial law
el (la) liberal   liberal
el liberalismo   liberalism
la libertad   freedom
la libertad de palabra   freedom of speech
la libertad de prensa   freedom of the press
la manifestación   demonstration
el marxismo   marxism
el (la) marxista   marxist
mayor de edad   of legal age
la mayoría   majority
el (la) militar   military person
el militarismo   militarism
el (la) militarista   militarist
el Ministerio de Agricultura   Ministry of Agriculture
el Ministerio de Comunicaciones   Ministry of Communications
el Ministerio de Educación   Ministry of Education
el Ministerio de Estado   Ministry of State
el Ministerio de Gobernación   Ministry of the Interior
el Ministerio de Hacienda   Ministry of the Treasury
el Ministerio de Instrucción Pública   Ministry of Education
el Ministerio del Interior   Ministry of the Interior
el Ministerio de Justicia   Ministry of Justice
el Ministerio de Relaciones Exteriores   Ministry of Foreign Affairs
el Ministerio de Trabajo   Ministry of Labor
la minoría   minority

la moción   motion
el (la) monarca   monarch
el monarquismo   monarchism
el (la) monarquista   monarchist
nacional   national
la oposición   opposition
de la otra acera   on the other side
opuesto   opposite
el Parlamento   Parliament
el partido   party
el plebiscito   plebiscite
la política   politics, political policy
político   political
presentar una moción   to make a motion
el (la) presidente(a)   president
el (la) primer(a) ministro(a)   prime minister
el progresismo   progressivism
el progresista   progressive
proteger   to protect
el pueblo   the people
el quórum   quorum
el racismo   racism
el (la) racista   racist
el (la) radical   radical
el radicalismo   radicalism
el referéndum   referendum
el régimen   regime
el Senado   senate
el (la) senador(a)   senator
el separatismo   separatism
el (la) separatista   separatist
la sesión plenaria   plenary session
el sistema   system
el socialismo   socialism
el (la) socialista   socialist
la sublevación   uprising
el terrorismo   terrorism
el (la) terrorista   terrorist
tomar en consideración   to take into consideration
el toque de queda   curfew
el tribunal   court
unicameral   unicameral
votar   to vote
el voto   vote
el voto de confianza   vote of confidence

Days of the Week
Los días de la semana

Lunes, martes, miércoles, jueves, viernes, sábado, domingo

Lunes es el primer día de la semana.
El segundo día es martes.
Vamos a clase *los lunes*.   on Mondays
Julia va a volver *el lunes*.   on Monday
el fin de semana   weekend
día de entre semana   weekday
día festivo (de fiesta)   holiday
día laborable   workday
día de santo   saint's day
el cumpleaños   birthday

ENERO						
domingo	lunes	martes	miércoles	jueves	viernes	sábado
			1	2	3	4
5	6	7	8	9	10	11
12	13	14	15	16	17	18
19	20	21	22	23	24	25
26	27	28	29	30	31	

Fig. A1-1

la Navidad	Christmas
la víspera de Navidad (*la Nochebuena**)	Christmas eve
el Año Nuevo	New Year
la víspera del Año Nuevo (*la Nochevieja**)	New Year's eve
la Pascua (Florida)	Easter

About the Language

Note the use of the article with days of the week. The definite article *el* or *los* is used to translate the English preposition "on." *El lunes* means on Monday and *los lunes* means on Mondays.

Regional Variations

*La Nochebuena and *la Nochevieja* are more commonly used in Spain than in Latin America.

Months of the Year and Dates

Los meses del año y las fechas

enero
febrero
marzo
abril
mayo
junio
julio
agosto
septiembre
octubre
noviembre
diciembre

¿Qué día es hoy?
¿Cuál es la fecha (de) hoy?
¿Qué fecha tenemos?   What's today's date?
¿A cómo estamos hoy?
¿A cuántos estamos?

Fig. A2-1

Hoy es el veinticinco de marzo. Hoy es lunes, el veinticinco de marzo. Tenemos el veinticinco de marzo. Estamos a veinticinco.	Today is the 25th of March.
Hoy es el primero de marzo.	Today is the first of March.

About the Language

Note that the cardinal numbers are used for expressing the date, with the exception of the first of the month, in which case the ordinal number *primero* is used.

Time and Expressions of Time
La hora y expresiones de tiempo

¿Qué hora es? ¿Qué hora tiene Ud.? ¿Qué horas son? }	What time is it?
Es la una.	It's one o'clock.
Son las dos.	It's two o'clock.
Son las tres.	It's three o'clock.
Es la una y cinco.	It's 1:05.
Son las dos y diez.	It's 2:10.
Son las tres y cuarto.	It's a quarter past three.
Son las cuatro y media.	It's four thirty.
Es la una menos cinco. Faltan (los) cinco para la una. }	It's five to one.
Son las dos menos diez. Faltan (los) diez para las dos. }	It's ten to two.
Son las tres menos cuarto. Faltan (los) quince para las tres. Falta un cuarto de hora para las tres. }	It's a quarter to three.

Van a salir *a la una.*	at one o'clock
Van a salir *a las cinco y media.*	at 5:30
El tren sale *a las catorce y diez.*	at 14:10
Estaré *a las ocho en punto.*	at exactly eight o'clock
Estaré *a eso de las ocho.*	at about eight
Estaré *a las ocho y pico.*	a little after eight
Favor de llegar *a tiempo.*	on time
Favor de no llegar *tarde.*	late
Favor de no llegar *temprano.*	early
Vamos a llegar *por la mañana.*	in the morning
por la tarde.	in the afternoon
por la noche.	in the evening
Vamos a llegar a las cuatro *de la mañana.*	in the morning
de la tarde.	in the afternoon

About the Language

You will sometimes hear, particularly on the radio, *Son las dos con diez minutos.*

The twenty-four hour clock is commonly used for train and plane schedules, etc.

Note that the preposition *por* is used when no specific time or hour is stated. When specific time is stated, the preposition *de* must be used.

Divisions of Time

el segundo	second
el minuto	minute
la hora	hour
el día	day
la semana, ocho días	week
dos semanas, quince días	two weeks
el mes	month
el año	year
el siglo	century

Other Important Time Expressions

el amanecer	dawn
el anochecer	dusk
la madrugada	early morning (midnight to sunrise)
la mañana	morning
la tarde	afternoon
la noche	evening, night
el mediodía	noon
la medianoche	midnight
hoy	today
(el) mañana	tomorrow
pasado mañana	day after tomorrow
mañana por la mañana	tomorrow morning
ayer	yesterday
ayer por la mañana	yesterday morning
antes de ayer (anteayer)	day before yesterday

hasta el lunes	until Monday
el año pasado	last year
el año que viene	next year
hace un año	a year ago
el dos del actual (del presente, corriente)	the second of this month
a principios de este siglo	around the beginning of this century
a mediados del año pasado	around the middle of last year
a fines de este año	around the end of this year
a últimos del mes	around the end of the month

About the Language

Note that the preposition *de* is used to express the English "by" or "at" in a statement such as *No me gusta viajar de noche*.

Note the use of the plural *a fines de este año, a últimos del mes* when the time is not specific.

Spanish-Speaking Countries and Nationalities

Países y nacionalidades de habla española

País	Nacionalidad
México	mexicano(a)
Guatemala	guatemalteco(a)
El Salvador	salvadoreño(a)
Honduras	hondureño(a)
Nicaragua	nicaragüense
Costa Rica	costarricense
Panamá	panameño(a)
(La) República Dominicana	dominicano(a)
Cuba	cubano(a)
*Puerto Rico	puertorriqueño(a)
Venezuela	venezolano(a)
Colombia	colombiano(a)

Ecuador	ecuatoriano(a)
Perú	peruano(a)
Bolivia	boliviano(a)
Chile	chileno(a)
Argentina	argentino(a)
Uruguay	uruguayo(a)
Paraguay	paraguayo(a)
España	español(a)

*Puerto Rico is a Spanish-speaking island in the Caribbean. It is an *estado libre asociado* of the United States.

Numbers

Los números

uno	1
dos	2
tres	3
cuatro	4
cinco	5
seis	6
siete	7
ocho	8
nueve	9
diez	10
once	11
doce	12
trece	13
catorce	14
quince	15
dieciséis (diez y seis)	16
diecisiete	17
dieciocho	18
diecinueve	19
veinte	20
veintiuno (veinte y uno)	21
veintidós	22
veintitrés	23
veinticuatro	24
veinticinco	25
veintiséis	26
veintisiete	27
veintiocho	28

veintinueve	29
treinta	30
treinta y uno	31
cuarenta y dos	42
cincuenta y tres	53
sesenta y cuatro	64
setenta y cinco	75
ochenta y seis	86
noventa y siete	97
cien (ciento)	100
ciento dos	102
doscientos	200

About the Language

Note that the numbers 16 to 29 are usually written as one word. Compound numbers from 31 to 99 are written as three words.

trescientos	300
cuatrocientos	400
quinientos	500
seiscientos	600
setecientos	700
ochocientos	800
novecientos	900
ciento treinta y cuatro	134
doscientos cincuenta y cinco	255
quinientos sesenta y ocho	568
setecientos ochenta y nueve	789
novecientos noventa y nueve	999
mil	1,000
dos mil	2,000
cinco mil	5,000
nueve mil	9,000
mil once	1,011
mil cuatrocientos noventa y dos	1,492
mil setecientos ochenta y cuatro	1,784
mil ochocientos doce	1,812
mil novecientos noventa y siete	1,997
dos mil veinte	2,020
un millón	1,000,000
dos millones	2,000,000
un billón	1,000,000,000
dos billones	2,000,000,000

Ordinal numbers	**los números ordinales**
primero(a)	first
segundo(a)	second
tercero(a)	third
cuarto(a)	fourth

quinto(a)	fifth
sexto(a)	sixth
séptimo(a)	seventh
octavo(a)	eighth
noveno(a)	ninth
décimo(a)	tenth

About the Language

Note that *y* is used only between the tens and unit digits.

Note that the word *mil* is never pluralized. Also note that in some countries, such as Spain, 2,000 is written as 2.000. In these countries, a comma is used in place of a decimal point, so that what we write as 1.75 is instead 1,75.

Note that the word *mil* is never preceded by *un* but *un* is used with *millón* and *billón*.

The ordinal numbers are less frequently used in Spanish than in English. The ordinal numbers beyond tenth (*décimo*) are seldom used. Note that the words for "first" and "third" are used in the shortened form *primer* (*tercer*) when they precede a masculine noun.

Foods

Las comidas

Vegetables	Los vegetales, las legumbres
artichoke	*la alcachofa, la cotufa*
asparagus	*los espárragos*
beans	*las judías, los frijoles, las habichuelas, los porotos*
beans (green)	*las judías verdes, los ejotes, las vainitas, las chauchas, los porotos verdes, las verduras*
beet	*la remolacha, el betabel, la betarraga, la beteraba*
broad beans	*las habas*
broccoli	*el brócoli*
Brussels sprout	*la col de Bruselas*
cabbage	*la col, el repollo*
cabbage, red	*la col morada*
caper	*la alcaparra*
carrot	*la zanahoria*
cassaba	*la yuca*
cauliflower	*la coliflor*
celery	*el apio*
chard	*la acelga*
chick-peas	*los garbanzos*
chicory	*la achicoria*
corn	*el maíz, el elote, el choclo*
cucumber	*el pepino*

eggplant	*la berenjena*
endive	*la escarola, la endibia*
garlic	*el ajo*
leek	*el puerro*
lentils	*las lentejas*
lettuce	*la lechuga*
lima beans	*las habas de lima, las habaitas pallares*
mushroom	*la seta, el champiñón, el hongo*
onion	*la cebolla*
parsnip	*la chirivía*
peas	*los guisantes, los chícharos, las alberjas*
peppers	*los pimientos, los morrones, los poblanos, los ajíes, los chipotles*
potato	*la patata, la papa*
pumpkin	*la calabaza, el zapallo*
radish	*el rábano*
rice	*el arroz*
spinach	*las espinacas*
squash	*el calabacín, el zapallo*
sweet potato	*la batata, el camote*
turnip	*el nabo*
watercress	*los berros*
zucchini	*el calabacín*

Fruits — **Las frutas**

English	Spanish
apple	*la manzana*
apricot	*el albaricoque, el damasco*
avocado	*el aguacate, la palta*
banana	*el plátano, la banana, el guineo*
blackberry	*la mora*
cherry	*la cereza, la guinda*
coconut	*el coco*
currant	*la grosella*
date	*el dátil*
fig	*el higo*
grape	*la uva*
grapefruit	*la toronja, el pomelo*
guava	*la guayaba*
lemon	*el limón*
lime	*la lima, el limón*
melon	*el melón*
orange	*la naranja, la china*
papaya	*la papaya*
peach	*el melocotón, el durazno*
pear	*la pera*
pineapple	*la piña*
plum	*la ciruela*
pomegranate	*la granada*
prune	*la ciruela*
raisins	*las pasas*
raspberry	*la frambuesa*
strawberry	*la fresa, la frutilla*
tomato	*el tomate, el jitomate*
watermelon	*la sandía*
wild strawberry	*la fresa silvestre*

Meats — **Las carnes**

English	Spanish
bacon	*el tocino, el lacón, el bacón*
beef	*la carne de res, el bife*
blood pudding	*la morcilla*
brains	*los sesos*
cold cuts	*los fiambres*
filet mignon	*el lomo fino*
goat	*el cabrito, el chivo*
ham	*el jamón*
hard sausage	*el chorizo*
heart	*el corazón*
kidneys	*los riñones*
lamb	*el cordero, el borrego*
liver	*el hígado*
meatballs	*las albóndigas*
oxtail	*el rabo de buey, la cola de res*
pork	*el cerdo, el puerco, el chancho*
sausage	*la salchicha*
suckling pig	*el lechón, el cochinillo*
sweetbreads	*las criadillas, las mollejas*
tongue	*la lengua*
tripe	*la tripa, el mondongo, las pancitas, los callos*
veal	*la ternera*

Fish and shellfish — **Pescados y mariscos**

English	Spanish
anchovies	*las anchoas, los boquerones*
barnacles	*los percebes*
bass	*el robalo, la lubina*
clams	*las almejas, las conchas*
cod	*el bacalao*
crab	*el cangrejo,* (land crab) *la jaiba, el juey*
crayfish	*la cigala*
eel	*la anguila*
flounder	*el lenguado, el rodaballo, la platija*
frogs' legs	*las ancas de rana*
grouper	*el mero*
hake	*la merluza*
herring	*el arenque*
lobster	*la langosta*
mackerel	*la sierra*
mussel	*el mejillón, la cholga*
octopus	*el pulpo*
oyster	*la ostra, el ostión*
perch	*la percha*
plaice	*la platija*
prawns	*los camarones, las gambas, los langostinos*
red snapper	*el guachinango, el huachinango, el pargo*
salmon	*el salmón*
sardine	*la sardina*
sea bass	*el mero, la lubina, el robalo*
sea urchin	*el erizo*
shrimp	*el camarón, la gamba, el langostino, la quisquilla*
snail	*el caracol*
sole	*el lenguado*
squid	*el calamar, el pulpo, el chipirón*
swordfish	*la pez espada*
trout	*la trucha*
tuna	*el atún*
turbot	*el rodaballo*
weakfish	*la corvina*
whiting	*el romero*

Fowl and game	Aves y caza
capon	el capón
chicken	el pollo
duck	el pato
goose	el ganso
partridge	la perdiz
pheasant	el faisán
pigeon	el pichón
quail	la codorniz
turkey	el pavo

Condiments, sauces, and spices
Condimentos, salsas y especias

achiote	el achiote
anise	el anís
basil	la albahaca
bay leaf	el laurel
capers	las alcaparras
cinnamon	la canela
coriander	el cilantro, el culantro
dill	el eneldo
garlic	el ajo
ginger	el jengibre
ketchup	la salsa de tomate, el catsup
marjoram	la mejorana
mint	la menta
mayonnaise	la mayonesa, la mahonesa
mustard	la mostaza
nutmeg	la nuez moscada
oregano	el orégano
paprika	el pimentón dulce
parsley	el perejil
pepper	la pimienta; (red hot pepper) el ají, la guindilla
rosemary	el romero
saffron	el azafrán
salt	la sal
sesame	el ajonjolí
tarragon	el estragón
thyme	el tomillo
vanilla	la vainilla

Eggs	Huevos
fried eggs	los huevos fritos
hard-boiled eggs	los huevos duros
poached eggs	los huevos escalfados
soft-boiled eggs	los huevos pasados por agua, los huevos tibios
scrambled eggs	los huevos revueltos

Sweets	Los dulces
cake	el pastel, la torta, la tarta, el queque
candy	el caramelo, el dulce, la confitura, el bombón
caramel custard	el flan
cookie	la galleta, la bizcocho
custard	la natilla
doughnut	el churro, la dona
honey	la miel
ice cream	el helado
jam	la mermelada
gelatin	la gelatina
sponge cake	el bizcocho, el bizcochuelo
syrup	el jarabe, el sirope, el almíbar
tart	la tarta

Beverages	Las bebidas
aperitif	el aperitivo
beer	la cerveza
tap beer	la cerveza de barril, la cerveza de presión
cider	la sidra
coffee	el café
black coffee	el café solo
coffee with milk	el café con leche
expresso	el café exprés
juice	el jugo, el zumo
lemonade	la limonada
milk	la leche
milk shake	el (la) batido(a)
mineral water	el agua mineral
carbonated	con gas
uncarbonated	sin gas
soda	la soda, la gaseosa, la cola
tea	el té
iced tea	el té helado
wine	el vino
red wine	el vino tinto
white wine	el vino blanco

Miscellaneous

baking powder	el polvo de hornear
biscuit	la galleta
bread	el pan
breadcrumbs	el pan rallado
butter	la mantequilla
cheese	el queso
cornstarch	la maicena

cracker	*la galleta*	olive	*la aceituna*
cream	*la crema, la nata*	olive oil	*el aceite (de oliva)*
egg white	*el blanquillo*	peanut	*el cacahuate, el cacahuete,*
egg yolk	*la yema de huevo*		*el maní*
gravy	*la salsa*	roll	*el panecillo, el bollo, el bolillo*
juice	*el jugo, el zumo*	sandwich	*el bocadillo, el sándwich*
lard	*la manteca*	spaghetti	*los espaguetis, los tallarines*
noodles	*los fideos*	sugar	*el azúcar*
nuts	*las nueces (sg. la nuez)*	vinegar	*el vinagre*
oil	*el aceite*		

Answers to Exercises

Respuestas a los ejercicios

Chapter 1: Air Travel

1.
1. electrónicos
2. boletos
3. comprar
4. en línea
5. el sitio Web
6. opciones
7. consolidador

2.
1. Sí, puede usar su computadora para comprar un boleto electrónico.
2. Sí, tiene que comprarlo en línea.
3. Sí, puede ir al sitio Web de la línea aérea.
4. También puede ir a un sitio de un consolidador.
5. Un consolidador puede dar una variedad de opciones de muchas líneas aéreas.
6. Sí.
7. Tiene que dar la fecha de caducidad de su tarjeta.

3.
1. aeropuerto de salida
2. aeropuerto de llegada
3. con una tarjeta de crédito
4. la tarifa
5. la fecha de caducidad
6. una tarifa cara
7. una tarifa económica
8. clase económica, clase preferente o ejecutiva, primera clase

4. No answers

5.
1. impresora
2. una copia
3. embarque
4. pasabordo
5. asignar
6. un asiento
7. confirmación

6.
1. comprar un boleto
2. de ida y regreso, redondo
3. oprimir
4. el pasaje
5. en línea
6. una reserva

7.
1. autobús
2. terminal
3. salen

8.
1. terminal
2. vuelos
3. terminal
4. nacionales
5. vuelo
6. terminal

9.
1. mostrador
2. fila
3. mostrador
4. boleto (billete)
5. vuelo
6. pasaporte

10.
1. internacional
2. mostrador
3. boleto (billete), pasaporte
4. fila, pasillo, ventanilla
5. equipaje de mano, maletín
6. etiqueta
7. tarjeta de embarque
8. vuelo, asiento, fila, pasillo
9. talones, reclamar (recoger)
10. asiento, compartimiento superior
11. debajo, superior, facturar

11.
1. La señora está en el mostrador de la compañía de aviación.
2. Ella habla con el agente.

3. Ella le da su boleto (billete) y su pasaporte al agente.
4. Ella quiere sentarse en el pasillo.
5. Ella lleva dos maletas.
6. Sí, lleva equipaje de mano.
7. Lleva un maletín.
8. Sí, el maletín puede caber debajo del asiento.
9. El agente le da su tarjeta de embarque.
10. Sale en el vuelo 430.
11. Ella va a Madrid.
12. Tiene el asiento 22*C*.
13. Está en el pasillo en la fila 22.
14. Ella ha facturado dos maletas.
15. Ella puede reclamar sus maletas en Madrid.

12. 1. *b*   4. *c*
2. *c*   5. *b*
3. *a*

13. 1. d   4. a
2. c   5. b
3. e

14. 1. La compañía de aviación
2. salida
3. vuelo
4. con destino a
5. control de seguridad
6. control de seguridad
7. puerta
8. embarque

15. 1. salida
2. destino
3. control de seguridad
4. puerta, ocho

16. 1. llegada
2. vuelo
3. procedente de

17. 1. la salida
2. procedente de
3. desembarcar

18. 1. demora
2. demora, retraso
3. anulado (cancelado)
4. confirmado, sin escala, cambiar
5. conexión (trasbordo)

6. perdió
7. completo (lleno), disponibles

19. 1. terminales, vuelos, nacionales
2. agente, mostrador, aviación
3. boleto (billete), pasaporte
4. equipaje
5. talones, talones
6. maletín, mano, debajo del
7. pasillo
8. completo, asientos
9. tarjeta, asiento, fila
10. escala, cambiar
11. embarque, destino a
12. puerta
13. retraso, anulado

20. 1. La señora Molina llega al aeropuerto.
2. Hay dos terminales en el aeropuerto.
3. Hay una para vuelos nacionales y otra para vuelos internacionales.
4. La señora va al mostrador de la compañía de aviación.
5. El agente quiere ver su boleto (billete) y su pasaporte.
6. La señora factura dos maletas.
7. La agente pone los talones en el sobre del boleto (billete).
8. Ella puede reclamar su equipaje en Bogotá.
9. Ella lleva un maletín a bordo.
10. El equipaje de mano tiene que caber debajo del asiento.
11. Sí, la señora tiene un asiento reservado, pero no lo indica la computadora.
12. No hay problema porque el vuelo no está completo. Hay asientos disponibles.
13. La señora tiene el asiento 25*C*.
14. El vuelo va a salir por la puerta seis.
15. No, no es un vuelo sin escala. Hace una escala en Panamá.

21. 1. vuelo
2. destino
3. escala
4. cambiar
5. asiento
6. fila
7. pasillo

22. 1. Va a salir con una demora.
2. Hay un problema técnico.

3. Es bastante largo.
4. Sí, han anulado otro vuelo.
5. A causa del tiempo.

23.
1. comprar un boleto
2. *online*
3. pulsar
4. un billete de ida y vuelta
5. un boleto de ida solo
6. el pasaje (el precio)
7. el pasabordo
8. una reservación
9. una demora
10. lleno

24.
1. con discapacidad móvil
2. los trámites
3. avisar
4. los minivehículos
5. los aseos
6. el reclamo

25. *Answers will vary.*

Chapter 2: On the Airplane

1.
1. tripulación
2. asistentes de vuelo
3. trasera
4. principal
5. cabina del piloto
6. seguridad
7. despega
8. aterriza

2.
1. tripulación
2. bienvenida
3. despegar
4. tiempo de vuelo
5. aproximadamente
6. altura
7. velocidad
8. por hora

3.
1. Los chalecos salvavidas están debajo del asiento.
2. La máscara de oxígeno se caerá.
3. Hay salidas de emergencia sobre las alas.
4. No, no se puede fumar durante el vuelo.
5. No, no se permite fumar en los aseos.

4.
1. despegue
2. aterrizaje
3. sentados
4. cinturón de seguridad
5. cinturón
6. turbulencia
7. brinca

5.
1. pasillos
2. caber
3. asiento
4. compartimientos
5. despegue
6. aterrizaje
7. respaldo
8. posición
9. la bandeja plegable/mesa plegable
10. un descansabrazos

6.
1. bebidas, meriendas
2. periódicos, revistas
3. el mareo, bolsillo
4. alternativas, entretenimiento
5. pantalla táctil
6. audífonos (auriculares)

7.
1. almohada
2. manta

8.
1. cabinas, delantera, clase, cabina, económica
2. vuelo, tarjetas de embarque
3. máscara de oxígeno
4. equipaje de mano, compartimientos sobre la cabeza (superiores)
5. vuelo
6. aseos
7. respaldo, posición
8. cinturones de seguridad
9. bebidas, comida
10. un juego de audífonos, cargo

9.

1. *e*	6. *j*
2. *i*	7. *c*
3. *f*	8. *l*
4. *b*	9. *h*
5. *a*	10. *k*

10.
1. Los asistentes de vuelo les dan la bienvenida a los pasajeros mientras abordan el avión.
2. Hay dos cabinas en la mayoría de los aviones.

3. Los pasajeros tienen que aprender a usar el cinturón de seguridad, la máscara de oxígeno, y el chaleco salvavidas.
4. Los pasajeros tienen que poner su equipaje de mano debajo de su asiento o en el compartimiento sobre la cabeza.
5. No, no se puede fumar en el avión.
6. Los pasajeros tienen que poner el respaldo de su asiento en posición vertical. También tienen que abrocharse el cinturón de seguridad.
7. Es una buena idea mantener los cinturones abrochados durante todo el vuelo porque no se sabe cuándo el avión encontrará alguna turbulencia inesperada y empezará a brincar.
8. Los asistentes de vuelo sirven bebidas y una comida durante el vuelo.
9. Ofrecen almohadas y mantas y también juegos de audífonos.
10. El piloto les da a los pasajeros la ruta de vuelo, el tiempo de vuelo, la altura a que van a volar y la velocidad que van a alcanzar.

Chapter 3: Passport Control and Customs

1.
1. Siempre hay una cola (fila) delante del control de seguridad.
2. Antes de entrar en el área del control de seguridad hay que mostrar un pasaporte o una forma de identificación (identidad) gubernamental al agente.
3. Tiene que poner su equipaje de mano sobre una correa.
4. Tiene que poner todos los objetos metálicos en un contenedor.
5. Tiene que poner los líquidos y geles en una bolsa sellada.
6. Todo tiene que pasar por una máquina de rayos equis.

2.
1. control
2. pasaporte
3. tiene
4. estar
5. (any appropriate length of time)
6. hospedado(a)
7. negocios
8. turismo
9. turismo

3.
1. declarar, flecha, algo, flecha roja
2. declarar, impuestos
3. declaración
4. efectos
5. agrícolas
6. agricultura

Chapter 4: At the Train Station

1.
1. billete
2. un billete de ida y vuelta
3. billete sencillo

2.
1. boleto
2. boleto sencillo
3. boleto de ida y regreso

3.
1. máquina
2. ranura
3. pulsar, destino
4. tiquete
5. de cercanías
6. de largo recorrido
7. lujo, suplemento
8. parada

4.
1. No, no está en las cercanías.
2. Es un tren de largo recorrido.
3. Debe salir a las catorce veinte.
4. No, no va a salir a tiempo.
5. Va a salir a las quince diez.
6. Sí, hay una demora.
7. Va a salir con cincuenta minutos de retraso.
8. Los pasajeros esperan en la sala de espera.
9. Tienen que transbordar en Sevilla.

5.
1. demora
2. cincuenta
3. retraso
4. sala de espera

6.
1. pantalla, salidas, tablero
2. cambiar, paradas

7.
1. llegada
2. salida
3. recorrido
4. espera
5. transbordar

8. 1. equipaje
2. llevar
3. mozo, (maletero)
4. carrito
5. depositar

9. 1. andén, vía
2. asiento
3. andén
4. (se) bajan, (se) suben

10. 1. revisor (recogedor)
2. coche cama
3. coche comedor, la bufetería

11. 1. T   5. F
2. F   6. F
3. F   7. T
4. F   8. F

12. 1. La señora va a la estación de ferrocarril en taxi.
2. Ella lleva cuatro maletas.
3. La señora llama a un mozo.
4. No, el tren no va a salir a tiempo.
5. El tren va a salir con un retraso de una hora y media.
6. La señora deposita su equipaje en la consigna.
7. Ella compra su boleto en la ventanilla.
8. Ella compra un boleto de ida y regreso.
9. Ella va a viajar en el rápido (tren expreso).
10. La señora le da el talón para reclamar su equipaje.
11. El mozo lleva el equipaje al andén.
12. Ellos buscan el coche 114D.
13. Ella tiene el asiento B en la fila 6.
14. Ella no tiene una cama porque el viaje no es muy largo y si ella quiere tomar una siesta puede dormir en su asiento.
15. Ella le pregunta si hay un coche comedor.

13. 1. *b*   4. *f*
2. *d*   5. *a*
3. *e*   6. *c*

14. 1. *e*   4. *a*
2. *c*   5. *d*
3. *b*   6. *f*

15. 1. *b*   5. *g*
2. *f*   6. *c*
3. *d*   7. *e*
4. *a*

Chapter 5: The Automobile

1. 1. alquilar
2. día, por semana
3. cuesta (cobran) por, por
4. kilometraje
5. kilómetro
6. un permiso de conducir (una licencia)
7. seguro completo (contra todo riesgo)

2. 1. alquilar
2. carro (coche)
3. [optional: grande or pequeño]
4. por día
5. por semana
6. semana
7. kilometraje
8. cobran
9. incluida
10. seguro
11. permiso de conducir
12. depósito
13. crédito
14. tarjeta de crédito
15. firmar

3. 1. *b*   7. *b*
2. *a*   8. *b*
3. *b*   9. *b*
4. *a*   10. *b*
5. *c*   11. *c*
6. *a*

4. 1. cambiar de velocidad
2. intermitentes
3. guantera
4. el baúl (la maletera, la cajuela, la maleta)
5. el silenciador

5. 1. poner la llave en el arranque
2. arrancar el motor poniendo el pie en el acelerador
3. embragar
4. poner el carro en primera velocidad

6. 1. el tanque (el depósito), gasolinera
2. llenar, litros
3. radiador, batería
4. los neumáticos (las gomas, las llantas)
5. parabrisas
6. aceite, frenos
7. engrase, afinación

7. 1. arranca
2. una llanta baja
3. se caló (murió)
4. una avería
5. hace mucho ruido
6. se calienta demasiado

8. 1. avería (descompostura)
2. caló
3. arrancar
4. grúa
5. remolcar

9. 1. golpeando, fallando
2. goteando, demasiado
3. grúa
4. repuestos
5. reparar

Chapter 6: Asking for Directions

1. 1. perdido(a)
2. calle
3. con
4. lejos
5. lejos
6. cerca
7. ir a pie (andar, caminar)
8. la vuelta
9. derecho
10. doble
11. cuadra (manzana)
12. izquierda
13. con
14. derecho
15. cuadras (manzanas)
16. la derecha
17. cuadra (manzana)
18. a la izquierda
19. más

2. 1. lejos
2. ir a pie (andar, caminar)

3. autobús
4. parada del autobús
5. esquina
6. parada (esquina)
7. tomar
8. baje

3. 1. afueras
2. carretera de Valencia
3. tráfico (tránsito, mucha circulación)
4. hora de mayor afluencia
5. autopista
6. peaje (una cuota)
7. peaje, caseta de peaje
8. carriles (pistas, bandas)
9. el carril derecho (la pista [banda] derecha), salida
10. sentido único (dirección única)
11. semáforo
12. embotellamientos

4. 1. la carretera
2. la cuota
3. el tránsito (la circulación)
4. de dirección única
5. la cabina (la garita) de peaje
6. el carril (la banda)
7. caminar (ir a pie)
8. la manzana (el bloque)

5. 1. el semáforo (or) la luz
2. la autopista
3. el carril (or) la pista
4. la salida
5. la caseta de peaje

6. 1. *d*   5. *b*
2. *a*   6. *e*
3. *f*   7. *c*
4. *g*   8. *h*

7. 1. con   4. de
2. a   5. de
3. a

Chapter 7: Making a Telephone Call

1. 1. teléfono público
2. tarjeta
3. Información, guía telefónica

2. d, f, a, e, b, c

3. 1. una llamada de larga distancia
2. una llamada internacional
3. una llamada local (urbana)
4. cargo reversible (de cobro revertido)
5. el prefijo del país
6. el código (la clave) de área
7. de persona a persona

4. 1. ¡Hola (¡diga!)
2. ¿Está [make up a name]?
3. ¿parte de quién?
4. De parte de [give your name]
5. momentito
6. está
7. mensaje (recado)

5. 1. timbre
2. sonidos
3. mensajes
4. digitales
5. video
6. teclar, escribir (tapar)

6. 1. señal
2. descompuesto (estropeado, fuera de servicio)
3. comunicando
4. número equivocado
5. intentar, de nuevo
6. parásitos
7. escucha
8. ha cortado la línea

7. 1. La línea estaba ocupada. Estaba comunicando.
2. No contestó nadie. (No hubo contestación.)
3. La telefonista le dio un número equivocado.
4. Se les cortó la línea.

8. 4, 1, 5, 3, 6, 7, 2

9. 1. fuera de servicio (estropeado, descompuesto)
2. está comunicando
3. central
4. mensaje (recado)
5. número equivocado

10. 1. La señora va a hacer una llamada de larga distancia.
2. No tiene que consultar la guía telefónica porque ya sabe el número de teléfono de su amiga.
3. Ella sabe también la clave de área.
4. No puede marcar directamente porque está haciendo una llamada de larga distancia.
5. Ella descuelga el auricular.
6. Espera la señal (el tono).
7. Marca el cero.
8. La telefonista contesta.
9. La señora Ramírez quiere comunicarse con el 771-15-80.
10. La clave de área es 31.
11. No puede hablar con su amiga porque la línea está ocupada.
12. No puede hablar la segunda vez que llama porque no contesta nadie.
13. Sí, la tercera vez alguien contesta.
14. No, no es su amiga.
15. La telefonista le dio un número equivocado.
16. Sí, la cuarta vez contesta su amiga.
17. Sí, hablan un poco.
18. No pueden terminar la conversación porque se les ha cortado la línea.

11. 1. sí   4. no
2. sí   5. sí
3. no

12. 1. b   3. a
2. d   4. c

13. *Answers will vary.*

Chapter 9: At the Hotel

1. 1. sencillo
2. cuarto doble
3. doble, camas, matrimonio
4. calle, patio
5. mar
6. pensión completa
7. servicio, desayuno, impuestos
8. aire acondicionado, calefacción

9. un baño
10. reservación (reserva), confirmación
11. empleado (recepcionista)
12. completo, disponibles
13. ficha, pasaporte
14. botones
15. tarjeta de crédito

2.
1. cuarto
2. reservación
3. completo
4. disponibles
5. dos camas
6. matrimonio
7. [answer optional]
8. da al
9. dan a
10. cuarto
11. servicio
12. servicio
13. impuestos
14. [answer optional]
15. aire acondicionado
16. baño
17. llenar
18. firme
19. pasaporte
20. botones

3.
1. la camarera
2. lavado
3. lavar, planchar
4. lavar en seco
5. enchufe
6. manta (frazada, cobija, frisa)
7. toalla de baño
8. jabón
9. perchas (ganchos)
10. papel higiénico

4.
1. el lavabo
2. el retrete (or) el inodoro
3. la manta (or) la frazada
4. la cama
5. la ducha
6. la toalla
7. el enchufe
8. el papel higiénico
9. la percha (or) el gancho (or) el armador
10. el armario

5.
1. bombilla, interruptor
2. grifo (la llave)
3. atascado
4. caliente

6.
1. el lavabo
2. el grifo
3. la luz
4. la bombilla
5. el interruptor

7.
1. cuenta
2. [your name]
3. cargos
4. llamada
5. cuenta
6. total
7. servicio de cuartos
8. tarjetas de crédito
9. tarjeta

8.
1. recepción, recepcionista
2. llenar, pasaporte
3. un cuarto sencillo (una habitación sencilla), un cuarto (una habitación) doble, camas, matrimonio
4. servicio, impuestos, desayuno
5. da a, da
6. reservación (reserva), confirmación
7. disponibles, completo
8. botones
9. camarera
10. toallas, jabón, papel higiénico
11. calefacción, aire acondicionado
12. manta (frazada), cama
13. perchas (ganchos)
14. servicio de lavado
15. servicio de cuartos
16. abandonar
17. recepción, caja
18. tarjeta de crédito

9.
1. No, el cuarto no da a la calle. Da al mar.
2. Sí, tiene balcón.
3. El cuarto tiene una cama de matrimonio.
4. Es un cuarto doble.
5. Sí, tiene un cuarto de baño particular.
6. Hay una ducha en el cuarto de baño.
7. El cuarto tiene aire acondicionado.
8. Para los días que hace frío tiene calefacción.

10. 1. Los señores están en la recepción.
   2. Ellos llegan al hotel.
   3. Ellos hablan con el recepcionista.
   4. El señor está llenando una ficha.
   5. El botones tiene la llave del cuarto.
   6. La señora tiene una tarjeta de crédito en la mano.

11. 1. Es un cuarto sencillo.
   2. En la cama hay una almohada y una manta.
   3. La camarera está trabajando en el cuarto.
   4. Ella limpia el cuarto.
   5. Hay perchas (ganchos) en el armario.
   6. El lavabo está en el cuarto de baño.
   7. Sí, hay una ducha.
   8. Hay dos toallas.
   9. Hay un rollo de papel higiénico.

Chapter 10: At the Bank

1. 1. dinero   4. banco
   2. en   5. cambio
   3. comisión

2. 1. cambiar   3. el
   2. cheques de viajero   4. caja

3. 1. al contado   3. cobrar un cheque
   2. dinero en efectivo

4. 1. suelto   3. pesos
   2. billete

5. 1. dólares   7. cambiar
   2. cambio   8. billete
   3. al   9. billetes
   4. caja   10. suelto
   5. caja   11. billete
   6. billetes   12. moneda

6. 1. cuenta de ahorros   5. libreta
   2. depositar   6. ahorrar
   3. depósito   7. sacar
   4. ventanilla

7. 1. saldo
   2. talonario
   3. cobrar, cuenta corriente

   4. endosar
   5. cheque

8. 1. cajeros automáticos
   2. transacciones
   3. ingresar, retirar
   4. cambiar
   5. la pantalla
   6. código, pin
   7. recibo

9. 1. a plazos
   2. al contado
   3. pago inicial
   4. préstamo
   5. tasa de interés
   6. pagos mensuales
   7. fecha de vencimiento

10. 1. una hipoteca   5. sí
   2. sí   6. cuotas
   3. (varies)   7. sí
   4. a largo plazo   8. el primero del mes

11. 1. *b*   9. *r*
   2. *m*   10. *c*
   3. *u*   11. *q*
   4. *l*   12. *f*
   5. *a*   13. *s*
   6. *d*   14. *p*
   7. *g*   15. *h*
   8. *j*

12. 1. cambiar   6. hacer
   2. depositar   7. cargar
   3. cobrar   8. pagar
   4. endosar   9. hacer
   5. cambiar   10. hacer

13. 1. a, el   4. en
   2. al   5. al, a
   3. a, por

14. 1. no   4. sí
   2. sí   5. sí
   3. no   6. no

15. 1. *d*   5. *b*
   2. *a*   6. *f*
   3. *e*   7. *h*
   4. *g*   8. *c*

16. *Answers will vary.*

17. 1. *c* 4. *b*
2. *e* 5. *d*
3. *a*

18. *Answers will vary.*

Chapter 11: At the Post Office

1. 1. buzón
2. correo
3. franqueo
4. sellos (estampillas)
5. los sellos (las estampillas)
6. correo

2. 1. el destinatario
2. el franqueo
3. una carta recomendada
4. la estampilla
5. la dirección

3. 1. la postal
2. enviar
3. correo recomendado
4. estampilla
5. la casa de correos

4. 1. El franqueo cuesta 30 pesos.
2. Van a enviar la carta por correo aéreo.
3. El nombre del destinatario es Emilio García Bravo.
4. Su zona postal es Madrid 14.
5. El nombre de la remitente es Alicia Ramos.
6. Hay dos estampillas (sellos) en el sobre de la carta.

5. 1. paquete, pesa, balanza
2. asegurar
3. llenar una declaración
4. frágil

6. 1. correo 3. reparte
2. cartero 4. correo

Chapter 12: At the Hairdresser's

1. 1. corte 5. subir
2. recorte 6. corte
3. champú 7. navaja, tijeras
4. bigote, patillas 8. afeito

2. 1. arriba 3. por los lados
2. en el cuello 4. por detrás

3. 1. *c* 4. *b*
2. *e* 5. *d*
3. *a* 6. *f*

4. 1. ondulado 4. corte (cortado)
2. lavado 5. tinte
3. rizado 6. esmalte

5. Personal answers will vary.

6. 1. el bucle 4. el mono
2. rizado 5. la trenza
3. la cola de caballo 6. el flequillo

7. 1. peine, cepillo 3. rizador
2. secador 4. rulos

Chapter 13: At the Clothing Store

1. 1. Son zapatos.
2. Sí, tienen suelas de goma.
3. Los tacones son bajos.
4. Sí, tienen cordones.

2. 1. zapatos 6. color
2. número 7. quedan
3. número 8. dedos
4. tacón 9. estrechos
5. tacones 10. ancho (amplio)

3. [Answers may vary.]

4. 1. puedo servirle 6. talla
2. inarrugable 7. talla
3. lana 8. mangas
4. franela 9. mangas
5. sintética 10. rayas

11. rayas   14. corbata
12. cuadros   15. juego
13. traje

5. 1. *c*   3. *c*
2. *d*   4. *d*

6. 1. a cuadros
2. cremallera
3. calcetines
4. cinturón
5. impermeable
6. camisetas, calzoncillos
7. medidas
8. sintéticas
9. queda
10. apretado

7. [Answers can vary.]

8. 1. a rayas   3. con lunares
2. a cuadros   (con bolitas)

9. 1. bragas, combinación, sostén, faja
2. combinación
3. juego, a cuadros
4. medidas

10. 1. *a*   4. *b*
2. *a*   5. *a*
3. *b*

Chapter 14: At the Dry Cleaner's

1. 1. encogerse, limpiar en seco, tintorería
2. sucia, planchar
3. almidón
4. forro, descosido, coser
5. remendar
6. coser
7. mancha
8. zurcir

2. 1. lavar   5. quitar
2. planchar   6. mancha
3. almidón   7. encogerse
4. quitar   8. limpiar en seco

Chapter 15: At the Restaurant

1. 1. reservado, mesa   3. lujo, económicos
2. de lujo   4. afuera

2. 1. reservación (reserva)
2. reservado
3. mesa
4. nombre
5. [optional name]
6. rincón (restaurante)
7. afuera
8. patio
9. aperitivo

3. 1. mesero (camarero)   3. menú
2. aperitivo   4. menú

4. 1. Es un restaurante de lujo.
2. Hay cuatro personas a la mesa.
3. La mesa está en el rincón del restaurante.
4. El mesero (camarero) les sirve.
5. Él tiene un aperitivo en la bandeja.
6. Él tiene el menú en la mano.

5. 1. menú del día
2. especialidad de la casa
3. platos
4. plato
5. plato principal
6. lista (carta) de vinos
7. sugerir

6. 1. a la parrilla   5. asado
2. en su jugo   6. picado
3. asado al horno   7. salteado
4. guisado (estofado)

7. 1. pollo asado   3. pollo a la brasa
2. la pechuga   4. el muslo

8. 1. bien asado   3. casi crudo
2. bien asado   4. a término medio

9. 1. hervido   4. frito
2. cocido al vapor   5. a la romana
3. salteado   6. a la plancha

10. 1. salero, pimentero, azúcar
2. cuchara, cucharita, tenedor, cuchillo
3. salada
4. dura

11.
1. la cuchara
2. la cucharita
3. el mantel
4. el vaso
5. el plato
6. el platillo
7. el salero
8. la servilleta
9. el cuchillo
10. el tenedor

12.
1. cuenta
2. incluido
3. propina
4. tarjetas de crédito
5. recibo

13.
1. restaurante
2. rincón
3. mesa
4. patio
5. aperitivo
6. mesero
7. menú turístico
8. platos

14.
1. Faltaba un cubierto.
2. Tomaron un vino blanco.
3. La comida estaba riquísima.
4. En aquel restaurante se preparaban bien los mariscos, pescados, carnes, y aves.
5. No, no tomaron postre.
6. Todos querían un café.
7. Sí, el servicio estaba incluido en la cuenta.
8. Dejaron más propina para el mesero porque él les dio un servicio muy bueno.

Chapter 16: Shopping for Food

1.
1. pastelería
2. carnicería
3. frutería
4. lechería
5. pescadería
6. panadería
7. charcutería
8. marisquería

2.
1. la frutería
2. la panadería
3. la carnicería
4. la pescadería
5. la marisquería
6. la frutería
7. la lechería
8. la huevería
9. la lechería
10. la charcutería
11. la charcutería
12. la charcutería
13. la lechería

3.
1. ultramarinos
2. abarrotes
3. colmado
4. bodega

4.
1. a cuánto está
2. frescos
3. pinta
4. cuánto están
5. Déme (Póngame)
6. Cuarenta
7. bolsa

5.
1. *a*
2. *c*
3. *c*
4. *b*
5. *a*
6. *b*
7. *a*
8. *b*

6.
1. congelado
2. envolver
3. devolver
4. envolver

7.
1. docena
2. paquete
3. atado
4. repollo
5. racimo
6. kilo
7. chuletas
8. lonjas (tajadas)
9. gramos
10. lata
11. botellas
12. caja

Chapter 17: At Home

1.
1. desagüe
2. la pileta
3. tapón
4. grifo
5. la pileta (el fregadero)
6. polvo de lavar
7. estropajo (fregador)
8. escurridero
9. secar
10. paño
11. una lavadora

2.
1. la caldera
2. la cazuela (or) la cacerola
3. la tartera (la tortera)
4. la (el) sartén

3.
1. el trinchante
2. el pelador
3. el batidor
4. el colador
5. el sacacorchos
6. el abrelatas

4.
1. Sí, hay una lavadora en la cocina.
2. La pileta tiene dos grifos.
3. No, no hay platos en el escurridero.
4. Sí, la cocina tiene despensa.
5. Sí, hay algunos comestibles en la alacena.
6. Hay una estufa de gas.
7. La estufa tiene cuatro hornillas.
8. Sí, hay cubitos de hielo en el refrigerador.
9. Los cubitos de hielo están en la congeladora.

5.
1. picar, freír
2. cocer
3. asar
4. hervir, llevar

6.
1. asar al horno
2. freír
3. saltear
4. hervir
5. asar
6. derretir

7.
1. lavabo (lavamanos), jabón, paño (toalla de cara)
2. jabonera
3. la tina (el baño), la ducha
4. toalla (de baño)
5. toallero
6. espejo
7. pasta dentífrica, botiquín
8. gorra de baño
9. retrete
10. bata de baño
11. alfombrilla de baño

8.
1. la bata de baño
2. el paño (or) la toalla de cara
3. el retrete (or) el inodoro
4. el botiquín
5. la tina (or) la bañera (or) el baño
6. la ducha
7. la toalla de baño
8. el espejo
9. el papel higiénico
10. el jabón
11. el toallero
12. la gorra de baño
13. la jabonera
14. la alfombrilla
15. el lavabo (or) el lavamanos

9.
1. el azucarero
2. el mantequero
3. el salero
4. el pimentero
5. la salsera

10.
1. ensaladera
2. sopera
3. fuente
4. salero
5. calientaplatos

11.
1. la cucharita
2. la cuchara
3. el cuchillo
4. el tenedor
5. el plato
6. el platillo
7. la taza
8. el vaso
9. la copa
10. el salero
11. el pimentero
12. el mantel
13. la servilleta

12.
1. cortinas, persianas
2. la librería
3. una butaca (un sillón), la chimenea
4. mesa, sofá
5. un marco

6. televisión, escucho
7. alfombra, moqueta
8. butaca, sofá
9. convidados

13.
1. velero, despertador
2. cama matrimonial
3. almohadas, fundas
4. sábanas, mantas, sobrecama
5. cajones
6. perchas (ganchos)

14. la almohada, la funda, las sábanas, la manta (la frazada, la frisa, la cobija), la sobrecama (el cubrecama, la colcha), el colchón

15.
1. Me acuesto a las _____.
2. Sí, pongo (or) no pongo el despertador antes de acostarme.
3. Yo duermo _____ horas cada noche.
4. Sí, me duermo enseguida. (or) Yo siempre paso tiempo dando vueltas en la cama antes de dormirme.
5. Me levanto a las _____ de la mañana.
6. Sí, hago (or) no hago la cama enseguida.

16.
1. lavado
2. lavadora
3. planchado
4. plancha
5. tabla
6. aspirar
7. aspiradora
8. aspirar
9. lavadora
10. quitar

17.
1. *b*
2. *d*
3. *a*
4. *c*
5. *f*

18.
1. basura
2. basurero

19.
1. fundida
2. bombilla
3. enchufar
4. enchufe

20.
1. apagado
2. se quemó
3. tablero (cuadro) de fusibles
4. fusible
5. electricista

21.
1. vaciar
2. tapón
3. atascado
4. al plomero (fontanero)
5. cañería

Chapter 18: At the Doctor's/Dentist's Office

1.
1. enfermo
2. garganta
3. fiebre intermitente
4. hinchadas
5. tos
6. congestión
7. resfriado (resfrío, catarro)
8. gripe

2.
1. consulta
2. catarro (resfrío, resfriado)
3. gripe
4. síntomas
5. garganta
6. congestión
7. boca
8. garganta
9. glándulas
10. Respire
11. pecho
12. tos
13. temperatura
14. fiebre
15. alergia
16. manga
17. inyección
18. recetar
19. pastillas (píldoras, comprimidos)

3.
1. catarro (resfrío, resfriado), fiebre, gripe
2. escalofríos
3. boca, examina
4. inyección, manga

4.
1. enfermedad del corazón
2. alergia
3. poliomielitis, sarampión, viruelas, paperas, enfermedades
4. asma
5. órganos vitales
6. tipo (grupo) sanguíneo
7. enfermedades mentales
8. El hígado, el corazón, los pulmones, los riñones
9. sufrido
10. pulmones
11. tensión arterial (presión sanguínea)
12. análisis
13. electrocardiograma
14. estómago

5. 2, 4, 5, 6, 8, 10, 11, 12

6.
1. la pierna
2. radiografiar (hacer una radiografía de)
3. cirujano
4. ensalmar
5. enyesar
6. muletas

7.
1. vendar   2. puntos

8.
1. los dedos   5. el tobillo
2. el brazo   6. la cadera
3. la muñeca   7. la espalda
4. la pierna

9.
1. no   4. no
2. sí   5. sí
3. sí   6. sí

10.
1. extracción
2. manchados (descoloridos)
3. alineados
4. placa

11.
1. dentista (odontólogo)
2. un año
3. duele
4. abra
5. toca
6. fría
7. abra, muerda
8. radiografía

12.
1. una caries profunda
2. no
3. con un empaste
4. le va a dar una inyección de novocaína

13.
1. tome
2. escupa
3. mastique
4. cepille
5. enjuague
6. tome

14.
1. por lo menos dos o tres veces al día
2. la lengua
3. cada tres meses
4. con flúor
5. por lo menos una vez al día
6. una vez al año

Chapter 19: At the Hospital

1.
1. El paciente llega al hospital en una ambulancia.
2. No, el paciente no puede andar a pie.
3. Él entra en el hospital en una camilla.
4. Un enfermero le toma el pulso y la tensión arterial.
5. Un médico residente examina al paciente.
6. Lo examina en la sala de emergencia.
7. El paciente tiene dolores abdominales.
8. El médico quiere una radiografia.
9. Lo llevan al departamento de radiología.

2.
1. formulario
2. formulario
3. seguros
4. póliza

3.
1. ambulancia
2. camilla, silla de ruedas
3. sala de emergencia
4. pulso, tensión arterial (presión sanguínea)
5. radiografía

4.
1. operación
2. intervención quirúrgica
3. sala de operaciones (al quirófano)
4. calmante (tranquilizante)
5. camilla
6. mesa de operaciones
7. anestesista
8. anestesia
9. cirujano
10. del

5.
1. el quirófano
2. operar
3. una intervención quirúrgica
4. un calmante
5. sacar (quitar)
6. la sala de urgencias

6.
1. sala de recuperación
2. oxígeno
3. vía intravenosa
4. la prognosis (el pronóstico)

7.
1. encinta (embarazada, preñada)
2. parir
3. dolores
4. obstétrico
5. sala de partos

8.
1. dolor
2. ambulancia
3. camilla
4. sala de emergencia
5. pulso, tensión arterial (presión sanguínea)
6. síntomas
7. radiología, rayos equis
8. intervención quirúrgica
9. inyección, calmante (tranquilizante)
10. mesa de operaciones
11. anestesista
12. cirujano, del
13. tomó, puntos
14. sala de recuperación
15. un tubo de oxígeno
16. vía intravenosa
17. pronóstico

Chapter 20: At the Theater and the Movies

1.
1. teatro
2. comedia
3. actor, actriz, papel
4. protagonista
5. actos, escenas
6. telón
7. intermedio
8. entra en escena
9. espectáculo
10. patean

2.
1. una tragedia
2. una actriz
3. patear
4. Se levanta el telón

3.
1. taquilla
2. quedan
3. función
4. agotadas
5. localidades
6. patio (la platea)
7. entresuelo (anfiteatro)
8. galería (el balcón)
9. butacas
10. delanteras
11. cuestan
12. entradas
13. fila
14. empieza
15. levanta

4.
1. Elena fue a la taquilla del teatro.
2. No, no van al teatro esta noche.
3. No quedaban localidades para la función de esta noche.
4. No, para la función de mañana no estaban agotadas. Quedaban localidades.
5. Elena tiene dos entradas para la función de mañana.

6. No, no están en el patio.

7. Porque no quedaban butacas de patio.

8. Van a sentarse en el entresuelo (anfiteatro). Tienen dos delanteras en el entresuelo.

9. No le gusta sentarse ni en el balcón ni en el gallinero porque de allí no se oye bien.

10. Ella prefiere sentarse o en el patio o en el entresuelo.

5.
1. Se puede(n) comprar entradas para el teatro en la taquilla.

2. El acomodador les muestra a los espectadores dónde están sus asientos.

3. Al entrar en el teatro una persona puede dejar su abrigo en el vestuario (el guardarropa).

4. Se levanta el telón cuando empieza la función.

5. En el teatro se oye mejor en el patio.

6.
1. el patio
2. el anfiteatro
3. el paraíso
4. la galería

7.
1. presentando (poniendo), película, Cine
2. rodada
3. doblada
4. localidades
5. pantalla
6. en versión original
7. los subtítulos

Chapter 21: Sports

1.
1. Hay once jugadores en cada equipo de fútbol.

2. Dos equipos juegan en un partido de fútbol.

3. Los jugadores juegan en el campo (la cancha) de fútbol.

4. El portero guarda la portería.

5. Los jugadores lanzan el balón con el pie.

6. El portero quiere parar el balón.

7. Sí, si un jugador mete un gol, marca un tanto.

8. El árbitro declara un foul.

9. Silba el silbato.

10. Sí, el juego está empatado al final del primer tiempo.

2.
1. equipos
2. campo
3. jugadores
4. patada
5. pasa
6. portería (puerta)
7. para
8. tiempo
9. juego
10. empatado

3.
1. la puerta (la portería)
2. el portero
3. el tablero (cuadro) indicador
4. el balón
5. el árbitro
6. el silbato

4.
1. jugadores, dobles
2. raqueta, pelotas
3. cancha
4. pelota, red
5. net
6. sirve, devuelve
7. nada (cero)

5.
1. La jugadora está en el campo de básquetbol.
2. Juega (al) básquetbol (baloncesto).
3. Tiró el balón.
4. Lo metió en el cesto (la canasta).
5. No, no falló el tiro.
6. Sí, marcó un tanto.

6.
1. campo
2. bola
3. palo
4. hoyo

Chapter 22: The Beach

1.
1. tranquilo (calmo)
2. agitado (turbulento, revuelto)
3. marea baja
4. se rompen (se revientan, se estallan)
5. contracorriente

2.
1. *e*
2. *f*
3. *b*
4. *a*
5. *c*

3.
1. sombrilla, bronceadora
2. nadar, tomar
3. arena, silla de lona
4. orilla
5. piezas
6. colchón neumático

4.
1. flotar
2. correr las olas

3. hacer el esquí acuático
4. bucear
5. veranear

5. 1. cabina
2. sombrilla
3. esquís acuáticos
4. silla de lona
5. colchón neumático
6. tabla hawaiana
7. velero

6. 1. sí   4. sí
2. no   5. no
3. no   6. no

Chapter 23: Skiing

1. 1. estaciones
2. pistas
3. fáciles, intermedias, difíciles
4. bajan
5. el telesilla, el telesquí

2. 1. los esquís   3. las botas
2. los bastones   4. el anorak

Chapter 24: Camping

1. 1. camping   5. baños
2. acampar   6. duchas
3. campers   7. retretes
4. servicios

2. 1. La joven va a armar una tienda
(de campaña).
2. Tiene que clavar las estacas en
la tierra.
3. Tiene que usar un martillo para clavarlas
en la tierra.
4. Va a atar las cuerdas de la tienda a las
estacas.

3. 1. Sí, es un camping oficial.
2. Sí, los campers están estacionados al lado
de las tiendas (carpas).
3. La joven está armando una tienda
(de campaña).

4. Está clavando las estacas en la tierra.
5. Está clavándolas con un martillo.
6. El joven está preparando la comida.
7. Está cocinando en el hornillo.
8. La joven está durmiendo en un saco de
dormir.
9. Al lado de su saco de dormir tiene una
mochila.

4. 1. la silla plegable (or) portátil
2. las cerillas (or) los fósforos
3. el cortaplumas (or) la navaja
4. las pilas (or) las baterías
5. las velas
6. la hamaca
7. el saco de dormir
8. el colchón neumático
9. la mochila
10. el botiquín

5. 1. hornillo
2. butano
3. hoguera, (fogata)
4. plegables
5. fósforos (cerillas)
6. mochila
7. velas
8. cortaplumas
9. pilas (baterías)
10. botiquín
11. hamaca, colchón, neumático, saco de
dormir

6. 1. velas, linterna   3. mochila, termo
2. hornillo, hoguera

Chapter 25: The Weather

1. 1. buen tiempo, sol   6. neblina (niebla)
2. frío, nieva   7. truenos,
3. despejado, soleado   relámpagos
4. nubes   8. nieva, graniza
5. fresco   9. lloviznando

2. 1. aguacero (chubasco, chaparrón)
2. nevasca (nevada)
3. tronada
4. tempestad (tormenta)

3. 1. (Answer may vary) Un momento hace buen tiempo y el otro hace mal tiempo. Un momento el cielo está despejado y el otro está nublado.
   2. Hay mucho sol. El cielo no está nublado.
   3. Está lloviendo. Hay truenos y relámpagos.
   4. Hace buen tiempo. Hace (hay) sol. El cielo está despejado. No está lloviendo.

4. 1. sol
   2. nieve, nevar, nevasca
   3. trueno, tronar
   4. tiempo, tempestuoso
   5. húmedo
   6. nublado, nubosidad
   7. caluroso
   8. llover, lluvioso

5. 1. aguacero (chubasco, chaparrón)
   2. caluroso
   3. inestable
   4. soleado

6. 1. F   4. F
   2. T   5. F
   3. T

7. (1) 1. No, no está haciendo muy buen tiempo.
   2. No, hay nubosidad variable. Está parcialmente nublado.
   3. Sí, a veces se despeja el cielo.
   4. No, hay aguaceros dispersos.
   5. Habrá aguaceros con tronadas en el interior del país.
   6. Los vientos vienen del este.
   7. Los vientos están soplando a 20 kilómetros por hora.
   8. La probabilidad de precipitación es 95 por ciento.
   9. La temperatura máxima será 28 grados centígrados.
   10. La temperatura mínima será 22 grados centígrados.
   11. La presión barométrica está a 735 milímetros y cayendo.

   (2) 1. No, estará parcialmente nublado.
   2. De tarde habrá nubosidad variable con algunas nevadas.

3. Sí, va a nevar.
4. Está haciendo frío.
5. La temperatura máxima será dos grados centígrados.
6. La temperatura mínima será tres grados bajo cero.
7. Va a despejarse mañana.
8. Mañana las temperaturas serán más altas, alcanzando los diez grados centígrados.

8. 1. aguaceros dispersos
   2. nubosidad variable
   3. probabilidad de precipitación
   4. la presión barométrica
   5. despejándose

Chapter 26: Crime

1. 1. el carterista
   2. ladrón
   3. robo
   4. escalamiento
   5. homicidio
   6. asesinado, asesino
   7. un arma de fuego, un arma blanca
   8. violación

2. 1. Sí, la señorita fue víctima de un crimen.
   2. Sí, alguien le robó la cartera en la estación de metro.
   3. Sí, había dos carteristas.
   4. Sí, un carterista la empujó mientras el otro le quitó o le robó la cartera.
   5. Sí, la joven fue a la comisaría.
   6. Sí, denunció el crimen.
   7. Le dio una descripción de los carteristas al agente de policía.

Chapter 27: Education

1. 1. *d*   6. *i*
   2. *g*   7. *c*
   3. *a*   8. *e*
   4. *b*   9. *h*
   5. *f*

2. 1. escuela de párvulos
   2. alumnos
   3. primaria (elemental)

4. el (la) maestro(a)
5. da
6. lectura
7. pizarra

3. 1. Otras palabras que significan "escuela secundaria" son colegio, liceo y preparatoria.
2. Los estudiantes (secundarios) asisten a una escuela secundaria.
3. Los profesores enseñan en una escuela secundaria.
4. Los internos viven en el colegio.
5. Los estudiantes que vuelven a casa todos los días son los externos.
6. Los estudiantes llevan sus libros en una cartera o mochila.
7. En muchos colegios los estudiantes tienen que llevar uniforme.
8. Un plan de estudios incluye todos los cursos o asignaturas que un estudiante va a seguir (tomar).
9. Los estudiantes toman apuntes mientras el profesor habla.
10. Escriben sus apuntes en un bloc (cuaderno).
11. Escriben con un bolígrafo.
12. Los estudiantes quieren salir bien en sus exámenes.
13. Quieren recibir buenas calificaciones (notas).

4. 1. el colegio, la preparatoria, la escuela secundaria
2. el cuaderno
3. la calificación
4. ser suspendido
5. aprobado

5. 1. *b* 4. *b*
2. *a* 5. *a*
3. *b*

6. 1. sobresaliente
2. bueno
3. aprobado, regular
4. suspenso, suspendido, desaprobado, cate
5. notable

7. 1. colegio
2. cartera
3. uniforme
4. recibir (sacar) notas (calificaciones)

8. 1. los derechos de matrícula
2. matricularse
3. la apertura de curso
4. los internos
5. una beca
6. el (la) rector(a)
7. doctorarse
8. requisito
9. conferencias
10. oyente
11. graduarse
12. licenciarse

9. 1. matricularse
2. especializarse
3. facultad
4. derechos de matrícula
5. inscribirme
6. apertura de curso
7. conferencia
8. requisito

10. 1. Sí, los universitarios tienen que matricularse.
2. El bachillerato es un requisito para matricularse en la universidad.
3. Sí, los derechos de matrícula cuestan mucho en Estados Unidos.
4. La apertura de curso en Estados Unidos es generalmente a principios de septiembre.
5. Sí, los estudiantes tienen que especializarse en algún campo.
6. Sí, es posible ser oyente en algunos cursos.
7. Sí, una universidad tiene más profesores que decanos.

11. 1. la facultad de medicina
2. la facultad de letras (de filosofía y letras)
3. la facultad de derecho
4. la facultad de ciencias
5. la facultad de ingeniería

Chapter 28: Business

1. 1. *d* 4. *c*
2. *a* 5. *b*
3. *e* 6. *f*

2. 1. producir y vender
2. los compradores
3. los compradores, los consumidores
4. sociedad anónima
5. al detal (al detalle)

3. 1. vendedores, compradores
2. consumidores
3. mayoristas
4. detallistas
5. al por mayor
6. bienes
7. empresas, corporación
8. de propiedad individual
9. socios
10. gerentes
11. junta directiva
12. acciones
13. suben, bajan

4. 1. un mercado
2. la promoción, la publicidad
3. los costos de producción
4. un beneficio (ganancias)
5. impuestos

5. 1. el mercado
2. los impuestos
3. el beneficio
4. el precio
5. la oferta y demanda
6. el ingreso gravable
7. la publicidad (la propaganda)

6. 1. contabilidad
2. estados
3. hoja
4. pasivos
5. activos
6. rentable
7. quiebra

Chapter 29: The Computer

1. 1. el ratón
2. el teclado
3. la barra de herramientas
4. el escritorio
5. el icono
6. la alfombrilla

2. 1. T
2. F
3. T
4. F
5. F

3. 1. la computadora
2. regresar
3. imprimir
4. borrar
5. en línea
6. emprender
7. el (la) Internet

4. 1. carpeta
2. documento
3. arrastrar, ratón
4. disco duro
5. grabar
6. cerrar la sesión

5. 1. la bandeja de entradas
2. la carpeta de eliminados
3. la bandeja de enviados
4. la carpeta de borradores

6. 1. documento adjunto
2. archivar
3. copia dura
4. impresora

7. Pueden ser peligrosos porque a veces tienen un virus.

Chapter 30: Government and Politics

1. 1. el (la) demócrata
2. el (la) marxista
3. el (la) liberal
4. el (la) conservador(a)
5. el (la) socialista
6. el (la) radical
7. el (la) aislacionista
8. el (la) intervencionista
9. el (la) comunista
10. el (la) monarquista
11. el (la) progresista
12. El (la) terrorista
13. El (la) anticlerical
14. el (la) racista
15. el (la) separatista

2. 1. En los países democráticos el pueblo tiene el derecho al voto.
2. En los países autocráticos es posible no tener el derecho al voto.

3. Sí, la libertad de prensa y también la libertad de palabra existen en Estados Unidos.

4. Sí, tenemos el derecho al voto en Estados Unidos.

5. No, elegimos a un nuevo presidente cada cuatro años.

6. Una responsabilidad que debe tener un gobierno es la de proteger los derechos del pueblo (de sus ciudadanos).

7. Sí, en algunos países los líderes abusan de los derechos humanos.

8. Sí, solo los ciudadanos pueden votar en las elecciones.

9. No, los menores de edad no pueden votar, solo los mayores de edad.

10. Sí, una junta militar gobierna en muchos países.

11. Una junta militar es una forma de gobierno autocrática.

12. Cuando hay muchas sublevaciones y manifestaciones, el gobierno suele declarar la ley marcial.

13. Un toque de queda acompaña muchas veces a la ley marcial.

14. Los socialistas son izquierdistas.

15. Los conservadores son derechistas.

16. Sí, hay dictaduras en algunos países latinoamericanos.

3. 1. derecho al voto
   2. dictadura, voto
   3. autocrático
   4. libertad de prensa, libertad de palabra
   5. sublevaciones, manifestaciones
   6. ley marcial, toque de queda
   7. toque de queda
   8. izquierdista
   9. derechista

4. 1. Hay dos partidos políticos principales en Estados Unidos.
   2. No, no tenemos un sistema unicameral. Tenemos un sistema bicameral.

3. Hay dos senadores de cada estado.

4. El número de diputados del Congreso varía de un estado a otro.

5. La cámara baja es el Congreso.

6. La cámara alta es el Senado.

5. 1. partidos políticos
   2. primer ministro, presidente
   3. Consejo de Ministros
   4. cámara de diputados
   5. cámara alta, cámara baja

6. 1. el Ministerio de Instrucción Pública
   2. el Ministerio de Estado (de Relaciones Exteriores)
   3. el Ministerio de Trabajo
   4. el Ministerio de Gobernación (del Interior)
   5. el Ministerio de Hacienda

7. 1. aprobar
   2. discutir
   3. quórum
   4. la oposición
   5. deliberar
   6. tomar en consideración
   7. la mayoría
   8. enmendar
   9. el plebiscito (el referéndum)
   10. anular

8. 1. Alguien presentó una moción.
   2. Alguien apoyó la moción.
   3. Todos discutieron la moción.
   4. La sometieron a votación.
   5. La moción fue aprobada.

9. 1. quórum
   2. plebiscito
   3. voto de confianza
   4. presentar, apoyar, discutir
   5. oposición, minoría

Key Words: English—Spanish

Palabras importantes: inglés—español

Chapter 1: Air Travel

agent   *el (la) agente*
air fare   *la tarifa, el pasaje*
airline   *la línea aérea*
airline company   *la compañía aérea*
aisle   *el pasillo*
arrival   *la llegada*
arriving from   *procedente de*
available   *disponible*
bag claim   *el talón*
baggage   *el equipaje*
boarding   *el embarque*
boarding pass   *la tarjeta de embarque,
        el pasabordo*
briefcase   *el maletín*
business class   *clase ejecutiva*
cancel   *anular, cancelar*
change planes   *cambiar de avión, transbordar*
check, leave   *depositar*
check in   *facturar*
confirmation number   *número de confirmación*
consolidator   *el consolidador*
counter   *el mostrador*
credit card   *tarjeta de crédito*
delay   *un retraso, una demora*
domestic   *nacional, doméstico*
departure   *la salida*
economy class   *clase económica*
expensive   *caro*
expiration date   *fecha de caducidad*
fare   *la tarifa, el pasaje*
to fit   *caber*
flight   *el vuelo*
gate   *la puerta*
going to   *con destino a*
ground personnel   *personal de tierra*
hand luggage   *equipaje de mano*
hard copy   *copia dura*
inexpensive   *económico*
in front of   *delante de*
international   *internacional*
label   *la etiqueta*

late   *tarde*
luggage   *el equipaje*
to miss (flight)   *perder*
overhead compartment   *el compartimiento
        superior*
passenger   *el (la) pasajero(a)*
to pick up   *recoger*
policy   *la política*
price   *el precio*
printer   *la impresora*
to print   *imprimir*
reclaim   *reclamar*
refund   *el reembolso*
restriction   *la restricción*
seat   *el asiento, el palco*
self check in   *autofacturación*
scale   *la báscula*
security control   *el control de seguridad*
slot   *la ranura*
stop   *la escala*
suitcase   *la maleta*
terminal   *la terminal*
ticket   *el boleto, el billete (electrónico)*
  one way   *un boleto de ida (sencillo)*
  round trip   *el boleto de ida y regreso, el billete
        de ida y vuelta, un redondo*
transit passenger   *pasajero en tránsito*
under   *debajo de*
visa   *la visa, el visado*
weight   *el peso*

**Assistance for People with Disabilities
or Conditions**

to advise, let know   *avisar*
available   *disponible*
bathroom   *el aseo, el sanitario*
claim, collection   *el reclamo, la recogida*
crutch   *la muleta*
diaper   *el pañal*
disabled (handicapped) person   *una persona con
        discapacidad*
disability, handicap   *la discapacidad*
installations   *las facilidades*

pregnant   *embarazada*
procedures   *los trámites*
to push   *empujar*
restroom   *el aseo, el sanitario*
wheelchair   *la silla de ruedas*
with reduced mobility   *con movilidad reducida*

Chapter 2: On the Airplane

air pressure   *la presión del aire*
airsickness   *el mareo*
airsickness bag   *la bolsa (el saco) para el mareo*
aisle   *el pasillo*
altitude   *la altura*
an hour   *por hora*
arm rest   *el descansabrazos*
blanket   *la manta, la frazada, la frisa*
to bounce   *brincar*
cabin   *la cabina*
channel   *el canal*
charge   *el cargo*
choices   *las alternativas*
cockpit   *la cabina del piloto (de mando)*
crew   *la tripulación*
economy class   *la clase económica*
emergency   *la emergencia*
emergency exit   *la salida de emergencia*
entertainment   *el entretenimiento*
to fasten   *abrocharse*
first class   *la primera clase*
to fit   *caber*
flight   *el vuelo*
flight attendant   *el (la) asistente(a) de vuelo,*
                el (la) aeromozo(a), la azafata
flight time   *el tiempo de vuelo*
to fly   *volar(ue)*
forward   *delantero*
hand luggage   *el equipaje de mano*
headset (for music)   *el juego de audífonos,*
                el juego de auriculares
illuminated   *iluminado*
in case of   *en caso de*
to keep   *mantener*
to land   *aterrizar*
landing   *el aterrizaje*
life jacket, vest   *el chaleco salvavidas*
main   *principal*
meal   *la comida*
movie   *la película*
no-smoking light   *la señal de no fumar*
no-smoking section   *la sección de no fumar*
overhead compartment   *el compartimiento*
                superior

oxygen mask   *la máscara de oxígeno*
pillow   *la almohada, el cojín*
pilot   *el (la) piloto, el (la) comandante*
rear   *trasero*
remain   *permanecer*
route of flight   *la ruta de vuelo*
safety   *la seguridad*
seat   *el asiento*
seated   *sentado*
seat back   *el respaldo del asiento*
seat bed   *la butaca-cama*
seat pocket   *el bolsillo del asiento*
snack   *la merienda*
speed   *la velocidad*
stereophonic music   *la música estereofónica*
to take off   *despegar*
takeoff   *el despegue*
toilet   *el retrete, el aseo*
tray table   *la mesa plegable, la bandeja*
turbulence   *la turbulencia*
under the seat   *debajo del asiento*
unexpected   *inesperado*
to welcome aboard   *dar la bienvenida a bordo*
wing   *el ala (f)*

Chapter 3: Security Control, Passport Control and Customs

agriculture control   *el control de agricultura*
arrow   *la flecha*
cigarettes   *los cigarrillos*
container   *el contenedor*
conveyor belt   *la correa*
customs   *la aduana*
customs agent   *el (la) agente de aduana*
customs declaration   *la declaración de la*
                aduana
to declare   *declarar*
duty   *el impuesto*
fruit   *la fruta*
gels   *los geles*
government identity   *identidad gubernamental*
how long?   *¿cuánto tiempo?*
lodged (staying)   *hospedado*
on business   *de negocios*
to open   *abrir*
passport   *el pasaporte*
passport control   *el control de pasaportes,*
                la inmigración
passing through   *de paso*
personal effects   *los efectos personales*
sealed bag   *bolsa sellada*
tobacco   *el tabaco*

touch screen   *la pantalla táctil*
tourism (pleasure trip)   *de turismo*
tourist card   *la tarjeta de turista*
vegetable   *la legumbre, la verdura*
visa   *el visado, la visa*
whiskey (spirits)   *el whisky*

Chapter 4: At the Train Station

to board   *abordar, subir a*
to buy a ticket   *comprar un boleto,*
                   sacar un billete
buffet car   *la bufetería*
car (of a train)   *el coche, el vagón, el carro*
cart   *el carrito*
to carry   *llevar*
center aisle   *el pasillo central*
to change trains   *transbordar*
check (receipt) for luggage   *el talón*
to check (leave) (luggage)   *depositar*
to check (luggage) through   *facturar*
to climb (get) on   *subir a*
conductor   *el revisor, el recogedor de boletos*
            (billetes), el cobrador
delay   *la demora*
departure   *la salida*
destination   *el destino*
dining car   *el coche comedor, el bufet*
to get off   *bajar(se)*
to get on   *subir(se)*
to give, hand over   *entregar*
late   *con retraso*
to leave   *salir*
long distance   *de largo recorrido*
luggage   *el equipaje*
luggage checkroom   *la consigna*
one-way   *sencillo, de ida solamente*
on time   *a tiempo*
to pick up (to get)   *recoger*
platform   *el andén*
porter   *el mozo, el maletero*
railroad station   *la estación de ferrocarril*
to reclaim   *reclamar, recoger*
reserved   *reservado*
round trip   *de ida y vuelta, de ida y regreso*
screen   *la pantalla*
seat   *el asiento*
schedule   *el horario*
sleeping car   *el coche cama*
suitcase   *la maleta*
ticket   *el billete, el boleto*
ticket window   *la ventanilla*
ticket machine   *la distribuidora automática*

timetable   *el horario*
track (platform)   *el andén*
waiting room   *la sala de espera*

Chapter 5: The Automobile

accelerator   *el acelerador*
air   *el aire*
automatic transmission   *la transmisión*
                         automática
battery   *la batería*
brake   *el freno*
to brake   *frenar*
brake fluid   *el líquido de frenos*
breakdown   *la avería, la descompostura, la pana*
bumper   *el parachoques*
by day (to rent)   *por día*
by week (to rent)   *por semana*
car   *el automóvil, el coche, el carro*
to change   *cambiar*
to charge   *cobrar*
to check (oil, etc.)   *revisar, comprobar (ue)*
choke   *el ahogador, el aire*
clutch   *el embrague, el cloche*
to clutch   *embragar*
contract   *el contrato*
credit card   *la tarjeta de crédito*
dashboard   *el tablero (de instrumentos)*
dent   *la abolladura*
deposit   *el depósito*
driver's license   *el permiso de conducir, la*
                   licencia, el carnet
empty   *vacío*
fender   *el guardafango, la aleta*
to fill, fill up   *llenar*
first gear   *la primera velocidad*
flat tire   *el pinchazo, la llanta baja*
foot brake   *el freno de pie*
full coverage insurance   *el seguro contra todo*
                          riesgo, el seguro
                          completo
gas   *la gasolina, la benzina*
gas pedal   *el acelerador*
gas station   *la gasolinera, la estación de servicio*
gas tank   *el tanque, el depósito*
gear   *la velocidad*
gearshift   *la palanca*
glove compartment   *la guantera, la cajuelita,*
                    la secreta
grease job   *el engrase, la lubricación*
hand brake   *el freno de mano*
headlight   *el faro, la luz*
to heat   *calentar (ie)*

high beams *las luces altas, las luces de carretera*
hood *el bonete, el capó*
horn *la bocina, el claxon*
hubcap *el tapón, el tapacubos*
in reverse *en reversa(o), en marcha atrás*
knocking *golpeando*
leaded (gasoline) *con plomo*
leaking *goteando*
license *el permiso de conducir, la licencia, el título, el carnet*
license plate *la placa, la matrícula*
low beams *las luces bajas, las luces de cruce*
mileage *el kilometraje*
misfiring *fallando*
muffler *el silenciador*
neutral (gear) *neutro, en punto muerto*
odometer (reading in kilometers) *el cuentakilómetros*
oil *el aceite*
to overheat *calentar (ie) demasiado*
radiator *el radiador*
to rent *alquilar, rentar, arrendar (ie)*
to repair *reparar*
repairs *las reparaciones*
reverse *marcha atrás*
to shift (gears) *cambiar de velocidad*
to sign *firmar*
scratch *el rayón*
spare *de repuesto*
spare parts, replacements *los repuestos, las piezas de recambio, de refacción*
spark plug *la bujía*
speed *la velocidad*
speedometer *el velocímetro*
to stall *calarse, morir (ue, u)*
to start *poner en marcha, arrancar, prender*
starter *el arranque*
steering wheel *el volante*
to stop *parar*
tire *la llanta, el neumático, la goma*
to tow *remolcar*
tow truck *el remolque*
trunk *el baúl, la cajuela, la maletera*
to tune up *afinar*
tune-up *la afinación*
turn signal *el intermitente*
unleaded (gasoline) *sin plomo*
vibrating *vibrando*
wheel *la rueda*
windshield *el parabrisas*
windshield wiper *el limpiaparabrisas*

Chapter 6: Asking for Directions

avenue *la avenida*
block (of a street) *la cuadra, la manzana, el bloque*
bus *el autobús, la guagua, el camión*
continue *seguir (i,i)*
exit *la salida*
far *lejos*
farther on *más allá*
to get off *bajar*
highway *la carretera*
intersection *la bocacalle*
lane (of a highway) *el carril, la banda, la vía, la pista*
left *la izquierda*
lost *perdido*
map (of city) *el plano*
near *cerca*
one-way *de sentido único, de dirección única, de vía única*
outskirts *las afueras*
right *la derecha*
to run through *recorrer*
rush hour *la hora de mayor afluencia*
stop *la parada*
straight *derecho*
street *la calle*
street corner *la esquina*
toll *el peaje, la cuota*
tollbooth *la caseta de peaje, la cabina de peaje, la garita de peaje*
traffic *el tráfico, el tránsito, la circulación*
traffic jam *el embotellamiento, el tapón*
traffic light *el semáforo, la luz roja*
to turn *doblar*
to turn around *dar la vuelta*
turnpike *la autopista*
walk *caminar, andar a pie, ir a pie*

Chapter 7: Making a Phone Or Cell Phone Call

access e-mail *acceder al e-mail*
again *de nuevo*
answer *la contestación*
to answer *contestar*
area code *la clave de área, el código de área*
broken *descompuesto, estropeado, fuera de servicio*
to burn *grabar*
button *el botón*
busy *ocupado*
busy signal *la señal de ocupado, el tono de ocupado*

call   *la llamada, el llamado*
to call   *llamar*
cellular phone   *el teléfono celular, el móvil*
collect call   *la llamada de cobro revertido,*
            la llamada de cargo reversible
connection   *la conexión*
country code   *el prefijo del país*
to cut someone off   *cortarle a alguien la línea*
desktop computer   *la computadora de escritorio*
to dial   *marcar*
dial tone   *el tono, la señal*
download   *descargar, bajar*
extension   *la extensión, el anexo, el interno*
forward   *delantero*
to hang up   *colgar (ue)*
hold on!   *¡no cuelgue Ud.!*
information   *la información*
it's ringing   *está sonando*
key board   *el teclado*
laptop   *la computadora portátil*
later   *más tarde*
line   *la línea*
the line is busy   *la línea está ocupada, están*
            comunicando
local call   *la llamada local, la llamada urbana*
long-distance call   *la llamada de larga distancia,*
            la conferencia
to make a phone call   *hacer una llamada*
            telefónica
message   *el recado, el mensaje*
operator   *el (la) operador(a), el (la) telefonista*
out of order   *fuera de servicio*
party   *el interlocutor*
person-to-person call   *la llamada personal, la*
            llamada de persona a
            persona
to phone   *llamar por teléfono, telefonear*
phone book   *la guía telefónica, la guía de*
            teléfonos
push button phone   *el teléfono de (a) botones*
to put through to   *poner con, comunicar con*
to pick up (the receiver)   *descolgar (ue)*
to push   *empujar, oprimir*
rear   *trasero*
ring   *el timbre*
to ring   *sonar*
slot   *la ranura*
sound   *el sonido*
smartphone   *el teléfono inteligente*
static   *los parásitos*
storage   *el almacenamiento*
switchboard   *la central, el anexo*
the line's cutting out   *la línea se está cortando*

telephone   *el teléfono*
to telephone   *llamar por teléfono, telefonear*
telephone booth   *la cabina de teléfono*
telephone call   *la llamada telefónica*
telephone card   *la tarjeta telefónica*
telephone number   *el número de teléfono*
telephone operator   *el (la) operador(a), el (la)*
            telefonista
telephone receiver   *el auricular, la bocina*
toll call   *la llamada interurbana*
touch screen   *la pantalla táctil*
to try   *intentar*
Who's calling?   *¿De parte de quién?*
word processing   *el procesamiento de datos*
wrong number   *el número equivocado*

Chapter 8: Public Bathroom

Refer to page 49 for possible words.

Chapter 9: At the Hotel

additional charge   *el cargo adicional*
air conditioning   *el aire acondicionado*
alarm clock   *el despertador*
available (in the sense
    of an available room)   *disponible*
bathroom   *el cuarto de baño, el baño*
bath towel   *la toalla de baño*
bed   *la cama*
bellhop   *el mozo, el botones*
bill   *la cuenta*
blanket   *la manta, la frazada, la frisa*
breakfast   *el desayuno*
burnt out (light)   *fundido*
cake (or bar) of soap   *la pastilla, la barra*
            de jabón
cashier   *el (la) cajero(a)*
cashier's counter   *la caja*
charge   *el cargo, el cobro*
check-in desk   *la recepción*
to clean   *limpiar*
clogged (stopped up)   *atascado*
come in   *¡adelante!, ¡ pase Ud.!*
complete room and board
    (all meals included)   *la pensión completa*
concierge   *el conserje*
confirmation   *la confirmación*
credit card   *la tarjeta de crédito*
desk clerk   *el (la) recepcionista*
double bed   *la cama de matrimonio*
double room   *el cuarto (la habitación) doble,*
            el cuarto (la habitación) para dos
            personas

electric razor   *la máquina de afeitar*
to dry-clean   *lavar en seco*
to face (look out on)   *dar a*
faucet   *el grifo, la llave, el robinete*
to fill out   *llenar*
to fix up   *arreglar*
full (in the sense no rooms available)   *completo*
guest   *el huésped*
hair dryer   *la secadora para el pelo*
hanger   *la percha, el gancho, el armador*
heat   *la calefacción*
hot water   *el agua caliente*
housekeeper   *la camarera*
to iron   *planchar*
key   *la llave*
laundry service   *el servicio de lavado*
light   *la luz*
light bulb   *la bombilla, el foco*
light switch   *el interruptor, la llave, el suiche*
mountain   *la montaña*
pillow   *la almohada*
private   *privado, particular*
reception   *la recepción*
registration form   *la ficha*
reservation   *la reservación, la reserva*
room service   *el servicio de cuartos*
       (de habitaciones)
sea   *el mar*
service   *el servicio*
shower   *la ducha*
to sign   *firmar*
single room   *el cuarto sencillo (individual)*
       el cuarto para una persona, la
       habitación sencilla, la habitación
       para una persona
soap   *el jabón*
socket   *el enchufe*
street   *la calle*
swimming pool   *la piscina, la alberca, la pila*
taxes   *los impuestos*
telephone call   *la llamada telefónica*
toilet   *el retrete, el inodoro*
toilet paper   *el papel higiénico*
total   *el total*
towel   *la toalla*
twin-bedded room   *el cuarto (la habitación)*
       con dos camas
to vacate (hotel room)   *abandonar*
voltage   *el voltaje*
to wash   *lavar*
to work (in the sense to be
   in working order)   *funcionar*
washbasin   *el lavabo*

Chapter 10: At the Bank

amount requested   *el monto pedido*
at a later time (date)   *posteriormente*
ATM   *el cajero automático*
balance   *el saldo*
bank   *el banco*
bank statement   *el estado bancario*
bill   *la cuenta, la factura*
bill (banknote)   *el billete*
bill (of high denomination or amount)   *el billete de gran valor*

business   *el comercio*
cash   *el dinero en efectivo*
to cash (a check)   *cobrar (un cheque)*
change   *el suelto*
to change   *cambiar, feriar*
charge   *el cargo*
to charge   *cargar, cobrar*
check   *el cheque*
checkbook   *el talonario, la chequera*
checking account   *la cuenta corriente*
code   *el código*
coin   *la moneda*
commission   *la comisión*
credit card   *la tarjeta de crédito*
debit card   *la tarjeta de débito*
deposit   *el depósito*
to deposit   *depositar, ingresar*
down payment   *el pago inicial, el pie*
due date   *la fecha de vencimiento*
electronically   *electrónicamente*
electronic transaction   *una transacción electrónica*
to endorse   *endosar*
to enter (data)   *ingresar*
to exchange (money or currency)   *cambiar*
exchange bureau   *la oficina de cambio*
installment payment   *la cuota*
interest   *el interés*
interest rate   *la tasa de interés, el tipo de interés*
issued   *emitido*
key   *la tecla*
key pad   *el teclado*
loan   *el préstamo*
long term   *a largo plazo*
money   *el dinero*
monthly payment   *el pago mensual*
mortgage   *la hipoteca*
to open   *abrir*
passbook   *la libreta*
to pay   *pagar*

to pay cash (in one lump sum)   *pagar al contado*
to pay off (installments)   *pagar a plazos
(a cuotas)*
pin   *el pin*
to press   *oprimir, pulsar*
proof of payment (voucher)   *el comprobante de
pago*
receipt   *el recibo*
reconcile   *conciliar*
to save (money)   *ahorrar*
savings account   *la cuenta de ahorros*
savings passbook   *la libreta*
short term   *a corto plazo*
sign   *el letrero*
to sign   *firmar*
statement   *el estado*
to take out (withdraw)   *sacar, quitar, retirar*
teller's window   *la ventanilla*
traveler's check   *el cheque de viajero*

Chapter 11: At the Post Office

address   *la dirección, las señas*
certified mail   *el correo certificado, el correo
recomendado*
customs declaration   *la declaración para
la aduana*
to deliver (mail)   *repartir*
to fill out   *llenar*
fragile   *frágil*
to insure   *asegurar*
letter   *la carta*
letter carrier   *el (la) cartero(a)*
mail   *el correo*
mailbox   *el buzón*
package   *el paquete*
parcel   *el paquete*
postage   *el franqueo*
postal money order   *el giro postal*
postcard   *la tarjeta postal*
post office   *el correo, la casa de correos*
post office box   *el apartado postal*
receiver (addressee)   *el (la) destinatario(a)*
regular mail   *el correo regular*
scale   *la balanza*
to send   *enviar, mandar*
sender   *el (la) remitente*
stamp   *el sello, la estampilla*
stamp machine   *la distribuidora automática*
to take (in the sense of time)   *tardar*
to weigh   *pesar*
window   *la ventanilla*
zip code   *la zona postal*

Chapter 12: At the Hairdresser's

bangs   *el flequillo*
bobby pin   *la horquilla*
beard   *la barba*
braid   *la trenza*
brush   *el cepillo*
bun   *el moño*
clip   *la pinza*
curl   *el rizo*
curly   *rizado*
to cut   *cortar*
dryer   *el secador*
dye   *el tinte*
fingernail   *la uña*
hair   *el pelo, los cabellos*
hairdresser   *el peluquero*
haircut   *el corte*
hair spray   *la laca*
in the back   *por detrás*
manicure   *la manicura*
mustache   *el bigote*
nail polish   *el esmalte*
neck   *el cuello*
oil   *el aceite*
on the top   *arriba*
part   *la raya*
pedicure   *la pedicura*
permanent (wave)   *el (ondulado) permanente,
la (ondulación) permanente*
pony tail   *la cola de caballo*
to raise   *subir*
razor   *la navaja*
razor cut   *el corte (el cortado) a navaja*
roller   *el rulo*
scissors   *las tijeras*
set (hair)   *el marcado, el rizado*
shampoo   *el champú*
to shave   *afeitar*
shears   *la maquinilla*
side   *el lado*
sideburns   *las patillas*
spit curl   *el bucle*
straight hair   *el pelo liso, el pelo lacio*
trim   *el recorte*
to trim (hair)   *recortar*
wash   *el lavado*
to wash   *lavar*
wave   *la onda*

Chapter 13: At the Clothing Store

bathing suit   *el traje de baño*
belt   *el cinturón*

blend (of fabrics)   *la combinación*
blouse   *la blusa*
blue jeans   *los blue jeans*
boot   *la bota*
brassiere   *el sostén*
button   *el botón*
checked   *a cuadros*
coat   *el abrigo, el gabán*
corduroy   *la pana*
cotton   *el algodón*
cuff   *el puño*
cuff link   *el gemelo*
denim   *el algodón asargado*
dress   *el vestido*
dressing gown   *la bata*
to fit (someone well)   *quedarle bien*
flannel   *la franela*
fly   *la bragueta*
garbardine   *la gabardina*
girdle   *la faja*
gloves   *los guantes*
half-slip   *la enagua*
handkerchief   *el pañuelo*
hat   *el sombrero*
heel   *el tacón*
hurt   *hacerle daño a*
jacket   *el saco, la chaqueta, la campera*
leather   *el cuero*
long   *largo*
to match, go well with   *hacer buen juego con*
measurement   *la medida*
narrow   *estrecho*
necktie   *la corbata*
nylon   *el nilón*
overcoat   *el abrigo*
pair   *el par*
panties   *los panties, las bragas*
pants   *el pantalón*
pants suit   *el traje pantalón*
pantyhose   *los panties*
pocketbook   *el bolso, la bolsa, la cartera*
polka dot   *el lunar*
raincoat   *el impermeable, la gabardina*
rubbers   *las gomas*
sandals   *las sandalias*
scarf   *la bufanda*
shirt   *la camisa*
shoe   *el zapato*
shoelace   *el cordón*
shoe polish   *el betún*
shorts   *los pantalones cortos*
silk   *la seda*
size (clothing)   *la talla, el tamaño*

size (shoe)   *el número*
skirt   *la falda*
sleeve   *la manga*
slip   *la combinación, las enaguas*
slipper   *la zapatilla*
sneaker   *el zapato de tenis*
sock   *el calcetín, la media*
sole   *la suela*
stockings   *las medias*
striped   *a rayas, rayada*
suede   *el ante, la gamuza*
suit (man's)   *el traje*
sweater   *el suéter*
synthetic fabric   *la tela sintética*
to take a shoe size   *calzar*
tight   *apretado*
toe   *el dedo (del pie)*
underpants   *los calzoncillos*
undershirt   *la camiseta*
wallet   *la cartera*
wide   *ancho, amplio*
wool   *la lana*
worsted   *el estambre*
wrinkle-resistant material   *la tela inarrugable*
zipper   *la cremallera, el cierre*

Chapter 14: At the Dry Cleaner's

clothing   *la ropa*
to darn   *zurcir*
dirty   *sucio*
to dry-clean   *limpiar en seco*
dry cleaner's shop   *la tintorería*
dry cleaning   *la limpieza en seco*
hole   *el hueco*
to iron   *planchar*
lining   *el forro*
to mend   *remendar (ie)*
ready   *listo*
to sew   *coser*
to sew again (mend, darn, patch)   *recoser*
to shrink   *encogerse*
stain, spot   *la mancha*
starch   *el almidón*
tailor   *el (la) sastre*
to take out, remove (a spot)   *quitar*
unstitched   *descosido*
to wash   *lavar*

Chapter 15: At the Restaurant

aperitif   *el aperitivo*
baked   *asado al horno*
boiled   *hervido*

breaded   *empanado*
broiled   *a la parrilla, a la plancha, a la brasa*
check   *la cuenta*
cheese   *el queso*
chicken   *el pollo*
chicken breast   *la pechuga*
chicken leg, thigh   *el muslo*
chop   *la chuleta*
cold   *frío*
combination platter   *el plato combinado*
corner   *el rincón*
course   *el plato*
credit card   *la tarjeta de crédito*
cup   *la taza*
cutlet   *la chuleta*
deep-fried   *a la romana*
dessert   *el postre*
diced   *picado*
dirty   *sucio*
economical   *económico*
expensive   *caro*
fish   *el pescado*
fishbone   *la espina*
fixed menu   *el menú del día*
fork   *el tenedor*
fowl   *las aves*
fried   *frito*
fruit   *la fruta*
glass   *el vaso*
grilled   *a la parrilla, a la plancha, a la brasa*
hors d'oeuvre   *el entremés*
house (chef's) specialty   *la especialidad de la casa*
included   *incluido*
in its juices   *en su jugo*
knife   *el cuchillo*
lamb   *el cordero*
luxurious   *de lujo*
main course   *el plato principal*
meat   *la carne*
medium (cooked)   *a término medio, poco roja*
menu   *el menú, la minuta, la carta*
napkin   *la servilleta*
outdoors   *afuera*
overdone, overcooked   *demasiado hecho, demasiado cocido, demasiado cocinado*
patio   *el patio*
pepper   *la pimienta*
pepper shaker   *el pimentero*
place setting   *el cubierto*
rare (not very cooked)   *casi crudo, poco asado*
raw   *crudo*

receipt   *el recibo*
recommend   *recomendar (ie)*
reservation   *la reservación, la reserva*
to reserve   *reservar*
restaurant   *el restaurante*
roasted   *asado*
salad   *la ensalada*
salt   *la sal*
salt shaker   *el salero*
salty   *salado*
saucer   *el platillo*
sautéed   *salteado*
service   *el servicio*
shellfish   *el marisco*
soup   *la sopa*
soup spoon   *la cuchara*
smoked   *ahumado*
steak   *el bistec, el biftec*
steamed   *al vapor*
stewed   *guisado, estofado*
sugar   *el azúcar*
suggest   *sugerir (ie, i)*
sweet   *dulce*
table   *la mesa*
tablecloth   *el mantel*
teaspoon   *la cucharita*
tip   *la propina*
tough   *duro*
veal   *la ternera*
vegetable   *la legumbre, la verdura*
waiter   *el (la) mesero(a), el (la) camarero(a)*
well done   *bien asado, bien cocido, bien hecho*
window   *la ventana*
wine   *el vino*
wine list   *la lista de vinos, la carta de vinos*

Chapter 16: Shopping for Food

aisle   *el pasillo*
bag   *la bolsa, la funda, el cartucho*
basket   *la cesta, la canasta*
basket (pannier)   *el capacho*
bakery (bread store)   *la panadería*
bakery (pastry shop)   *la pastelería*
box   *la caja*
bunch   *el atado, el manojo, el racimo, el ramo*
butcher shop   *la carnicería*
can   *la lata, el bote*
cart   *el carrito*
container   *el envase*
dairy store   *la lechería*
delicatessen   *la charcutería*
dozen   *la docena*

egg store   *la huevería*
empty bottle for return   *el casco,
                             el envase*
fish market   *la pescadería*
food   *los comestibles*
fresh   *fresco*
frozen   *congelado*
fruit and vegetable market   *la frutería*
give me   *déme, póngame*
gram   *el gramo*
groceries   *los comestibles, los abarrotes*
grocery store   *la bodega, el colmado, la tienda
                   de ultramarinos, la tienda de
                   abarrotes, la pulpería*
how much is (are)?   *¿a cómo están (está) ?, ¿a
                        cuánto está(n)?*
kilo (kilogram)   *el kilo (kilogramo)*
lettuce   *la lechuga*
to look good   *tener buena pinta*
milk store (for all dairy products)   *la lechería*
package   *el paquete*
to return (something)   *devolver (ue)*
seafood market (for shellfish)   *la marisquería*
slice   *rebanada, lonja, loncha, rueda, raja*
soap powder   *el jabón en polvo*
supermarket   *el supermercado*
to wrap   *envolver (ue)*

Chapter 17: At Home

The Kitchen   La cocina
baking pan (dish)   *la tortera, la tartera*
blender   *la batidora*
to boil   *hervir (i,i)*
bottle opener   *el abrebotellas, el destapador*
to bring to the boiling point   *llevar a
                                   ebullición*
burner (of a stove)   *la hornilla, el hornillo*
can opener   *el abrelatas*
to carve   *trinchar*
carving knife   *el trinchante, el trinche*
to cook   *guisar, cocinar*
corkscrew   *el sacacorchos*
cover   *la tapa*
to cover   *tapar*
to dice   *picar, cortar*
dishcloth (towel)   *el paño, el secador*
dishrag   *el estropajo, el fregador*
dishware   *la vajilla*
drain (of a sink)   *el desagüe*
drainboard   *el escurridero, el escurreplatos*
eggbeater   *el batidor de huevos*
faucet (tap)   *el grifo, la llave*

freezer   *la congeladora*
to fry   *freír (i,i)*
frying pan   *la (el) sartén*
garbage can   *el tarro (balde) de basura*
handle   *el asa, el mango*
kitchen   *la cocina*
kitchen cabinet   *la alacena*
kitchen stove (range)   *la cocina, la estufa*
to melt   *derretir (i,i)*
on a slow flame   *a fuego lento*
oven   *el horno*
pantry   *la despensa*
to pare   *pelar*
pot   *el pote, la olla, la cacerola, la cazuela,
        la caldera*
refrigerator   *el refrigerador, la nevera*
to roast   *asar*
to scrub   *fregar (ie)*
sink   *la pila, la pileta, el fregadero,
         el resumidero, el lavadero*
soap powder   *el polvo de lavar*
to sauté   *saltear*
stopper (for a sink)   *el tapón*
to strain   *colar, cernir*
strainer   *el colador, la cernidera*
to wash   *lavar*
to wash dishes   *lavar los platos, fregar, fregar
                    la vajilla*
washing machine   *la lavadora*

The Bathroom   El cuarto de baño
bath   *el baño*
bathing cap   *la gorra de baño*
bath mat   *la alfombrilla de baño*
bathrobe   *la bata*
bathroom   *el cuarto de baño*
bath towel   *la toalla de baño*
bathtub   *el baño, la bañera, la tina*
to brush one's teeth   *cepillarse los dientes*
to comb one's hair   *peinarse*
to dry oneself   *secarse*
face cloth   *el paño*
makeup   *el maquillaje*
medicine cabinet   *el botiquín*
mirror   *el espejo*
to put on   *ponerse*
razor   *la navaja*
to shave   *afeitarse*
shaving soap   *el jabón de afeitar*
shower   *la ducha*
soap   *el jabón*
soap dish   *la jabonera*
to take a bath   *bañarse, tomar un baño*

to take a shower   *ducharse, tomar una ducha*
tile   *la baldosa*, (very small tile) *el baldosín, el azulejo*
toilet   *el retrete, el inodoro*
toilet paper   *el papel higiénico*
toothpaste   *el dentífrico, la pasta dentífrica, la crema dental*
towel   *la toalla*
towel rack   *el toallero*
washbasin   *el lavabo, el lavamanos*
to wash oneself   *lavarse*

The Dining Room   El comedor
after-dinner conversation   *la sobremesa*
butter dish   *el mantequero, la mantequillera*
candelabra   *el candelabro*
to clear the table   *quitar la mesa*
cup   *la taza*
diner   *el (la) comensal*
dining room   *el comedor*
dish   *el plato*
fork   *el tenedor*
to get up from the table   *levantarse de la mesa*
glass   *el vaso*
gravy boat   *la salsera*
knife   *el cuchillo*
napkin   *la servilleta*
pepper shaker   *el pimentero*
plate   *el plato*
plate warmer   *el calientaplatos*
salad bowl   *la ensaladera*
salt shaker   *el salero*
saucer   *el platillo*
to serve   *servir (i,i)*
serving platter   *la fuente*
to set the table   *poner la mesa*
sideboard (buffet, credenza)   *el aparador*
soup bowl   *la sopera*
soup spoon   *la cuchara*
stem glass   *la copa*
sugar bowl   *el azucarero*
tablecloth   *el mantel*
tablespoon   *la cuchara*
teaspoon   *la cucharita*
tray   *la bandeja*

The Living Room   La sala de estar
armchair   *la butaca, el sillón*
bookshelf   *el estante*
bookcase   *la librería, la biblioteca*
chair   *la silla*
to chat   *charlar, platicar*
curtain   *la cortina*

fireplace   *la chimenea*
floor lamp   *la lámpara de pie*
guest   *el (la) convidado(a), el (la) invitado(a)*
lamp   *la lámpara*
living room   *la sala, la sala de estar, el living*
magazine   *la revista*
newspaper   *el periódico*, (daily) *el diario*, (Sunday) *el dominical*
picture   *el cuadro*
picture frame   *el marco*
radio   *la radio, el radio*
record   *el disco*
rug   *la alfombra*
sofa   *el sofá*
table   *la mesa*
tape   *la cinta*
television   *la televisión*
venetian blind   *la persiana*
wall-to-wall carpeting   *la moqueta*

The Bedroom   El cuarto
alarm clock   *el despertador*
bed   *la cama*
bedroom   *el cuarto, el dormitorio, la alcoba, la recámara*
bedspread   *la colcha, el cubrecama, la sobrecama*
blanket   *la manta, la frazada, la frisa*
bureau (chest of drawers)   *la cómoda*
closet   *el armario*
double bed   *la cama de matrimonio*
drawer   *el cajón*
to fall asleep   *dormirse (ue, u)*
to get up   *levantarse*
to go to bed   *acostarse (ue)*
hanger   *la percha, el gancho, el armador*
to make the bed   *hacer la cama*
mattress   *el colchón*
night table   *el velador*
pillow   *la almohada*
pillowcase   *la funda*
to set (the clock)   *poner*
sheet (for a bed)   *la sábana*
to sleep   *dormir (ue,u)*

Housework   Los quehaceres domésticos
broom   *la escoba*
cloth   *el paño*
clothes   *la ropa*
dirty   *sucio*
to dust   *quitar el polvo, limpiar el polvo*
floor   *el piso, el suelo*
garbage   *la basura*

garbage can *el balde de basura, el basurero, el cubo de basura*
housework *los quehaceres domésticos*
iron *la plancha*
to iron *planchar*
ironing *el planchado*
ironing board *la tabla de planchar*
laundry (wash) *el lavado*
mop *el estropajo*
to polish *pulir*
scrub *fregar (ie)*
scrub rag *el trapo*
sponge *la esponja*
to sweep *barrer, escobar*
to vacuum *aspirar*
vacuum cleaner *la aspiradora*
to wash *lavar*
washing machine *la lavadora*

Some Minor Problems   Algunos problemas
to blow a fuse *quemarse un fusible*
blown *fundido*
clogged (plugged up) *atascado*
drain *el desagüe*
to drip *gotear*
electrician *el (la) electricista*
to empty *vaciar*
fuse *el fusible*
fuse box *el cuadro de fusibles, el tablero de fusibles, el panel de fusibles*
light bulb *la bombilla*
light switch *el interruptor, la llave, el suiche*
plug (stopper) *el tapón*
plug *el enchufe*
to plug in *enchufar*
plumber *el (la) plomero(a), el (la) fontanero(a)*
plumbing (pipes) *la cañería*
socket *el enchufe hembra*
to take out *quitar*
to turn on the light *poner la luz, encender (ie) la luz*
to turn out the light *apagar la luz*

Chapter 18: At the Doctor's/Dentist's Office

At the Doctor's Office   En la consulta del doctor
ache *el dolor*
allergy *la alergia*
analysis *el análisis*
ankle *el tobillo*
antibiotic *el antibiótico*

appendix *el apéndice*
arm *el brazo*
arthritis *la artritis*
asthma *el asma (f)*
back *la espalda*
bandage *el vendaje*
to bandage *vendar*
Band-Aid *la venda*
blood *la sangre*
bood pressure *la tensión arterial, la presión sanguínea*
blood type *el grupo sanguíneo, el tipo sanguíneo*
bone *el hueso*
to break *romper, quebrar*
cancer *el cáncer*
cheek *la mejilla*
chest *el pecho*
chicken pox *la viruela*
chills *los escalofríos*
chills and fever *la fiebre intermitente*
cold *el resfrío, el resfriado, el catarro, (having a cold) constipado*
compound fracture *la fractura complicada*
congestion *la congestión, la flema*
constipated *estreñido*
cough *la tos*
to cough *toser*
crutches *las muletas*
to cut *cortar*
diabetes *la diabetes*
dizzy *mareado*
doctor *el (la) médico(a); (when talking to the person) el (la) doctor(a)*
doctor's office *la consulta del (de la) médico(a)*
ear *el oído*
electrocardiogram *el electrocardiograma*
epilepsy *la epilepsia*
to examine *examinar*
to examine by auscultation (with a stethoscope) *auscultar*
fever *la fiebre*
finger *el dedo*
flu *la gripe*
foot *el pie*
glands *las glándulas*
heart *el corazón*
heart attack *el ataque al corazón, el ataque cardíaco*
hip *la cadera*
to hurt (someone) *hacerle daño (a alguien)*
illness *la enfermedad*
injection *la inyección*
intestines *los intestinos*

kidneys   *los riñones*
leg   *la pierna*
liver   *el hígado*
lungs   *los pulmones*
measles   *el sarampión*
medical history   *el historial médico*
menstrual period   *el período menstrual,
                     la regla*
mental illness   *la enfermedad mental*
mouth   *la boca*
mumps   *las paperas*
operation   *la operación, la intervención
              quirúrgica*
orthopedic surgeon   *el (la) cirujano(a)
                      ortopédico(a)*
penicillin   *la penicilina*
pill   *la pastilla, la píldora, el comprimido*
polio   *la poliomielitis*
to put in a cast   *enyesar, entablillar*
to prescribe   *recetar*
prescription   *la receta*
pulse   *el pulso*
sample   *la muestra, la prueba*
to set (a bone)   *ensalmar, acomodar*
sleeve   *la manga*
to sprain   *torcer (ue)*
to stitch   *tomar, dar puntos*
stomach   *el estómago*
stool (feces)   *las heces*
to suture   *suturar*
swollen   *hinchado*
symptom   *el síntoma*
temperature   *la temperatura*
throat   *la garganta*
tonsils   *las amígdalas*
tuberculosis   *la tuberculosis*
to undress   *desvestirse (i,i)*
urine   *la orina*
venereal disease   *la enfermedad venérea*
to vomit   *vomitar*
waist   *la cintura*
wound   *la herida*
wrist   *la muñeca*
to x-ray   *radiografiar*
x-rays   *los rayos equis*

**In the Dentist's Office   En la consulta del
                             dentista**
available to you   *a su disposición*
to bite   *morder (ue)*
bad breath   *el mal aliento*
to bleed   *sangrar*
to bother   *molestar*

braces   *los brackets, los fierros, los frenillos*
brush   *el cepillo*
to brush   *cepillarse*
cavity   *la caries*
to chew   *masticar*
to close   *cerrar (ie)*
dentist   *el (la) dentista, el (la) odontólogo(a)*
dental floss   *el hilo dental, la seda dental*
dentist's office   *la consulta del (de la) dentista*
discolored   *descolorido*
extraction   *la extracción*
filling   *el empaste, la emplomadura, la tapadura*
flouride   *el flúor*
gum   *la encía*
to hurt   *doler (ue)*
inflamed   *inflamado*
injection   *la inyección*
mouth (pertaining to)   *bucal*
mouthwash   *el enjuague bucal*
novocaine   *la novocaína*
plaque   *la placa*
procedure   *el procedimiento*
to rinse   *enjuagarse*
soft   *suave*
to spit   *escupir*
stained   *manchado*
tongue   *la lengua*
tooth   *el diente*
toothpaste   *el dentífrico, la pasta dentífrica*
to touch   *tocar*
to turn   *voltear, volver*
wisdom tooth   *la muela del juicio*
x-ray   *la radiografía*

Chapter 19: At the Hospital

abdominal   *abdominal*
ache   *dolor*
to ache   *doler (ue)*
ambulance   *la ambulancia*
anesthesia   *la anestesia*
anesthetist   *el (la) anestesista*
appendicitis   *la apendicitis*
appendix   *el apéndice*
attack   *el ataque*
bladder   *la vejiga, la vesícula*
blood pressure   *la tensión arterial, la presión
                   sanguínea*
breast   *el seno*
cataracts   *las cataratas*
clinic   *la clínica*
colon   *el colon*
cyst   *el quiste*

delivery room   *la sala de partos*
doctor   *el (la) médico(a)*; (when talking to the person) *el (la) doctor(a)*
emergency room   *la sala de emergencia(s) (de urgencias)*
to examine   *examinar*
form (to be filled out)   *el formulario*
gallbladder   *la vesícula biliar, la vejiga de la bilis*
to give birth   *parir, dar a luz*
hemorrhoids   *las hemorroides*
hospital   *el hospital*
hysterectomy   *la histerectomía*
injection   *la inyección*
in labor   *de parto*
insurance company   *la compañía de seguros*
insurance policy   *la póliza*
intensive care unit   *la unidad de cuidados intensivos*
intern   *el (la) médico(a) residente*
intestine   *el intestino*
intravenous   *intravenoso*
labor pains   *los dolores de parto*
nurse   *el (la) enfermero(a)*
obstetrician   *el (la) obstétrico(a)*
to operate   *operar, hacer una intervención quirúrgica*
operating room   *la sala de operaciones, el quirófano*
operating table   *la mesa de operaciones*
operation   *la operación, la intervención quirúrgica*
ovary   *el ovario*
oxygen   *el oxígeno*
oxygen tent   *la tienda de oxígeno*
patient   *el (la) paciente*
policy   *la póliza*
polyp   *el pólipo*
pregnant   *encinta, preñada, embarazada*
prognosis   *la prognosis, el pronóstico*
pulse   *el pulso*
radiology   *la radiología*
recovery room   *la sala de recuperación (de restablecimiento)*
serious   *grave*
sodium pentothal   *el pentotal sódico*
stretcher   *la camilla*
surgeon   *el (la) cirujano(a)*
to take out (remove)   *quitar, sacar, extraer*
tonsils   *las amígdalas*
tranquilizer   *el calmante, el tranquilizante*
ulcers   *las úlceras*
wheelchair   *la silla de ruedas*

to x-ray   *radiografiar*
x-ray   *la radiografía*
x-rays   *los rayos equis*

Chapter 20: At the Theater and the Movies

act   *el acto*
to act (play a part)   *actuar*
actor   *el actor*
actress   *la actriz*
applaud   *aplaudir*
balcony   *el balcón, la galería*
to begin   *empezar (ie)*
box   *el palco*
check (leave)   *dejar*
cloakroom   *el guardarropa, el vestuario*
comedy   *la comedia*
curtain   *el telón*
drama   *el drama*
to dub (a film)   *doblar*
enter (come on stage)   *entrar en escena*
to go down, close (the curtain)   *caerse (el telón)*
to go up, raise (the curtain)   *levantarse (el telón)*
intermission   *el intermedio*
lead (leading part or role)   *el (la) protagonista*
mezzanine   *el anfiteatro, el entresuelo*
movie, film   *la película*
movie house, cinema   *el cine*
musical (show)   *la obra musical*
musical review   *la revista musical*
orchestra (section of the theater)   *el patio, la platea*
to play the role   *hacer el papel*
to present   *presentar*
program   *el programa*
row   *la fila*
scene   *la escena*
screen   *la pantalla*
seat (in a front row)   *una delantera*
seat (also ticket for a theater performance)   *la localidad*
to shoot (a film)   *rodar (ue)*
show   *el espectáculo, la función*
sold out   *agotado*
spectator   *el (la) espectador(a)*
stage   *el escenario*
stamp with the feet   *patear*
subtitles   *los subtítulos*
theater   *el teatro*
theater seat   *la butaca*
theater or movie ticket   *la entrada*
theater or movie ticket window   *la taquilla*
tip   *la propina*

top balcony   *el paraíso, el gallinero*
tragedy   *la tragedia*
usher   *el (la) acomodador(a)*
work (theatrical or artistic)   *la obra*
zarzuela   *la zarzuela* (a Spanish musical
        comedy or operetta)

Chapter 21: Sports

area (territory) (of a team)   *la meta*
ball   *la pelota* (a small ball), *el balón*
        (a larger ball), *la bola* (a very small
        ball such as a golf ball)
basket   *la canasta, el cesto*
basketball   *el baloncesto, el básquetbol*
doubles (tennis)   *dobles*
end (player)   *el ala*
field (course)   *la cancha, el campo*
football   *el fútbol*
foul   *el foul*
game   *el partido, el juego*
goal   *la portería, la puerta* (the area), *el gol*
        (point)
goalie   *el (la) guardameta, el (la) portero(a)*
golf club   *el palo*
hole   *el hoyo*
to kick   *dar una patada*
love (tennis)   *nada, cero*
to make a goal   *meter un gol, hacer un gol*
to miss (a shot)   *fallar*
net   *la red*
net ball   *el net*
period   *el tiempo*
to play   *jugar (ue)*
player   *el (la) jugador(a)*
point   *el tanto, el punto*
to put in   *meter*
racket   *la raqueta*
to return (a ball)   *devolver (ue)*
to score   *marcar (hacer) un tanto*
scoreboard   *el cuadro indicador, el tablero
        indicador*
to serve   *servir (i,i)*
set (tennis)   *el set*
shot   *el tiro*
singles (tennis)   *los individuales*
soccer   *el fútbol*
sport   *el deporte*
to stop (block the ball)   *parar*
team   *el equipo*
tennis   *el tenis*
to throw (shoot)   *tirar*

tied (score)   *empatado*
tournament   *el torneo*
umpire (referee)   *el (la) árbitro(a)*
whistle   *el silbato*
to whistle   *silbar*
to win   *ganar*

Chapter 22: The Beach

air mattress (cushion, float)   *el colchón
        neumático*
to bathe   *bañarse*
bathing suit   *el traje de baño, el bañador*
beach   *la playa*
beach robe   *la bata*
beach sandals   *las sandalias playeras*
boat   *la lancha*
boat (small)   *la barca*
to break (waves)   *romperse, estallarse,
        reventarse (ie)*
cabin   *cabina*
calm (sea)   *tranquilo, calmo, calmado, apacible*
canvas beach chair   *la silla de lona*
current   *la corriente*
dangerous   *peligroso*
to float   *flotar*
to float (with hands behind the head)   *hacer la
        plancha*
folding chair   *la silla plegable*
lifeguard   *el (la) salvavidas, el (la) vigilante*
lighthouse   *el faro*
to ride the waves   *correr las olas, montar
        las olas*
rock   *la roca*
rough (sea)   *agitado, revuelto* (in the sense of
        churned up, choppy), *turbulento*
sailboat   *el velero*
sand   *la arena*
sandal   *la zapatilla, la alpargata*
to scuba dive   *bucear*
sea   *el mar*
sea resort   *el balneario*
shore   *la orilla*
spend the summer   *veranear*
to sunbathe   *tomar el sol*
sun block   *la bloqueadora, la crema protectora*
sunburned   *quemado, tostado*
sunglasses   *las gafas para el sol, los anteojos
        de sol*
surfboard   *la plancha de deslizamiento,
        la tabla hawaiana*
to swim   *nadar*

tanned *tostado, bronceado*
tanning lotion *la bronceadora*
tide *la marea*
undertow *la contracorriente, la resaca*
water ski *el esquí acuático*
to water-ski *esquiar en el agua, hacer el esquí acuático*
wave *la ola*
windsurf *la tabla de vela*

Chapter 23: Skiing

boot *la bota*
chairlift *el telesilla*
cross country skiing *el esquí de fondo, el esquí nórdico*
downhill skiing *el esquí alpino*
to go down *bajar*
parka *el anorak*
ski, skiing *el esquí*
ski lift *el telesquí*
ski pole *el bastón*
ski resort *la estación de esquí*
skier *el esquiador*
slope *la pista*

Chapter 24: Camping

air mattress *el colchón neumático*
bath *el baño*
battery *la batería, la pila*
bonfire *la hoguera, la fogata*
to burn (to light a fire) *encender (ie)*
burner *el hornillo*
butane gas *el gas butano*
to camp *acampar*
camper *el cámper*
camping, a campsite *el camping*
candle *la vela*
cord *la cuerda*
drinking water *el agua (f) potable*
facilities *los servicios*
first-aid kit *el botiquín*
flashlight *la linterna (eléctrica)*
folding chair *la silla plegable*
folding table *la mesa plegable*
hammer *el martillo*
hammock *la hamaca*
iodine *el yodo*
knapsack *la mochila*
match *el fósforo, la cerilla*
to park *estacionar, aparcar, parquear*

penknife *el cortaplumas, la navaja*
to pitch (put up) a tent *armar una tienda*
pole *el palo, el mástil*
portable *portátil*
shower *la ducha*
sleeping bag *el saco de dormir, la bolsa de (para) dormir*
spike *la estaca*
tank *el tanque*
tent *la tienda (de campaña), la carpa*
thermos *el termo*
to tie *atar, amarrar*
toilet *el retrete*
trailer *la casa remolque, la caravana*

Chapter 25: The Weather

barometric pressure *la presión barométrica (atmosférica)*
centigrade *centígrado*
clear *despejado*
to clear *despejarse*
cloud *la nube*
cloudiness *la nubosidad*
cloudy, overcast *nublado*
cold *frío*
cool *fresco*
to drizzle *lloviznar*
fog *la neblina, la niebla*
to hail *granizar*
heat *el calor*
humid *húmedo*
lightning *el relámpago (los rayos)*
precipitation *la precipitación*
to rain *llover (ue)*
rainy *lluvioso*
to reach *alcanzar*
scattered *disperso*
shower *el aguacero, el chaparrón, el chubasco*
snow *la nieve*
to snow *nevar (ie)*
snowstorm *la nevasca, la nevada*
storm *la tempestad, el temporal, la tormenta*
stormy *tempestuoso*
sudden windstorm (cloud that brings with it a sudden change in weather) *la ráfaga*
sultry *bochornoso*
sun *el sol*
sunny *soleado*
temperature *la temperatura*
thunder *los truenos*
to thunder *tronar (ue)*

thunderstorm   *la tronada*
unstable (changeable)   *inestable*
warm   *caliente, caluroso*
weather   *el tiempo*
weather forecast   *el pronóstico meteorológico*
wind   *el viento*

Chapter 26: Crime

armed robbery   *el latrocinio*
assassin   *el asesino*
assault   *el asalto*
breaking and entering   *el escalamiento*
consent   *el consentimiento*
crime   *el crimen, el delito*
death   *la muerte*
firearm   *el arma de fuego*
harm   *el daño*
homicide   *el homicidio*
gun   *la pistola*
knife   *el cuchillo*
murder   *el homicidio*
murderer   *el asesino*
perpetrator   *el autor*
person killed   *el asesinado*
physical   *físico*
pickpocket   *el carterista*
pistol   *la pistola*
police officer   *el (la) agente de policía, el (la) policía*
police station   *la comisaría*
property   *la propiedad*
push   *empujar*
rape   *la violación sexual*
to report a crime   *denunciar un crimen*
robber   *el ladrón*
robbery   *el robo*
to shove   *empujar*
taking   *la toma*
thief   *el (la) ladrón (ladrona)*
victim   *la víctima*
weapon (with blade)   *el arma blanca*

Chapter 27: Education

to attend   *asistir*
auditor (of a course)   *el (la) oyente*
bachelor's degree   *el bachillerato*
ballpoint pen   *el bolígrafo*
boarder (boarding student)   *el (la) interno(a)*
book bag   *la cartera, el maletero, el portalibros, la mochila*
chalkboard   *la pizarra, el pizarrón*
classroom   *la sala de clase, el aula*

course   *el curso*
course of study, curriculum   *el plan de estudios, plan de cursos*
daily schedule   *el horario*
day student   *el (la) externo(a)*
dean   *el (la) decano(a)*
doctorate   *el doctorado*
dormitory   *el dormitorio, el colegio mayor*
elementary school teacher   *el (la) maestro(a)*
to enroll   *inscribirse*
faculty   *el profesorado*
to fail   *salir mal, ser suspendido*
failing (grade or mark)   *cate, suspendido, desaprobado, suspenso*
to get a doctor's degree   *doctorarse*
to get a master's degree   *licenciarse*
to give a lesson   *dar una lección*
grade (from first to twelfth)   *grado*
grade (mark)   *la calificación, la nota*
to graduate   *graduarse*
high school   *el colegio, el liceo, la escuela secundaria, la preparatoria*
lecture   *la conferencia*
to major in   *especializarse*
mark (grade)   *la nota, la calificación*
master's degree   *la licenciatura*
to matriculate, register   *matricularse*
notebook   *el cuaderno, el bloc*
nursery school   *la escuela de párvulos*
opening of school   *la apertura de curso*
outstanding (grade or mark)   *sobresaliente*
passing, fair (grade or mark)   *aprobado, regular*
preparatory school   *la preparatoria*
prep school   *la prepa*
principal of a school   *el (la) director(a)*
pupil   *el (la) alumno(a)*
reading   *la lectura*
rector   *el (la) rector(a)*
requirement   *el requisito*
scholarship   *la beca*
school   *la escuela, (division of a university) la facultad*
school book   *el libro de texto, el libro escolar*
school desk   *el pupitre*
secondary (high) school   *la escuela secundaria*
subject (in school)   *la materia*
to succeed (pass an exam)   *salir bien*
student   *el (la) estudiante*
to take notes   *tomar apuntes*
to teach   *enseñar*
test, exam   *el examen*

tuition   *los derechos de matrícula*
uniform   *el uniforme*
university   *la universidad*
very good (grade or mark)   *notable*

Chapter 28: Business

accountant   *el (la) contable*
accounting   *la contabilidad*
administrator   *el (la) administrador(a)*
advertising   *la propaganda, la publicidad*
assets   *los activos*
balance sheet   *la hoja de balance*
Board of Directors   *la junta directiva*
business   *el comercio*
buyer   *el (la) comprador(a)*
consumer   *el (la) consumidor(a)*
corporation   *la sociedad anónima,
         la corporación*
cost   *el costo*
decision making   *la toma de decisiones*
to decrease   *bajar*
department   *el departamento, el servicio*
dividend   *el dividendo*
enterprise   *la empresa*
financial statement   *el estado financiero*
goods   *los bienes*
income   *el ingreso, la renta*
increase   *subir*
liabilities   *los pasivos*
to make a decision   *tomar una decisión*
market   *el mercado*
marketing   *el marketing, el mercadeo*
partner   *el (la) socio(a)*
partnership   *la asociación, la sociedad colectiva*
product   *el producto*
production   *la producción*
profit   *las ganancias, las rentas*
profitable   *rentable*
purchaser   *el (la) comprador(a)*
to recuperate   *recuperar*
results   *los resultados*
retail   *al por menor, al detal*
retailer   *el (la) menorista, el (la) detallista*
sales rep   *el (la) vendedor(a)*
services   *los servicios*
to set a price   *fijar un precio*
stock   *la acción*
stockholder   *el accionista*
Stock Market   *la Bolsa de Valores*
supply and demand   *la demanda y la oferta*
taxable   *gravable*

tax   *el impuesto*
wholesale   *al por mayor*
wholesaler   *el (la) mayorista*

Chapter 29: The Computer

attachment   *el documento adjunto*
to burn   *grabar*
button   *el botón*
click on   *hacer clic*
computer   *el ordenador, la computadora*
to copy   *copiar*
deleted items   *elementos eliminados*
desktop screen   *la pantalla de escritorio*
document   *el documento*
to download   *bajar*
to download   *descargar*
drafts   *los borradores*
to drag   *arrastrar*
to eliminate   *eliminar, borrar*
e-mail   *el correo electrónico*
e-mail   *el e-mail*
to erase, trash   *borrar*
erased, trashed items   *elementos borrados*
file   *el archivo*
to file   *archivar*
folder   *la carpeta*
to go back   *regresar, retroceder*
go online   *entrar en línea*
hard copy   *la copia dura*
hard disc drive   *la unidad de disco duro*
home page   *la página de inicio*
icon   *el ícono*
inbox   *la bandera de entradas*
internet   *el (la) internet*
junk mail   *el correo no deseado*
key   *la tecla*
keyboard   *el teclado*
to log off   *cerrar la sesión*
mouse   *el ratón*
mouse pad   *la alfombrilla*
online   *en línea*
outbox   *la bandeja de salidas*
to press   *oprimir, pulsar*
previous site   *sitio anterior*
to print   *imprimir*
printer   *la impresora*
to respond   *responder*
return key   *el botón regresar/retroceder*
to save   *guardar*
search the web   *navegar la red*
sent items   *elementos enviados*

to start (up)   *prender*
to shut down   *apagar*
tool bar   *la barra de herramientas*
to trash   *borrar*
to turn off, shut down   *apagar*
user   *el usuario*
virus   *el virus*

Chapter 30: Government and Politics

against   *en contra*
to amend   *enmendar (ie)*
amendment   *la enmienda*
anticlericalism   *el anticlericalismo*
to approve, accept   *aprobar (ue)*
autocratic   *autocrático*
bicameral   *bicameral*
Cabinet   *el Consejo de Ministros, el Gabinete*
Chamber of Deputies,
  House of Representatives   *la Cámara de
                    Diputados, Cámara
                    de Representantes,
                    Congreso de
                    Diputados*
chancellor   *el canciller*
citizen   *el (la) ciudadano(a)*
committee   *el comité*
communism   *el comunismo*
to concede   *conceder*
Congress   *el Congreso*
congressman (woman),
  representative in Congress   *el (la) diputado(a)
                    al Congreso*
conservatism   *el conservatismo*
constitution   *la constitución*
control   *el control*
court   *la corte, el tribunal*
curfew   *el toque de queda*
to declare   *declarar*
to deliberate   *deliberar*
democracy   *la democracia*
democratic   *democrático*
deputy; representative   *el (la) diputado(a)*
dictator   *el (la) dictador(a)*
dictatorship   *la dictadura*
diet   *la dieta*
to discuss   *discutir*
to elect   *elegir (i,i)*
election   *las elecciones*
fascism   *el fascismo*
freedom   *la libertad*
freedom of speech   *la libertad de palabra*
freedom of the press   *la libertad de prensa*

government   *el gobierno*
governmental   *gubernamental*
human rights   *los derechos humanos*
imperialism   *el imperialismo*
to impose   *imponer*
in favor   *en favor*
interventionism   *el intervencionismo*
isolationism   *el aislacionismo*
junta   *la junta*
law   *la ley*
left (political)   *la izquierda*
leftist   *el (la) izquierdista*
liberalism   *el liberalismo*
lower chamber   *la cámara baja*
majority   *la mayoría*
to make a motion   *presentar una moción*
manifestation   *la manifestación*
martial law   *la ley marcial*
marxism   *el marxismo*
militarism   *el militarismo*
Ministry of Agriculture   *el Ministerio
                    de Agricultura*
Ministry of Communication   *el Ministerio de
                    Comunicaciones*
Ministry of Education   *el Ministerio de Educación
                    (de Instrucción Pública)*
Ministry of Foreign Affairs (of state)
                    *el Ministerio de
                    Relaciones
                    Exteriores*
Ministry of the Interior   *el Ministerio
                    del Interior*
Ministry of Justice   *el Ministerio de Justicia*
Ministry of Labor   *el Ministerio de Trabajo*
Ministry of Public
  Instruction (Education)   *el Ministerio de
                    Instrucción Pública*
Ministry of State   *el Ministerio de Estado*
Ministry of the Treasury   *el Ministerio
                    de Hacienda*
minority   *la minoría*
monarch   *el (la) monarca*
monarchism   *el monarquismo*
monarchist   *el (la) monarquista*
motion   *la moción*
national   *nacional*
on the other side   *del otro lado, de la otra
                    acera, opuesto*
opposite   *opuesto, contrario*
opposition   *la oposición*
Parliament   *el Parlamento*
party   *el partido*
people (of a country)   *el pueblo*

people of legal age *los mayores de edad*
person in the military *el (la) militar*
plebiscite *el plebiscito*
plenary session *la sesión plenaria*
political *político*
politics, political policy *la política*
president *el (la) presidente(a)*
prime minister *el (la) primer(a) ministro(a)*
progressivism *el progresismo*
to protect *proteger*
quorum *el quórum*
racism *el racismo*
radicalism *el radicalismo*
referendum *el referéndum*
regime *el régimen*
right *el derecho*
right (political) *la derecha*
right to vote *el derecho al voto*

rightist *el (la) derechista*
to second a motion *apoyar una moción*
senate *el senado*
senator *el (la) senador(a)*
separatism *el separatismo*
socialism *el socialismo*
system *el sistema*
to take into consideration *tomar en consideración*
terrorism *el terrorismo*
under *bajo*
unicameral *unicameral*
upper chamber *la cámara alta*
uprising *la sublevación*
vote *el voto*
to vote *votar*
vote of confidence *el voto de confianza*

Glossary: English—Spanish

Glosario: inglés—español

abdominal *abdominal*
about (followed by an expression of time) *a eso de*
accelerator *el acelerador*
access e-mail *acceder al e-mail*
accountant *el (la) contable*
accounting *la contabilidad*
ache *el dolor*
to ache *doler (ue)*
act *el acto*
to act *actuar*
actor *el actor*
actress *la actriz*
additional charge *el cargo adicional*
address *la dirección, las señas*
addressee *el (la) destinatario(a)*
advertising *la propaganda, la publicidad*
to advise *avisar*
after-dinner conversation *la sobremesa*
afternoon *la tarde*
again *otra vez, de nuevo*
against *en contra de*
agent *el (la) agente*
agriculture control *el control de agricultura*
air *el aire*
air conditioning *el aire acondicionado*
airfare *la tarifa, el pasaje*
airline *la línea aérea, la compañía de aviación*
air mattress (cushion, float) *el colchón de aire, el colchón neumático*
airport *el aeropuerto*
air pressure *la presión del aire*
airsickness *el mareo*
airsickness bag *la bolsa para el mareo, el saco para el mareo*
aisle *el pasillo*
alarm clock *el despertador*
a little after (preceded by a number) *y pico: a las tres y pico a little after three*
allergy *la alergia*
altitude *la altura*
ambulance *la ambulancia*
to amend *enmendar (ie)*

amendment *la enmienda*
amount requested *el monto pedido*
analysis *el análisis*
anesthesia *la anestesia*
anesthetist *el (la) anestesista*
an hour *por hora*
ankle *el tobillo*
answer (to a telephone call) *la contestación*
antibiotic *el antibiótico*
anticlericalism *el anticlericalismo*
aperitif *el aperitivo*
appendicitis *la apendicitis*
appendix *el apéndice*
applaud *aplaudir*
approve *aprobar (ue)*
April *abril*
area code *la clave de área, el código de área, la zona telefónica*
arm *el brazo*
armchair *la butaca, el sillón*
armed robbery *el latrocinio*
armrest *el descansabrazos*
around the beginning of (followed by a period of time) *a principios de*
around the end of (followed by a period of time) *a fines de, a últimos de*
around the middle of (followed by a period of time) *a mediados de*
arrival *la llegada*
arriving from *procedente de*
arrow *la flecha*
arrow (computer) *el cursor*
arthritis *la artritis*
asthma *el asma (f)*
assassin *el (la) asesino(a)*
assault *el asalto*
assets *los activos*
ATM *el cajero automático*
attachment *el documento adjunto*
attack *el ataque*
attend (a class or function) *asistir a*
auditor (of a course) *el (la) oyente*

August *agosto*
autocratic *autocrático*
automatic transmission *la transmisión automática*
available *disponible*
avenue *la avenida*

bachelor's degree *el bachillerato*
back (of a person) *la espalda*; (of a seat) *el respaldo*
backpack *la mochila*
backspace key *el botón regresar*
bad breath *el mal aliento*
bag *la bolsa, la funda, el cartucho*
baggage *el equipaje*
baggage claim *el reclamo (la recogida) de equipaje*
baggage room *la consigna, la sala de equipaje*
bake *asar en el horno*
bakery (pastry shop) *la pastelería*; (bread store) *la panadería*
baking pan *la tartera, la tortera, el molde*
balance (of an account) *el saldo*
balance sheet *la hoja de balance*
balcony *el balcón*; (in a theater) *el balcón, la galería*
ball (large, like a football) *el balón*; (smaller, like a tennis ball) *la pelota*; (very small, like a golf ball) *la bola*
ballpoint pen *el bolígrafo, el lapicero, la lapicera, la pluma*
bandage *la venda*; (small) *el vendaje*
to bandage *vendar*
bangs (hair) *el flequillo*
bank *el banco*
bank statement *el estado bancario*
bar (of soap) *la barra, la pastilla*
bar code *el código de barra*
barometric pressure *la presión barométrica, la presión atmosférica*
basket *el cesto, la canasta*; (pannier) *el capacho*; (in basketball) *el cesto, la canasta*
basketball *el básquetbol, el baloncesto*
bath *el baño*
to bathe *bañarse*
bathing cap *la gorra (de baño)*
bathing suit *el traje de baño, el bañador, el bikini*
bath mat *la alfombrilla de baño*
bathrobe *la bata (de baño)*

bathroom *el cuarto de baño*; (for public bathroom, please see Chap. 8 on public bathroom facilities)
bath towel *la toalla de baño*
bathtub *el baño, la tina, la bañera*
battery *la batería*; (smaller, for a flashlight) *la pila*
beach *la playa*
beach chair *la silla playera*; (canvas) *la silla de lona*
beach resort *el balneario*
beach robe *la bata*
beach sandals *las sandalias playeras*
beach umbrella *el parasol, la sombrilla*
beard *la barba*
bed *la cama*
bedroom *el cuarto, el dormitorio, la habitación, la alcoba, la recámara*
bedspread *el cubrecama, la sobrecama, la colcha*
to begin *empezar (ie), comenzar (ie)*
bellhop *el botones, el mozo, el maletero*
belt *el cinturón*
bicameral *bicameral*
bill *la factura, la cuenta*; (banknote) *el billete*
birthday *el cumpleaños*
to bite *morder (ie)*
bladder *la vejiga, la vesícula*
blanket *la manta, la frazada, la cobija, la frisa*
to bleed *sangrar*
blend (of fabrics) *la combinación*
blender *la batidora*
block (of a street) *la cuadra, la manzana, el bloque*
blood *la sangre*
blood pressure *la tensión arterial, la presión sanguínea*
blood type *el grupo sanguíneo, el tipo sanguíneo*
blouse *la blusa*
to blow *soplar*; (a fuse) *quemarse un fusible*; (a horn) *tocar, sonar (ue)*
blown out (as a light bulb) *fundido, quemado*
blue jeans *los blue jeans, los mahones*
Board of Directors *la junta directiva*
to board *abordar, subir a*
boarder (at a school) *el (la) interno(a)*
boarding *el embarque*
boarding pass or card *la trajeta de embarque, el pasabordo*
boat *el barco, el bote, la lancha, la embarcación*
bobby pin *la horquilla*
to boil *hervir (i,i)*

bone   *el hueso*; (of a fish) *la espina*

bonfire   *la hoguera, la fogata*

book bag   *la cartera*

bookshelf   *el estante*; (complete book rack) *la librería, la biblioteca*

boot   *la bota*

to bother   *molestar*

bottle opener   *el abrebotellas, el destapador*

to bounce   *brincar*

box   *la caja*

box seat (at the theater)   *el palco, la butaca de palco*

braces   *los brackets, los frenos, los frenillos*

braid   *la trenza*

to brake   *frenar*

brake fluid   *el líquido de frenos*

brassiere   *el sostén*

bread store (bakery)   *la panadería*

to break   *descomponer, romper*; (waves) *romperse, reventarse (ie), estallarse*

breakdown (automobile)   *la avería, la descompostura, el pane, la pana*

breakfast   *el desayuno*

breaking and entering   *el escalamiento*

breast (human)   *el seno*; (of a chicken) *la pechuga*

breath   *el aliento*

briefcase   *el maletín*

bring to the boiling point   *llevar a ebullición*

broiled   *a la parrilla, a la plancha, a la brasa*

broken   *descompuesto, estropeado, roto*; (out of order) *fuera de servicio*

broom   *la escoba*

brush   *el cepillo*

to brush   *cepillar*; (one's teeth) *cepillarse los dientes*

buffet car   *la bufetería*

bumper   *el parachoques*

bun (hair)   *el moño*

bunch   *el manojo, el atado, el racimo*

to burn (comp.)   *grabar*

to burn (light something)   *encender (ie)*

burner (of a stove)   *el (la) hornillo(a), la estufa*

burnt out (light bulb)   *fundido, quemado*

bus   *el autobús, el bus, el camión, la guagua*

business   *el comercio*

business class   *clase ejecutiva*

busy   *ocupado*

busy signal (on the telephone)   *la señal de ocupado, el tono de ocupado*

butane gas   *el gas butano*

butcher shop   *la carnicería*

butter dish   *el mantequero, la mantequillera*

button   *el botón*

to buy   *comprar*; (a ticket in Spain) *sacar*

buyer   *el (la) comprador(a)*

by boat   *en barco*

by day (in comparison to by night)   *de día*

by the day (on a daily basis)   *por día*

by the week (on a weekly basis)   *por semana*

cabin   *la cabina*

cabinet (of a president or prime minister)   *el Consejo de Ministros*; (of a kitchen) *la alacena*

cake   *el pastel, la torta, la tarta*; (of soap) *la pastilla, la barra*

to calculate   *calcular*

call   *la llamada, el llamado*

calm   *calmo, tranquilo*

to camp   *acampar*

camper   *el cámper*

camping (campsite)   *el camping*

can   *la lata, el bote*

can opener   *el abrelatas*

to cancel   *anular*

cancer   *el cáncer*

candelabra   *el candelabro*

candle   *la vela, la candela*

canvas   *la lona*

car   *el automóvil, el carro, el coche*

car (of a train)   *el coche, el vagón*

carry   *llevar*

cart   *el carrito*

to carve   *trinchar*

carving knife   *el trinchante, el trinche*

cash   *el dinero en efectivo*

to cash (a check)   *cobrar, cambiar, canjear*

cashier   *el (la) cajero(a)*

cashier's office or window   *la caja*

cataracts   *las cataratas*

cavity   *la caries*

cellular phone   *el teléfono celular, el móvil*

center aisle   *el pasillo central*

centigrade (Celsius)   *centígrado*

century   *el siglo*

certified mail   *el correo certificado, el correo recomendado*

chair   *la silla*

chair lift   *el telesilla*

chalkboard   *la pizarra*

chamber of deputies (House of Representatives)   *la Cámara de Diputados*

chancellor   *el canciller*

change (coins in comparison to bills) *el suelto*;
(that one receives after paying for something)
el vuelto, la vuelta; (in the sense of exchange)
el cambio

to change *cambiar*

to change planes *cambiar de avión*

to change trains *transbordar*

channel *el canal*

charge *el cobro, el cargo*

to charge *cobrar, cargar*

to chat *charlar, platicar*

check (in the sense of a bill at a restaurant, hotel,
etc.) *la cuenta*; (a check in comparison with
cash) *el cheque*; (a check that one receives to
acknowledge receipt of, for example, a piece of
luggage) *el talón*

to check (to check luggage through) *facturar*;
(to check something for a while and then pick
it up) *depositar*; (to check out something such
as oil in a car) *revisar, comprobar (ue)*,
verificar, chequear

checkbook *el talonario, la chequera*

checked (fabric) *a cuadros*

to check in *presentarse*

check in *la facturación*

check-in desk *la recepción*

checking account *la cuenta corriente*

cheek *la mejilla*

cheese *el queso*

chest *el pecho*

to chew *masticar*

chicken *el pollo*

chicken breast *la pechuga*

chicken leg or thigh *el muslo*

chicken pox *las viruelas*

chills *los escalofríos*

chills and fever *la fiebre intermitente*

choices *las alternativas*

choke (of a car) *el ahogador*

chop *la chuleta*

Christmas *la Navidad*

Christmas Eve *la víspera de Navidad,*
la Nochebuena

cigarette *el cigarrillo*

citizen *el (la) ciudadano(a)*

to claim (pick up) *recoger, reclamar*

classroom *la sala de clase, el aula (f)*

to clean *limpiar*

clear *claro*; (of the sky) *despejado*

to clear *aclarar*; (of the weather) *aclararse,*
despejarse; (the table) *quitar la mesa*

to click on *hacer clic*

clinic *la clínica*

cloakroom *el guardarropa, el vestuario*

clogged *atascado*

closet *el armario*

cloth *el paño*

clothes *la ropa*

clothing *la ropa*

cloud *la nube*

cloudiness *la nubosidad*

cloudy (overcast) *nublado*

clutch *el embrague, el cloche*
to engage the clutch *embragar*

coat *el abrigo, el gabán*

cockpit *la cabina del piloto*

code *el código, el pin*

coin *la moneda*

cold *frío*

cold (to have a cold) *tener un catarro, tener un*
resfrío, tener un resfriado,
estar resfriado, estar
constipado

collect call *la llamada de cobro revertido,*
la llamada de cargo reversible

colon *el colon*

to comb (one's hair) *peinarse*

comb-out *el peinado*

comedy *la comedia*

come in *¡pase Ud.!, ¡adelante!*

coming from (of a plane or a train) *procedente de*

commission *la comisión*

committee *el comité*

communism *el comunismo*

communist *el (la) comunista*

compartment *el compartimiento*

compound fracture *la fractura complicada*

computer *la computadora, el ordenador*
desktop computer *la computadora de escritorio*
laptop computer *la computadora portátil*
personal computer *la computadora personal*

to concede *ceder*

concierge *el (la) conserje*

conductor *el revisor, el recogedor de billetes*
(boletos), el controlador,
el cobrador

conference *la reunión*; (very large) *el congreso*

confirmation *la confirmación*

confirmation number *el número (el código) de*
confirmación

congestion *la congestión*

congress *el Congreso*

congressman (woman) *el (la) diputado(a) del*
Congreso

connection *la conexión*

consent *el consentimiento*

conservatism　*el conservatismo*
conservative　*el (la) conservador(a)*
consolidator　*el consolidador*
constipated　*estreñido*
constitution　*la constitución*
container　*el envase*
continue　*seguir (i,i), continuar*
contract　*el contrato*
control　*el control*
control key　*la tecla de control*
conveyor belt　*la correa*
to cook　*cocinar, asar, guisar, cocer (ue)*
cool　*fresco*
copy　*la copia*
to copy　*copiar*
cord　*la cuerda, el cordón*
cordless phone　*el teléfono inalámbrico*
corduroy　*la pana*
corkscrew　*el sacacorchos*
corner (of a street)　*la esquina*; (of a room)
　　　　　el rincón
cotton　*el algodón*
cough　*la tos*
to cough　*toser*
counter (in a store or office)　*el mostrador*
country code　*el prefijo del país*
course (in a school)　*el curso*; (of a meal)
　　　　　el plato
course of study (curriculum)　*el plan de estudios*
court　*la corte, el tribunal*
cover　*la tapa*
to cover　*tapar*
to cover (territory)　*recorrer*
crane　*la grúa*
credit card　*la tarjeta de crédito*
crew　*la tripulación*
crime　*el crimen, el delito*
cross country skiing　*el esquí de fondo, el
　　　　　esquí nórdico*
cuff (of a shirt)　*el puño*; (of pants) *el doblez,
　　　　　la basta*
cup　*la taza*
curfew　*el toque de queda*
curl　*el rizo*
curly　*rizado*
current　*la corriente*
cursor key　*la tecla de cursor*
curtain (in a theater)　*el telón*; (in a home) *la
　　　　　cortina*
customs　*la aduana*
customs agent　*el (la) agente de aduana*

customs declaration　*la declaración para la
　　　　　aduana, la declaración de
　　　　　aduana*
cut (haircut)　*el corte (de pelo)*
to cut　*cortar*
to cut off (telephone line)　*cortarle a alguien la
　　　　　línea*
cutlet　*la chuleta*
cyst　*el quiste*

daily　*diario*
daily newspaper　*el diario*
daily schedule　*el horario*
dairy store　*la lechería*
dangerous　*peligroso*
to darn (mend)　*zurcir*
dashboard　*el tablero de instrumentos*
data　*los datos*
date　*la fecha*
dawn　*el amanecer*
day　*el día*
day after tomorrow　*pasado mañana*
day before yesterday　*anteayer, antes de ayer*
day student　*el (la) externo(a)*
dean　*el (la) decano(a)*
death　*la muerte*
December　*diciembre*
declare　*declarar*
to decrease　*bajar*
deep-fried　*frito, a la romana*
delay　*la demora*
to delete　*borrar*
deleted items　*documentos eliminados,
　　　　　borrados*
deliberate　*deliberar*
delicatessen　*la charcutería, la fiambrería*
deliver (mail)　*repartir*
delivery room (in a hospital)　*la sala de partos*
democracy　*la democracia*
democratic　*democrático*
demostration　*la manifestación*
denim　*el algodón asargado, el hilo de saco,
　　　　　la tela de blue jean*
dent　*la abolladura*
dental floss　*el hilo dental, la seda dental*
dentist　*el (la) dentista, el (la) odontólogo(a)*
department　*el departamento, el servicio*
departure　*la salida*
deposit　*el depósito*
to deposit　*depositar, ingresar*
deputy (representative)　*el (la) diputado(a)*
desk clerk　*el (la) empleado(a)*

desktop screen   *la pantalla de escritorio*
dessert   *el postre, los dulces*
destination   *el destino*
device   *el dispositivo*
diabetes   *la diabetes*
dial   *el disco*
to dial (a telephone)   *marcar, discar*
dial tone   *la señal, el tono*
diaper   *el pañal*
to dice (meat or vegetables)   *picar*
dictator   *el (la) dictador(a)*
dictatorship   *la dictadura*
diet (of a government)   *la dieta*; (for health reasons) *la dieta, el régimen*
diner (member of group dining together)   *el (la) comensal*
dining car   *el coche comedor, el bufet, el bufé*
dirty   *sucio*
disabled person   *una persona con discapacidad*
disc   *el disco*
discolored   *discolorido*
discuss   *discutir*
disease   *la enfermedad*
dishcloth (towel)   *el paño, el secador*
dishrag   *el estropajo, el fregador*
dishware   *la vajilla*
dividend   *el dividendo*
dizzy   *mareado*
doctor (medical)   *el (la) médico(a)*; (when speaking to a person with a doctorate) *doctor(a)*
doctorate   *el doctorado*
doctor's office   *la consulta del (de la) médico(a)*
document   *el documento*
domestic   *doméstico*; (relative to a flight) *nacional*
dormitory   *el dormitorio, el colegio mayor*
double bed   *la cama doble (de matrimonio)*
double room   *un cuarto doble, un cuarto de matrimonio, la habitación doble, la habitación de matrimonio*
doubles (tennis)   *los dobles*
to download (comp.)   *descargar, bajar*
down payment   *el pago inicial, el pie, el anticipo, el pronto*
dozen   *la docena*
downhill skiing   *el esquí alpino*
draft   *el borrador*
to drag (computer)   *arrastrar*
drain   *el desagüe*
to drain (dishes)   *escurrir*
drainboard   *el escurridero*

drama   *el drama*
drawer   *el cajón*
dress   *el vestido*
dressing gown   *la bata*
drinking water   *el agua potable*
to drip   *gotear*
to drive (computer)   *manipular*
driver   *el (la) conductor(a)*
driver's license   *el permiso de conducir, la licencia, el carnet*
to drizzle   *llovizdar*
to dry clean   *limpiar en seco*
dry cleaner's shop   *la tintorería*
dry cleaning   *la limpieza en seco*
dry oneself   *secarse*
dryer   *el secador*
dub (a film)   *doblar*
due date   *la fecha de vencimiento*
dusk   *el atardecer*
to dust   *quitar el polvo, limpiar el polvo*
duty (to be paid at customs)   *los impuestos*
dye job   *el tinte*

ear   *el oído, la oreja*
early   *temprano*
early morning hours   *la madrugada*
Easter   *la Pascua (Florida)*
economical   *económico*
economy class   *la clase económica*
egg   *el huevo*
eggbeater   *el batidor de huevos*
egg store   *la huevería*
to elect   *elegir (i,i)*
election   *la elección*
electrician   *el (la) electricista*
electric razor   *la máquina de afeitar*
electrocardiogram   *el electrocardiograma*
electronically   *electrónicamente*
electronic transaction   *transacción electrónica*
elementary school   *la escuela elemental, la escuela primaria*
elementary school teacher   *el (la) maestro(a)*
eliminate (computer)   *borrar, eliminar*
e-mail   *el e-mail, el correo electrónico*
embarkation   *el embarque*
emergency   *la emergencia*
emergency exit   *la salida de emergencia*
emergency room   *la sala de emergencia*
empty   *vacío*
to empty   *vaciar*
empty bottle (for return)   *el envase, el casco*

to endorse   *endosar*
end key   *la tecla de fin*
end player   *el ala (m or f)*
to enroll   *inscribir(se), matricularse*
enter (on stage)   *entrar en escena*
enterprise   *la empresa*
entertainment   *el entretenimiento,
        la diversión*
epilepsy   *la epilepsia*
escape key   *la tecla de escape*
eve   *la víspera*
exactly (time)   *en punto*
examine   *examinar*
examine with a stethoscope, examine by
   auscultation   *auscultar*
exchange   *el cambio*
to exchange   *cambiar*
exchange bureau   *la oficina de cambio*
exit   *la salida*
to exit   *salir*
expensive   *caro*
express (train)   *el (tren) expreso, el rápido*
extension   *la extensión, el anexo*
extraction (of a tooth)   *la extracción*

to face   *dar a*
face cloth   *el paño*
facilities   *los servicios*
faculty   *el profesorado*
to fail   *salir mal, ser suspendido*
failing (grade or mark)   *suspendido, suspenso,
        desaprobado, cate*
fair (grade or mark)   *regular, aprobado*
to fall asleep   *dormirse (ue,u)*
far   *lejos*
fare   *la tarifa, el pasaje*
farther on   *más allá, para arriba*
fascism   *el fascismo*
fascist   *el (la) fascista*
to fasten   *abrochar*
faucet   *el grifo, la llave, la pluma*
February   *febrero*
fender   *el guardafango, la aleta*
fever   *la fiebre*
field (course where a game is played)   *el campo,
        la cancha*

file   *el archivo*
to file   *archivar*
to fill   *llenar*
to fill out   *llenar*
to fill up   *llenar*
filling (of a tooth)   *el empaste, la tapadura*
financial statement   *el estado financiero*
finger   *el dedo*

fingernail   *la uña*
firearm   *el arma de fuego*
fireplace   *la chimenea*
first aid kit   *el botiquín*
first class   *la primera clase*
first gear   *la primera velocidad*
fish   *el pescado*
fishbone   *la espina*
fish store   *la pescadería*
fluoride   *el flúor*
to fit   *caber*
to fit well (clothing)   *quedarle bien (a alguien)*
to fix   *reparar*
to fix up   *arreglar*
fixed menu   *el menú del día, el menú turístico,
        los platos combinados*
flannel   *la franela*
flashlight   *la linterna (eléctrica)*
flat tire   *el pinchazo, la llanta reventada,
        el neumático desinflado, la goma
        ponchada, la ponchadura*
flight   *el vuelo*
flight attendant   *el (la) asistente(a) de vuelo, el
        (la) aeromozo(a), la azafata*
flight time   *el tiempo de vuelo*
to float   *flotar*
to float (with hands behind the head)   *hacer
        la plancha*
floor   *el piso, el suelo; (first, second, etc. of a
        building) el piso, la planta*
floor lamp   *la lámpara de pie*
floppy disc   *el disco blando, el disquete*
flu   *la gripe*
fly (on pants)   *la bragueta*
to fly   *volar (ue)*
fog   *la niebla, la neblina*
folder   *la carpeta*
folding chair   *la silla plegable*
folding table   *la mesa plegable*
food   *los comestibles*
foot   *el pie*
football (the game)   *el fútbol; (the ball)
        el balón*
foot brake   *el freno de pie*
fork   *el tenedor*
form (to be filled out)   *el formulario*
forward   *adelante; (adj.) delantero*
foul   *el foul*
fowl   *las aves*
fragile   *frágil*
freedom   *la libertad*
freedom of speech   *la libertad de palabra*
freedom of the press   *la libertad de prensa*
freezer   *la congeladora*

frequent flyer *pasajero frecuente*
fresh *fresco*
Friday *viernes*
fried *frito*
frozen *congelado*
fruit *la fruta*
fruit (and vegetable) store *la frutería, la verdulería*
fry *freír (i,i)*
frying pan *la (el) sartén*
full *lleno, completo*
full coverage insurance *el seguro contra todo riesgo, el seguro completo*
full room and board *la pensión completa*
fuse *el fusible*
fuse box *el tablero de fusibles, el cuadro de fusibles*

gabardine *la gabardina*
gallbladder *la vesícula biliar, la vejiga de la bilis*
game *el juego, el partido*
garbage *la basura*
garbage can *el basurero, el balde de basura, el cubo de basura*
gasoline *la gasolina, la benzina*
gas station *la gasolinera, la estación de servicio*
gas tank *el tanque, el depósito*
gate (at an airport) *la puerta*
gearshift *la palanca*
gel *el gel*
to get a doctorate *doctorarse*
to get a master's degree *licenciarse*
to get off *bajar (se)*
to get on *subir (se)*
to get up *levantarse*
girdle *la faja*
give *dar*
give birth *dar a luz, parir*
give me *déme, póngame*
gland *la glándula*
glass *el vaso*; (with a stem) *la copa*
glove *el guante*
glove compartment *la guantera, la secreta, la cajuelita*
to go back (computer) *regresar, retroceder*
to go down (a slope) *bajar*
to go down (curtain in a theater) *caer*
to go online *ir (entrar) en línea*
to go to bed *acostarse (ue)*
to go up (curtain in a theater) *levantarse*
goal *la meta, el gol*
goal (area) *la puerta, la portería*

goalie *el (la) portero(a), el (la) guardameta*
going to *con destino a*
golf *el golf*
golf club *el palo*
good (grade or mark) *bueno*
goods *los bienes*
government *el gobierno*
governmental *gubernamental*
grade (school mark) *la nota, la calificación*; (grade level) *el grado*
to graduate *graduarse*
gram *el gramo*
gravy *la salsa*
gravy boat *la salsera*
grease job *el engrase, la lubricación*
grilled *a la parrilla, a la plancha, a la brasa*
groceries *los abarrotes, los comestibles*
grocery store *la tienda de abarrotes, la bodega, la tienda de ultramarinos, el colmado, la pulpería*
ground personnel *personal de tierra (terrestre)*
guest *el (la) convidado(a), el (la) huésped*
gum (of the mouth) *la encía*
gun *la pistola*

to hail (weather) *granizar*
hair *el pelo, los cabellos*
haircut *el corte*
hairdresser *el (la) peluquero(a)*
hair dryer *la secadora (para el pelo)*
hair spray *la laca, el spray*
hammer *el martillo*
hammock *la hamaca*
hand *la mano*
hand brake *el freno de mano*
hand luggage *el equipaje de mano*
to hand over *entregar*
handkerchief *el pañuelo*
handle *el asa (f), el mango*
to hang up *colgar (ue)*
hanger (for clothes) *la percha, el gancho, el armador, el colgador*
hard copy *una copia dura*
hard disc *el disco duro*
hardware *el hardware*
hat *el sombrero*
hatcheck room *el guardarropa, el vestuario*
head (part of the body) *la cabeza*; (of lettuce, etc.) *el repollo*
headlight *el faro, la luz, el foco*
headset (for listening to music) *el juego de audífonos, el juego de auriculares*

heart   *el corazón*
heart attack   *el ataque al corazón*
heat   *el calor*
to heat   *calentar (ie)*
heel (of a shoe)   *el tacón*
hem   *el dobladillo*
hemorrhoids   *las hemorroides*
high beams   *las luces altas, las luces de carretera*
high school   *la escuela secundaria, la escuela preparatoria, el colegio, el liceo*
highway   *la carretera*
hip   *la cadera*
hold on! (don't hang up the phone)   *¡no cuelgue Ud.!*
hole (in the ground)   *el hoyo*; (in clothing, etc.) *el hueco*
holiday   *el día de fiesta, el día festivo*
home page   *página de inicio*
hood (of a car)   *el capó, el bonete*
hook   *el gancho*
horn   *la bocina, el claxon*
hors d'oeuvre   *el entremés*
hospital   *el hospital, la clínica*
hot   *caliente*
hour   *la hora*
house speciality (at a restaurant)   *la especialidad de la casa*
housekeeper   *la camarera*
housework   *los quehaceres domésticos*
how long?   *¿cuánto tiempo?*
How much is (are) (at a food store)   *¿A cómo están?*; *¿A cuánto está(n)?*; (for clothing, ticket, etc.) *¿Cuánto cuesta(n)?*
hubcap   *el tapón, el tapacubo*
human   *humano*
human rights   *los derechos humanos*
humid   *húmedo*
humidity   *la humedad*
to hurt   *hacerle daño (a alguien)*; *doler (ue)*
hysterectomy   *la histerectomía*

icon   *el icono*
illness   *la enfermedad*
illuminated   *iluminado*
immigration   *la inmigración*
imperialism   *el imperialismo*
impose   *imponer*
in box   *la bandeja de entradas*
in case of   *en caso de*
in cash   *al contado*
in favor of   *en favor de*
in front of   *delante de*

in installments   *a plazos, a cuotas, con facilidades de pago*
in its juices   *en su jugo*
in labor   *de parto*
in neutral (car)   *en neutro, en punto muerto*
in reverse (car)   *en reverso(a), en marcha atrás, en retro*
in the back   *por detrás*
incapacity   *la incapacidad*
included   *incluido*
income   *el ingreso, las rentas*
increase   *subir*
inexpensive   *económico*
inflamed   *inflamado*
injection   *la inyección*
input   *la entrada*
input key   *la tecla de entrada*
insert key   *la tecla de insertar*
installment payment   *la cuota*
installment plan   *pagar a plazos*
insurance   *los seguros*
insurance company   *la compañía de seguros*
insurance policy   *la póliza de seguros*
to insure   *asegurar*
interest   *el interés*
interest rate   *la tasa de interés, el tipo de interés*
intermission   *el intermedio*
intern   *el (la) médico(a) residente*
international   *internacional*
Internet   *el (la) Internet, la red*
intersection   *la bocacalle*
interventionism   *el intervencionismo*
intestine   *el intestino*
intravenous   *intravenoso*
iodine   *el yodo*
iron (for clothing)   *la plancha*
to iron   *planchar*
ironing   *el planchado*
ironing board   *la tabla de planchar*
isolationism   *el aislacionismo*
issued   *emitido*
it's ringing (telephone)   *está sonando*

jacket   *la chaqueta, el saco*
January   *enero*
July   *julio*
June   *junio*
junk mail   *correo no deseado*
junta   *la junta*

keep   *mantener*
key   *la llave, la tecla*

keyboard   *el teclado*
kick   *dar una patada*
kidney   *el riñón*
kilo(gram)   *el kilo(gramo)*
kitchen   *la cocina*
kitchen cabinet   *la alacena*
kitchen stove   *la cocina, la estufa*
knife   *el cuchillo*
knocking (car)   *golpeando*

label (for identification purposes)   *la etiqueta*
labor pains   *los dolores de parto*
lamb   *el cordero*
lamp   *la lámpara*
landing   *el aterrizaje*
to land (a plane)   *aterrizar*
lane (of a highway)   *la banda, la pista, el carril, la vía*
last year   *el año pasado*
late   *tarde, con retraso*
later   *más tarde*
later time (at a)   *posteriormente*
laundry   *el lavado*
laundry service   *el servicio de lavado*
law   *la ley*
lead (actor or actress in a play or movie)   *el (la) protagonista*
leaded (gasoline)   *con plomo*
leaking   *goteando*
learn   *aprender*
leather   *el cuero*
to leave   *salir*
to leave (something behind)   *dejar*
lecture   *la conferencia*
left   *la izquierda*
leftist   *el (la) izquierdista*
leg   *la pierna*
letter   *la carta*
letter carrier   *el (la) cartero(a)*
liabilities   *los pasivos*
liberalism   *el liberalismo*
license (to drive a car)   *el permiso de conducir, la licencia, el carnet, el título*
license plate   *la placa, la matrícula*
lifeguard   *el (la) salvavidas, el (la) vigilante*
life vest (jacket)   *el chaleco salvavidas*
light   *la luz;* (of a car) *la luz, el faro, el foco*
light bulb   *la bombilla, el foco*
lighthouse   *el faro*
lightning   *el relámpago*
light switch   *el interruptor, la llave, el suiche*
line (of people)   *la fila, la cola*
(the) line is busy (telephone)   *la línea está ocupada*

(the) line is cutting out   *se está cortando (la línea)*
lining   *el forro*
lit   *iluminado*
liver   *el hígado*
living room   *la sala, la sala de estar, el living*
loan   *el préstamo*
local   *local*
local call   *la llamada local, la llamada urbana*
local train   *el tren local, el tren ómnibus, el tren de cercanías*
lodged (staying)   *hospedado*
to log off   *cerrar la sesión*
long   *largo*
long distance   *de largo recorrido*
long-distance call   *la llamada de larga distancia, la conferencia*
long term   *a largo plazo*
to look good (food)   *tener buena pinta*
lost   *perdido*
love (tennis)   *nada, cero*
low beams (car lights)   *las luces bajas, las luces de cruce*
lower chamber   *la cámara baja*
luggage   *el equipaje*
luggage checkroom   *la consigna, la sala de equipaje*
luggage stub   *el talón*
lung   *el pulmón*
luxurious   *de lujo*

magazine   *la revista*
mail   *el correo*
mailbox   *el buzón*
main   *principal*
main course   *el plato principal (fuerte)*
to major in   *especializarse en*
majority   *la mayoría*
to make a decision   *tomar una decisión*
to make a goal   *meter un gol, hacer un gol*
to make a motion   *presentar una moción*
to make a phone call   *hacer una llamada telefónica*
to make the bed   *hacer la cama*
makeup (cosmetic)   *el maquillaje*
manicure   *la manicura*
man's suit   *el traje*
map (city)   *el plano*
March   *marzo*
mark (grade)   *la nota, la calificación*
market   *el mercado*
marketing   *el marketing, el mercadeo*
martial law   *la ley marcial*
marxism   *el marxismo*
master's degree   *la licenciatura*

match (to light something)   *el fósforo, la cerilla*
to match (go well with)   *hacer buen juego con*
to matriculate (register)   *matricularse*
mattress   *el colchón*
May   *mayo*
meal   *la comida*
measles   *el sarampión*
measurement   *la medida*
meat   *la carne*
medicine cabinet   *el botiquín*
medium (cooked)   *a término medio*
melt   *derretir (i,i)*
memory   *la memoria*
mend   *remendar (ie), coser*
menstrual period   *el período menstrual, la regla*
mental illness   *la enfermedad mental*
menu   *el menú, la carta, la minuta*
message   *el recado, el mensaje*
mezzanine   *el entresuelo, el anfiteatro*
midnight   *la medianoche*
mileage (measured in kilometers)   *el kilometraje*
militarism   *el militarismo*
militarist   *el (la) militarista*
military person   *el (la) militar*
milk   *la leche*
milk (dairy) store   *la lechería*
Ministry of Agriculture   *el Ministerio de Agricultura*
Ministry of Communications   *el Ministerio de Comunicaciones*
Ministry of Education   *el Ministerio de Instrucción Pública, el Ministerio de Educación*
Ministry of Foreign Affairs   *el Ministerio de Estado, el Ministerio de Relaciones Exteriores*
Ministry of the Interior   *el Ministerio de Gobernación, el Ministerio del Interior*
Ministry of Justice   *el Ministerio de Justicia*
Ministry of Labor   *el Ministerio de Trabajo*
Ministry of the Treasury   *el Ministerio de Hacienda, el Ministerio de la Tesorería*
minority   *la minoría*
minute   *el minuto*
mirror   *el espejo*
misfiring (of a car)   *fallando*
to miss (a person)   *echar de menos*
to miss (a shot in a ball game)   *fallar*

to miss (a train, etc.)   *perder (ie)*
modem   *el módem, el modulador*
monarch   *el (la) monarca*
monarchism   *el monarquismo*
monarchist   *el (la) monarquista*
monarchy   *la monarquía*
Monday   *lunes*
money   *el dinero*
money order   *el giro postal*
month   *el mes*
monthly payment   *el pago mensual*
mop   *el estropajo*
morning   *la mañana*
mortgage   *la hipoteca*
motion   *la moción*
mountain   *la montaña*
mouse   *el ratón*
mouse pad   *la alfombrilla*
mouth   *la boca*
mouth (pertaining to)   *bucal*
mouthwash   *el enjuague bucal*
movie (film)   *la película, el filme*
movie theater   *el cine*
muffler   *el silenciador*
mumps   *las paperas*
murder   *el homicidio*
murderer   *el (la) asesino(a)*
musical   *musical*
musical comedy   *la comedia musical*
musical revue   *la revista musical*
mustache   *el bigote*

nail (of finger or toe)   *la uña*
nail polish   *el esmalte*
napkin   *la servilleta*
narrow   *estrecho*
narrow guage   *de vía estrecha*
national   *nacional*
near   *cerca de*
nearby area   *las cercanías*
neck   *el cuello*
necktie   *la corbata*
net   *la red*
net ball (tennis)   *el net*
neutral (gear)   *en neutro, en punto muerto*
newspaper   *el periódico*
New Year's   *el Año Nuevo*
New Year's Eve   *la víspera del Año Nuevo, la Nochevieja*
night   *la noche*
night table   *el velero, la mesa de noche*
no-smoking section   *la sección de no fumar*
no-smoking sign   *la señal de no fumar, el aviso de no fumar*

nonstop (flight) *sin escala*
noon *el mediodía*
notebook *el cuaderno, el bloc*
November *noviembre*
novocaine *la novocaína*
nurse *el (la) enfermero(a)*
nursery school *la escuela de párvulos*
nylon *el nilón*

obstetrician *el (la) obstétrico(a)*
October *octubre*
oil *el aceite*
on a slow flame *a fuego lento*
on business *de negocios*
on the other side *al otro lado, de la otra acera*
on the top *arriba*
on time *a tiempo*
one-way *de sentido único, de dirección única, de vía única*
one-way (ticket) *sencillo*
to open *abrir*
operate (perform surgery) *operar, hacer una intervención quirúrgica*
operation (surgical) *la operación, la intervención quirúrgica*
operating room *la sala de operaciones, el quirófano*
operating table *la mesa de operaciones*
operator (telephone) *el (la) operador (a), el (la) telefonista*
opposite *opuesto, contrario*
opposition *la oposición*
orchestra (section of a theater) *el patio, la platea*
orthopedic surgeon *el (la) cirujano(a) ortopédico(a)*
out of order (service) *fuera de servicio*
outbox *la bandeja de salidas*
outdoors *afuera*
output *la salida*
outskirts *las afueras*
outstanding (grade or mark) *sobresaliente*
ovary *el ovario*
oven *el horno*
overcoat *el abrigo*
overdone (cooked too much) *demasiado hecho, demasiado cocido*
overhead compartment *el compartimiento sobre la cabeza (superior)*
to overheat (a car) *calentarse (ie) demasiado*
oxygen *el oxígeno*
oxygen mask *la máscara de oxígeno*
oxygen tent *la tienda de oxígeno*

package *el paquete*

pair *el par*
panties *los panties, los calzones, las bragas*
pantry *la despensa*
pants *el pantalón*
pants suit *el traje pantalón*
paper ticket *el boleto convencional (de papel)*
to pare *pelar*
to park *estacionar, aparcar, parquear*
parka *el anorak*
parliament *el Parlamento*
part (hair) *la raya*
partner *el socio*
partnership *la asociación, la sociedad colectiva*
party *la fiesta, la tertulia;* (political party) *el partido político*
party (phone) *el interlocutor*
passenger *el (la) pasajero(a)*
passing (fair, of a grade or mark) *aprobado, regular*
passing through *de paso*
passport *el pasaporte*
passport control *el control de pasaportes*
password *la contraseña, la palabra de paso*
patient *el (la) paciente, el (la) enfermo(a)*
to pay *pagar*
pedicure *la pedicura*
penicillin *la penicilina*
penknife *el cortaplumas, la navaja*
people (of a country) *el pueblo*
people of legal age *los mayores de edad*
pepper *la pimienta*
pepper shaker *el pimentero*
period *el período*
permanent wave *la ondulación permanente, el ondulado permanente*
perpetrator *el autor*
person killed *el (la) asesinado(a)*
person-to-person call *la llamada de persona a persona*
personal effects *los efectos personales*
to phone *telefonear, hacer una llamada telefónica*
phone book (directory) *la guía telefónica, la guía de teléfonos*
physical *físico*
to pick up (luggage) *recoger, reclamar;* (telephone receiver) *descolgar (ue)*
pickpocket *el (la) carterista*
picture (painting) *el cuadro*
picture frame *el marco*
pill *la pastilla, la píldora, el comprimido*
pillow *la almohada, la cobija*
pillowcase *la funda*
pilot *el (la) piloto(a), el (la) comandante, el (la) capitán (capitana)*

PIN   *el PIN*
pistol   *la pistola*
to pitch (a tent)   *armar*
place setting   *el cubierto*
plate (dish)   *el plato*
plate warmer   *el calientaplatos*
platform   *el andén*
plaque   *la placa*
to play   *jugar (ue)*
to play the role   *hacer el papel*
player   *el (la) jugador(a)*
plebiscite   *el plebiscito*
plenary session   *la sesión plenaria*
plug   *el enchufe*
plug (stopper)   *el tapón*
to plug in   *enchufar*
plumber   *el (la) fontanero(a),
          el (la) plomero(a)*
plumbing (pipes)   *la cañería*
pocketbook   *el bolso, la cartera*
point   *el punto,* (in a game) *el tanto*
pole   *el palo, el mástil*
police officer   *el (la) agente de policía,
          el (la) policía*
police station   *la comisaría*
policy   *la póliza, la política*
polio   *la poliomielitis*
to polish   *pulir*
political   *político*
politics (political policy)   *la política*
polka dot   *el lunar, la bolita*
polyp   *el pólipo*
pony tail   *la cola de caballo*
postage   *el franqueo*
postcard   *la tarjeta postal, la postal*
post office   *el correo, la casa de correos, la
          oficina de correos*
post office box   *el apartado postal, la cajilla
          postal*
pot   *la olla, la cazuela, la cacerola, la caldera,
          el pote*
precipitation   *la precipitación*
pregnant   *encinta, embarazada, preñada*
preparatory school   *la escuela preparatoria,
          la prepa*
to prescribe   *recetar*
to present   *dar, poner, presentar*
president   *el (la) presidente(a)*
to press (button)   *pulsar, oprimir;* (clothing)
          planchar
price   *el precio*
prime minister   *el (la) primer(a) ministro(a)*
principal of a school   *el (la) director(a)*
print   *imprimir*

printer   *la impresora*
private   *privado, particular*
procedure   *el procedimiento, el proceso,
          el trámite*
profit   *las ganancias, las rentas*
profitable   *rentable*
prognosis   *la prognosis, el pronóstico (el
          prognóstico)*
program   *el programa*
progressivism   *el progresismo*
to protect   *proteger*
pulse   *el pulso*
pupil   *el (la) alumno(a)*
programmer   *el (la) programador(a)*
purchaser   *el (la) comprador(a)*
push   *empujar, jalar (halar)*
push button phone   *el teléfono de a botones*
put in   *meter, introducir*
put on   *ponerse*
put in a cast   *enyesar, entablillar*
put through to (via telephone)   *poner con,
          comunicar con*

quorum   *el quórum*

racism   *el racismo*
racket   *la raqueta*
radiator   *el radiador*
radicalism   *el radicalismo*
radio   *la radio*
radiologist   *el (la) radiólogo(a)*
radiology   *la radiología*
railroad   *el ferrocarril*
railroad station   *la estación de ferrocarril*
rain   *la lluvia*
to rain   *llover (ue)*
raincoat   *el impermeable, la gabardina,
          el encauchado*
rainy   *lluvioso*
to raise   *subir*
rape   *la violación sexual*
rare (in cooking)   *casi crudo, poco asado*
razor   *la navaja*
razor cut   *el corte a navaja*
to reach   *alcanzar*
reading   *la lectura*
ready   *listo*
rear   *trasero*
receipt   *el recibo*
receiver (addressee)   *el (la) destinatario(a)*
receiver (of a telephone)   *el auricular, la bocina*
reception   *la recepción*
to reclaim   *reclamar, recoger*
recommend   *recomendar (ie)*

to reconcile   *conciliar*

record   *el disco*

recovery room   *la sala de recuperación*

rector   *el (la) rector(a)*

referendum   *el referéndum*

refrigerator   *el refrigerador, la nevera*

refund   *el reembolso*

regime   *el régimen*

registration form   *el formulario*

regular mail   *el correo regular*

to remain   *permanecer*

to rent   *alquilar*

to repair   *reparar*

repairs   *las reparaciones*

to report (crime)   *denunciar*

requirement   *el requisito*

reservation   *la reservación, la reserva*

to reserve   *reservar*

to respond   *responder*

restriction   *la restricción*

results   *los resultados*

retail   *al por menor, al detal (detalle)*

retailer   *el (la) detallista*

restaurant   *el restaurante*

to return (from somewhere)   *volver (ue), regresar; (something) devolver (ue)*

return key   *la tecla de retorno (regreso), de retroceder*

reverse (gear)   *en reverso(a), en retro, en marcha atrás*

to ride the waves   *montar las olas, correr las olas*

right (direction)   *la derecha; (political) la derecha; (legal, etc.) el derecho*

right to vote   *el derecho al voto*

rightist   *el (la) derechista*

ring   *el sonido, el timbre*

to ring   *sonar (ue)*

to rinse   *enjuagarse*

to roast   *asar*

robber   *el (la) ladrón (ladrona)*

robbery   *el robo*

rock   *la roca*

roller (for hair)   *el rulo*

room   *el cuarto, la habitación*

room service   *el servicio de cuartos (habitaciones)*

rough (sea)   *agitado, turbulento, revuelto*

round trip   *de ida y regreso, de ida y vuelta*

route of flight   *la ruta de vuelo*

row   *la fila*

rubber   *la goma, el caucho*

rug   *la alfombra*

to run through   *recorrer*

rush hour   *la hora de mayor afluencia*

safety   *la seguridad*

sailboat   *el velero*

saint's day   *el santo, el día del santo*

salad   *la ensalada*

salad bowl   *la ensaladera*

sales representative   *el (la) vendedor(a)*

salt   *la sal*

salt shaker   *el salero*

salty   *salado*

sample   *la muestra, la prueba*

sand   *la arena*

sandal   *la sandalia, la zapatilla, la alpargata*

Saturday   *sábado*

saucer   *el platillo*

to sautée   *saltear*

to save   *ahorrar, guardar*

savings account   *la cuenta de ahorros*

savings book (passbook)   *la libreta*

scale   *la balanza, la báscula*

scanner   *el explorador, el escáner*

scarf   *la bufanda*

scattered   *disperso*

scene   *la escena*

schedule   *el horario*

scholarship   *la beca*

school   *la escuela;* (division of a university) *la facultad*

school book   *el libro escolar, el libro de texto*

school desk   *el pupitre*

school opening   *la apertura de curso*

scissors   *las tijeras*

score   *el tanto*

to score   *marcar*

scoreboard   *el tablero indicador, el cuadro indicador*

scratch   *el rayón*

screen   *la pantalla, el monitor*

to scrub   *fregar (ie)*

scrub rag   *el estropajo, el fregador*

to scuba dive   *bucear*

sea   *el mar*

seafood   *el pescado*

seafood market   *la pescadería;* (for shellfish) *la marisquería*

sea resort   *el balneario*

sealed bag   *la bolsa sellada*

to search (computer)   *navegar*

seat   *el asiento;* (in a theater) *la localidad*

seat (in a front row of a theater)   *la delantera*

seat back   *el respaldo*

seat bed   *la butaca-cama*

seat pocket   *el bolsillo del asiento*

second   *el segundo*

to second a motion   *apoyar una moción*
secondary   *secundario*
security check   *el control de seguridad*
self check in   *la autofacturación*
senate   *el Senado*
senator   *el (la) senador(a)*
send   *enviar, mandar*
sender   *el (la) remitente*
sent items   *documentos enviados*
separatism   *el separatismo*
September   *septiembre*
serious   *serio, grave*
to serve   *servir (i,i)*
service   *el servicio*
serviceman (woman)   *el (la) militar*
serving platter   *la fuente*
set   *el juego*; (in tennis) *el set*
set (hair)   *el peinado, el rizado, el marcado*
to set (a broken bone)   *ensalmar, acomodar*;
            (the table) *poner*
            la mesa
to set a price   *fijar un precio*
sew   *coser*
shampoo   *el champú*
to shave   *afeitar*
shaving soap   *el jabón de afeitar*
sheet (for a bed)   *la sábana*
shellfish   *el marisco*
to shift (gears)   *cambiar de velocidad*
shirt   *la camisa*
shoe   *el zapato*
shoelace   *el cordón, el pasador*
shoe polish   *el betún, el lustre*
shoot (a film)   *rodar (ue)*
shore   *la orilla*
short pants   *los pantalones cortos*
short term   *a corto plazo*
shot   *el tiro*
show   *la función, el espectáculo*
shower (rain)   *el aguacero, el chubasco,*
           el chaparrón; (to wash oneself) *la*
           ducha
to shove   *empujar*
to shrink   *encogerse*
to shut down (computer)   *apagar*
side   *el lado*
sideboard (buffet, credenza)   *el aparador*
sideburn   *la patilla*
sign   *el letrero, el aviso, la señal*
to sign   *firmar*
silk   *la seda*
single room   *el cuarto sencillo, la habitación*
          sencilla
singles (in tennis)   *los singles, los individuales*

sink   *el fregadero; la pila, la pileta, el*
       resumidero; (in the bathroom)
       el lavamanos, el lavabo
size (clothing)   *la talla*; (shoes) *el número*;
              (in general) *el tamaño*
ski   *el esquí*
ski lift   *el telesquí*
ski pole   *el bastón*
ski resort   *la estación de esquí*
skier   *el esquiador*
skirt   *la falda*
to sleep   *dormir (ue, u)*
sleeping bag   *el saco de dormir*
sleeping car (on a train)   *el coche cama*
sleeve   *la manga*
slice   *la tajada, la loncha, la lonja, la rebanada,*
       la raja, la rueda
slip (half-slip)   *las enaguas; la combinación*
slipper   *la zapatilla*
slope   *la pista*
slot   *la ranura*
smoked   *ahumado*
snack   *la merienda*
sneaker   *el zapato de tenis*
snow   *la nieve*
to snow   *nevar (ie)*
snowstorm   *la nevasca, la nevada*
soap   *el jabón*
soap dish   *la jabonera*
soap powder   *el polvo de lavar, el jabón en polvo*
soccer   *el fútbol*
socialism   *el socialismo*
sock   *el calcetín, la media*
socket   *el enchufe*
sodium pentothal   *el pentotal sódico*
sofa   *el sofá*
soft   *suave*
soft disc   *el disco blando, el disquete*
sold out (all gone)   *agotado*
sole (of a shoe)   *la suela*
soup   *la sopa*
soup bowl   *la sopera*
soup spoon   *la cuchara*
spare   *de repuesto, de refacción*
spare parts   *los repuestos, las refacciones*
spark plug   *la bujía*
spectator   *el (la) espectador(a)*
speed   *la velocidad*
speedometer   *el velocímetro*
spend the summer   *veranear*
spike   *la estaca*
to spit   *escupir*
spit curl   *el bucle*
sponge   *la esponja*

sport   *el deporte*
to sprain   *torcer (ue)*
stage   *el escenario*
stain (spot)   *la mancha*
stained   *manchado*
to stall   *calarse, morirse (ue, u)*
stamp   *la estampilla, el sello*
to stamp the feet   *patear*
starch   *el almidón*
to start   *empezar (ie), comenzar (ie)*; (a car)
     poner en marcha, arrancar, prender
to start up (computer)   *prender, encender*
starter   *el arranque*
statement   *el estado*
static   *los parásitos*
steak   *el biftec, el bistec*
steamed   *cocido al vapor*
steering wheel   *el volante*
stem glass   *la copa*
stereophonic music   *la música estereofónica*
stewed   *guisado, estofado*
to stitch   *tomar puntos, suturar*
stock   *la acción*
stockholder   *el (la) accionista*
stocking   *la media*
stomach   *el estómago*
stool (feces)   *las heces*
stop   *la parada*; (on a plane) *la escala*
to stop   *parar*
stopper   *el tapón*
to store   *almacenar*
store   *la tienda*
storm   *la tempestad, la tormenta, el temporal;*
     (a sudden windstorm that brings a rapid
     change in weather) *la ráfaga*
stormy   *tempestuoso*
straight   *derecho*
straight hair   *el pelo liso, el pelo lacio*
to strain   *colar (ue)*
strainer   *el colador, la cernidera*
street   *la calle*
street corner   *la esquina*
stretcher   *la camilla (rodante)*
striped   *a rayas, rayado*
student   *el (la) alumno(a), el (la) estudiante*
subtitle   *el subtítulo*
suede   *el ante, la gamuza*
sugar   *el azúcar*
sugar bowl   *el azucarero*
suggest   *sugerir (ie, i)*
suit (man's)   *el traje*
suitcase   *la maleta, la valija*
sultry   *bochornoso*
sun   *el sol*

to sunbathe   *tomar el sol*
sun block   *la bloqueadora, la crema protectora*
sunburned   *quemado, tostado*
Sunday   *domingo*
sunglasses   *las gafas para el sol, los anteojos de*
     sol
sunny   *soleado*
supermarket   *el supermercado*
surfboard   *la plancha de deslizamiento, la tabla*
     hawaiana
surgeon   *el (la) cirujano(a)*
sweater   *el suéter*
to sweep   *barrer, escobar*
sweet   *dulce*
to swim   *nadar*
swimming pool   *la piscina, la alberca, la pila*
switchboard   *la central*
swollen   *hinchado*
symptom   *el síntoma*
synthetic material or fabric   *la tela sintética*
system   *el sistema*

table   *la mesa*
tablecloth   *el mantel*
tablespoon   *la cuchara*
tailor   *el (la) sastre*
take (in the sense of time)   *tardar;* (a bath)
     bañarse, tomar un baño; (into consideration)
     tomar en consideración; (notes) *tomar apuntes;*
     (a shower) *ducharse, tomar una ducha*
takeoff   *el despegue*
to take a shoe size   *calzar*
to take off   *quitar;* (of an airplane) *despegar*
to take out   *quitar, sacar;* (in the sense of
     withdraw) *quitar, retirar*
tan   *bronceado, tostado*
tank   *el tanque, el depósito*
tanning lotion   *la bronceadora*
tape   *la cinta*
tax   *el impuesto*
taxable   *gravable*
teach   *enseñar*
team   *el equipo*
teaspoon   *la cucharita*
technical problem   *el problema técnico*
telephone   *el teléfono*
telephone book   *la guía telefónica, la guía de*
     teléfonos
telephone booth   *la cabina de teléfono*
telephone call   *la llamada telefónica*
telephone card   *la tarjeta telefónica*
telephone number   *el número de teléfono*
telephone operator   *el (la) operador(a), el (la)*
     telefonista

telephone receiver   *el auricular, la bocina*
telephone switchboard   *la central*
television   *la televisión*
teller   *el (la) cajero(a)*
teller's window   *la ventanilla*
temperature   *la temperatura*
tennis   *el tenis*
tennis court   *la cancha de tenis*
tennis racket   *la raqueta (de tenis)*
tent   *la tienda (de campaña), la carpa*
terminal   *la terminal*
terrorism   *el terrorismo*
terrorist   *el (la) terrorista*
test   *el examen, la prueba*
theater   *el teatro*
theater seat   *la butaca, la localidad*
theater ticket   *la entrada, la localidad*
theater ticket window   *la taquilla, la boletería*
thermos   *el termo*
thief   *el (la) ladrón (ladrona)*
thigh   *el muslo*
throat   *la garganta*
to throw   *tirar*
thunder   *el trueno*
to thunder   *tronar (ue)*
thunderstorm   *la tronada*
Thursday   *jueves*
ticket   *el boleto, el billete; (for the theater) la entrada, la localidad*
ticket window (at a train station)   *la ventanilla;* (at a theater) *la taquilla, la boletería*
to tie   *atar, amarrar;* (the score) *empatar*
tide   *la marea*
tied (score)   *empatado*
tile   *el baldosín, la baldosa, el azulejo*
tip   *la propina*
tire   *la llanta, la goma, el neumático, el caucho*
tobacco   *el tabaco*
today   *hoy*
toe   *el dedo (del pie)*
toenail   *la uña*
toilet   *el retrete, el inodoro* (Please see Chap. 8.)
toilet paper   *el papel higiénico*
token   *la ficha*
toll   *el peaje, la cuota*
toll booth   *la caseta de peaje, la cabina de peaje, la garita de peaje*
tomorrow   *el mañana*
tomorrow morning   *mañana por la mañana*
tongue   *la lengua*
tonsils   *las amígdalas*
tool bar (computer)   *la barra de herramientas*
tooth   *el diente*
toothpaste   *la pasta dentífrica, el dentífrico*

top balcony (of a theater)   *el gallinero, el paraíso*
total   *el total, el monto*
touch screen   *pantalla táctil*
to touch   *tocar*
to the touch   *tocar táctil*
tough (meat)   *duro*
tourism   *el turismo*
tourist card   *la tarjeta de turista*
tournament   *el torneo*
to tow   *remolcar*
tow truck   *el remolque*
towel   *la toalla*
towel rack   *el toallero*
trade   *comerciar*
traffic   *el tráfico, el tránsito, la circulación*
traffic light   *el semáforo, la luz de tráfico*
tragedy   *la tragedia*
trailer   *la casa-remolque*
train   *el tren*
train ticket   *el boleto, el billete*
train station   *la estación de ferrocarril*
tranquilizer   *el tranquilizante, el calmante*
transit passengers   *los pasajeros en tránsito*
to trash (computer)   *borrar*
trashed items   *documentos borrados*
traveler's check   *el cheque de viajero*
tray   *la bandeja*
trim (of hair)   *el recorte*
to trim (hair)   *recortar*
trunk   *el baúl;* (of a car) *el baúl, la cajuela, la maletera*
to try   *tratar de, intentar*
tuberculosis   *la tuberculosis*
Tuesday   *martes*
tuition   *los derechos de matrícula*
tune-up (of a car)   *la afinación*
to turn   *doblar; voltear*
turn around   *dar la vuelta*
turn off (the light)   *apagar (la luz)*
to turn on (the light)   *poner (la luz), encender (ie) (la luz)*
turn signal (on a car)   *el (la) intermitente, el (la) direccional*
turnpike   *la autopista, la autovía*
twin-bedded   *con dos camas*

ulcer   *la úlcera*
umpire   *el (la) árbitro(a)*
under   *debajo de*
underpants   *los calzoncillos*
undershirt   *la camiseta*
undertow   *la contracorriente, la resaca*
underwear   *la ropa interior*

to undress *desvestirse (i,i)*
unexpected *inesperado*
unicameral *unicameral*
uniform *el uniforme*
university *la universidad*
unleaded (gasoline) *sin plomo*
unstable (changeable) *inestable*
unstitched *descosido*
upper and lower chambers (Spain) *las Cortes*
upper chamber *la cámara alta*
uprising *la sublevación*
urine *la orina*
user *el usuario*
usher *el (la) acomodador(a)*

to vacate (a hotel room) *abandonar*
to vacuum *aspirar*
vacuum cleaner *la aspiradora*
veal *la ternera*
vegetable *la legumbre, el vegetal, la verdura*
venereal disease *la enfermedad venérea*
Venetian blind *la persiana*
very good (grade or mark) *notable*
vibrating *vibrando*
victim *la víctima*
video *el vídeo*
to view *visualizar*
virus *el virus*
visa *el visado, la visa*
voltage *el voltaje*
vote *el voto*
to vote *votar*
vote of confidence *el voto de confianza*
voucher *el comprobante de pago*

waist *la cintura*
waiter *el mesero, el camarero*
waiting room *la sala de espera*
walk *andar, caminar, ir a pie*
wall *la pared*
wallet *la cartera*
wall-to-wall carpeting *la moqueta*
warm *caliente*
wash *el lavado*
to wash *lavar*
washbasin *el lavabo, el lavamanos*
washing machine *la lavadora*
water *el agua (f)*
water ski *el esquí acuático*
to water-ski *esquiar en el agua, hacer el esquí acuático*
wave *la ola, la onda*
weather *el tiempo*
weather forecast *el pronóstico meteorológico*

Wednesday *miércoles*
week *la semana, ocho días*
weekday *el día de entre semana*
weekend *el fin de semana*
to weigh *pesar*
weight *el peso*
to welcome aboard *dar la bienvenida abordo*
well done (in cooking) *bien hecho, bien asado, bien cocido*
wheel *la rueda*
wheelchair *la silla de ruedas*
whiskey *el whisky*
whistle *el silbato*
wholesale *al por mayor*
wholesaler *el (la) mayorista*
Who's calling? *¿De parte de quién?*
wide *ancho, amplio*
win *ganar*
wind *el viento*
window *la ventana;* (small) *la ventanilla*
windshield *el parabrisas*
windshield wiper *el limpiaparabrisas*
windsurf board *la tabla de vela*
wine list *la lista de vinos, la carta de vinos*
wing *el ala (f)*
wisdom tooth *la muela del juicio*
to withdraw *quitar;* (money from an account) *retirar*
wool *la lana*
word processing *el procesamiento de textos*
work (labor) *el trabajo;* (of art) *la obra*
to work *trabajar;* (be in working order) *funcionar*
workday *el día laborable*
worsted *el estambre*
wound *la herida*
to wrap *envolver (ue)*
wrinkle *la arruga*
wrinkle-resistant material *la tela inarrugable*
wrist *la muñeca*
wrong number *el número equivocado*

x-ray *el rayo equis, la radiografía*
to x-ray *tomar unos rayos equis, radiografiar*

year *el año*
yesterday *ayer*

zarzuela (a Spanish musical comedy or operetta) *la zarzuela*
zip code *la zona postal, el código postal*
zipper *la cremallera*

Glossary: Spanish—English

Glosario: español—inglés

¿A cómo están?   How much is (are)? (usually with food)

a corto plazo   short term

a cuadros   checked (of clothing or fabric)

¿A cuánto está(n)?   How much is (are)? (usually with food)

a eso de   about

a fines de   around the end of

a fuego lento   on a slow flame

a la brasa   grilled (usually over coals)

a la parrilla   grilled

a la plancha   grilled (usually on a flat surface)

a la romana   deep-fried

a largo plazo   long term

a mediados de   around the middle of

a plazos   in installments, on time (with payments)

a principios de   around the beginning

a rayas   striped (with clothing or fabric)

a término medio   medium (cooking preparation)

a tiempo   on time

a últimos de   around the end of

abandonar   to leave, vacate (hotel room)

los abarrotes   groceries

abdominal   abdominal

la abolladura   dent

abordar   to board, get on

el abrebotellas   bottle opener

el abrelatas   can opener

el abrigo   overcoat

abril   April

abrir   to open

abrochar   to fasten

acampar   to camp, go camping

acceder al e-mail   access e-mail

la acción   stock

el (la) accionista   stockholder

el aceite   oil

el acelerador   accelerator

el (la) acomodador(a)   usher

acomodar   to set (a bone)

los activos   assets

el acto   act

el actor   actor

la actriz   actress

actuar   to act

acostarse (ue)   to go to bed

adelante   ahead *¡adelante!* come in!

la aduana   customs

el (la) aduanero(a)   customs' agent

el (la) aeromozo(a)   flight attendant

el aeropuerto   airport

afeitar   to shave

afeitarse   to shave oneself

la afinación   tune-up

afuera   outside

las afueras   outskirts

el (la) agente   agent

el (la) agente de policía   police officer

agitado   rough

agosto   August

agotado   all gone, sold out

el agua (f)   water

el agua potable   drinking water

el aguacero   shower

el ahogador   choke (in a car)

ahorrar   to save (money, etc.)

ahumado   smoked

el aire   air

el aire acondicionado   air conditioning

el aislacionismo   isolationism

al contado   in cash, in one lump sum

al detal (detalle)   retail

al por mayor   wholesale

al por menor   retail

el ala (f)   wing; end (player in a football game)

la alacena   kitchen cabinet

la alberca   swimming pool

alcanzar   to reach

la alcoba   bedroom

la alergia   allergy

la aleta   fender

la alfombra   rug, carpet

la alfombrilla   mouse pad

la alfombrilla de baño   bath mat

el algodón cotton
el algodón asargado denim
almacenar to store
el almidón starch
la almohada pillow
alquilar to rent
la alternativa option
la altura altitude
el (la) alumno(a) pupil
el amanecer dawn
amarrar to tie
la ambulancia ambulance
las amígdalas tonsils
amplio wide
el análisis analysis, test
la anestesia anesthesia
el (la) anestesista anesthetist
ancho wide
andar to walk
el andén platform
el anexo extension
el anfiteatro mezzanine
el anochecer dusk, nightfall
el anorak parka
el ante suede
anteayer the day before yesterday
los anteojos de sol sunglasses
el antibiótico antibiotic
el anticlericalismo anticlericalism
anular to cancel
el año year
el Año Nuevo New Year
el año pasado last year
el año que viene next year
apacible calm
apagar to turn off (a light), (comp.) shut down
el aparador sideboard, buffet; credenza
aparcar to park
el apartado post office box
el apéndice appendix
la apendicitis appendicitis
el aperitivo aperitif
la apertura de curso the beginning of classes, the opening of school
aplaudir to applaud
apoyar una moción to second (support) a motion
aprender to learn
aprobado passing, approved (grade or mark)
aprobar (ue) to approve
el (la) árbitro(a) umpire, referee
archivar to file
el archivo file
la arena sand

el arma blanca weapon with a blade; *de fuego* firearm
el armador hanger
armar to pitch, to put up (a tent)
el armario closet
arrancar to start (a car)
el arranque starter
arrastrar to drag
arreglar to fix, fix up, arrange
arriba on the top, up
la artritis arthritis
asado roasted
asado al horno baked
el asalto assault
asar to roast
asegurar to insure
el (la) asesino(a) murderer
el asiento seat
el (la) asistente(a) de vuelo flight attendant
asistir a to attend
el asma (f) asthma
la asociación partnership
la aspiradora vacuum cleaner
aspirar to vacuum
el atado bunch
el ataque attack
el ataque al corazón heart attack
atar to tie
atascado clogged, stopped up
el aterrizaje landing (of a plane)
aterrizar to land
el audífono earphone
el aula (f) classroom
el auricular telephone receiver, earphone
el autobús bus
autocrático autocratic
la autofacturación self check-in
la autopista superhighway, turnpike
el autor perpetrator
la avenida avenue
la avería breakdown (of a car)
las aves fowl
el aviso de no fumar no-smoking sign
avisar to advise, let know
ayer yesterday
la azafata flight attendant
el azúcar sugar
el azucarero sugar bowl

el bachillerato bachelor's degree
bajar to get off (as a bus); to go down, descend; to decrease; (comp.) to download
el balcón balcony

el balde de basura   garbage can
la baldosa   tile
el baldosín   small tile
el balneario   bathing resort
el balón   ball (of a larger size such as football)
el baloncesto   basketball
el banco   bank
la banda   lane (of a highway)
la bandeja   tray
la bandeja de entradas in box
  de salidas   outbox
el bañador   bathing suit
bañarse   to bathe, to take a bath
la bañera   bathtub
el baño   bath
la barba   beard
la barra de herramientas   tool bar
barrer   to sweep
la báscula   scale
el básquetbol   basketball
la basta   cuff (on pants)
el bastón   pole, cane
la basura   garbage
el basurero   garbage can
la bata   dressing gown, beach wrap
la bata de baño   bathrobe
la batería   battery
el batidor de huevos   eggbeater
la batidora   mixer, blender
el baúl   trunk, trunk of a car
la beca   scholarship
el betún   shoe polish
la biblioteca   library; set of bookshelves
bicameral   bicameral
bien asado   well done (of meat, in comparison to rare)
bien cocido   well done (of meat, in comparison to rare)
los bienes   goods
el biftec (*bistec*)   steak
el bigote   mustache
el billete   ticket; banknote, bill; *de ida y vuelta*   round trip, *de ida solo*   one way; *electrónico*   electronic; *de papel*   paper
el billete de gran valor   large bill, banknote of high denomination
blando   soft
el bloc   writing pad
el bloque   block of a street
la bloqueadora   sun screen
los blue jeans   blue jeans
la blusa   blouse

la boca   mouth
la bocacalle   intersection
la bocina   horn; phone receiver
bochornoso   sultry
la bodega   grocery store
la bola   ball (small like a golf ball)
la boletería   ticket window
el boleto   ticket,
el boleto   ticket, *de ida y regreso*   round trip, *de ida solo*   one way; *electrónico*   electronic; *de papel*   paper
el bolígrafo   ballpoint pen
la bolita   polka dot
la bolsa   bag
la bolsa sellada   sealed bag
el bolsillo   pocket
el bolsillo del asiento   seat pocket
el bolso   pocketbook
la bombilla   light bulb
el bonete   hood (of a car)
el borrador   draft
borrar   to erase, scratch, (comp.) trash
la bota   boot
el bote   can
el botiquín   medicine cabinet, first aid kit
el botón   button
el botones   bellhop
las bragas   panties
la bragueta   fly (on pants)
el brazo   arm
brincar   to bounce
bronceado   tan(ned)
la bronceadora   tanning lotion
bucal   pertaining to the mouth
bucear   to scuba-dive
el bucle   spit curl
la bufanda   scarf
el bufet   dining car, snack car
la bufetería   buffet car
la bujía   spark plug
la butaca   armchair; seat in a theater
la butaca-cama   seat that makes into a bed
el buzón   mailbox

caber   to fit
la cabina   cabin
la cabina de peaje   toll booth
la cabina de teléfono   telephone booth
la cabina del piloto   cockpit
la cacerola   type of pot
la cadera   hip
la caducidad   expiration
caerse   to fall down

la caja box; cashier's counter or window
el (la) cajero(a) cashier
el cajero automático ATM
el cajón drawer
la cajuela trunk of a car
la cajuelita glove compartment
calarse to stall
el calcetín sock
calcular to calculate
la calefacción heat, heating system
calentar (ie) to heat, to warm up
calentar demasiado to overheat
el calientaplatos plate warmer
la calificación grade, mark
calmado calm
el calmante tranquilizer
calmo calm
el calor heat
caluroso warm, hot
los calzoncillos underpants, briefs
los calzones panties
la calle street
la cama bed
la cámara alta upper house, upper chamber
la cámara baja lower house, lower chamber
la Cámara de Diputados chamber of deputies,
    House of Representatives
la camarera housekeeper
el (la) camarero(a) waiter (waitress)
cambiar to change, exchange, cash (a check)
cambiar de avión to change planes
cambiar de velocidad to shift gears
el cambio change (when breaking a large
    bill into smaller bills; see also
    vuelto, vuelta, suelto); exchange,
    exchange rate
la camilla stretcher
caminar to walk
la camisa shirt
la camiseta undershirt, T shirt
el cámper camper
el camping camping site
el campo country; playing field, course
el canal channel
la canasta basket
el cáncer cancer
el canciller chancellor
la cancha playing field, course
el candelabro candelabra
canjear to cash (a check)
la cañería plumbing, pipes
el capacho basket, pannier
el capó hood of a car

cargar to charge
el cargo charge
la caríes cavity
la carne meat
la carnicería butcher shop
caro expensive
la carpa tent
la carpeta folder
la carretera highway
el carril lane (of a highway)
el carrito cart
el carro car
la carta letter
la carta de vinos wine list
la cartera briefcase, wallet, pocketbook
el (la) carterista pickpocket
el (la) cartero(a) letter carrier
el cartucho bag
el casco empty bottle to be returned
la caseta de peaje toll booth
casi crudo rare (pertaining to cooking)
las cataratas cataracts (in eyes)
el catarro cold (illness)
cate failing grade or mark
el caucho rubber, tire
la cazuela type of pot
ceder to concede
centígrado Celsius (centigrade)
la central switchboard
cepillarse to brush
el cepillo brush
cerca near
la cerilla match (for lighting something)
la cernidera strainer
cero zero; love (in tennis)
cerrar la sesión (comp.) log off
el cesto basket
el cierre zipper
el cigarrillo cigarette
el cine movie house, cinema
la cinta tape
la cintura waist
el cinturón belt
la circulación traffic
el (la) cirujano(a) surgeon
el (la) cirujano(a) ortopédico(a) orthopedic
    surgeon
el (la) ciudadano(a) citizen
la clase económica economy class (on an
    airline)
la clase ejecutiva business class
la clave de área area code
el claxon horn of a car

la clínica   clinic, hospital
el cloche   clutch
la cobija   blanket
cobrar   to charge
cobrar un cheque   to cash a check
cocer (ue)   to cook
cocido al vapor   steamed
la cocina   kitchen; kitchen stove; cuisine
cocinado(a)   cooked
cocinar   to cook
el coche   car; car of a train
el coche cama   sleeping car
el coche comedor   dining car
el código de área   area code
el código de barra   bar code
el código de confirmación   confirmation number
la cola   line (of people)
la cola de caballo   pony tail
el colador   strainer
colar (ue)   to strain (in food preparation)
la colcha   bedspread
el colchón   mattress
el colchón neumático   air mattress
el colegio   secondary school
el colegio mayor   dormitory
colgar (ue)   to hang, to hang up
el colmado   grocery store
el colon   colon
el (la) comandante   captain, commander, pilot
la combinación   slip (women's underwear); blend (of fabrics)
la comedia   comedy
el (la) comensal   member of a group dining together
comerciar   to trade, do business
el comercio   business
los comestibles   food
la comida   meal, food
la comisaría   police station
la comisión   commission
el comité   committee
la cómoda   bureau, chest of drawers
la compañía   company
la compañía de aviación   airline
la compañía de seguros   insurance company
el compartimiento   compartment
el compartimiento sobre la cabeza   overhead compartment
completo   full, completely occupied
el (la) comprador(a)   buyer, purchaser
el comprimido   pill

el comprobante de pago   voucher, proof of payment
comprobar (ue)   to check
la computadora   computer; *de escritorio* desktop computer; *personal* personal computer; *portátil* laptop computer
comunicar (se) (con)   to communicate with, put through to, connect
el comunismo   communism
el (la) comunista   Communist
con   with
conciliar   to reconcile
con destino a   to (destination), going to
con plomo   leaded (of gasoline)
con retraso   late
la conexión   connection
la conferencia   lecture; long-distance phone call
la confirmación   confirmation
congelar   to freeze
la congeladora   freezer
la congestión   congestion
el congreso   congress; convention
el Consejo de Ministros   cabinet (of a president or prime minister)
el consentimiento   consent
el (la) conserje   concierge
la conserjería   concierge desk
conservador   conservative
la consigna   luggage checkroom
el consolidador   consolidator
constipado   (with *estar*) to have a cold
la constitución   constitution
la consulta del médico   doctor's office
la contabilidad   accounting
el (la) contable   accountant
la contestación   answer
la contracorriente   undertow
contrario   contrary, opposite
la contraseña   password
el contrato   contract
el control   control
el control de pasaportes   passport control
el control de seguridad   security control
el (la) convidado(a)   guest
la copa   stem glass
la copia dura   hard copy
copiar   to copy
el corazón   heart
la corbata   necktie
el cordero   lamb
el cordón   shoelace

la correa   conveyor belt

el correo   mail; post office; local train that makes many stops

el correo certificado (recomendado)   certified mail

el correo electrónico   e-mail

el correo no deseado   junk mail

la corriente   current

el corte a navaja   razor cut

el cortaplumas   penknife

cortar   to cut, dice

cortarle a alguien la línea   to cut off (a telephone call)

el corte   cut (such as a haircut)

la corte   court

las Cortes   upper and lower houses of the Spanish parliament

la cortina   curtain

coser   to sew

la crema protectora   sunblock

la cremallera   zipper

crespo   curly

el crimen   crime

crudo   raw, rare

el cuaderno   notebook

la cuadra   block (of a street)

cuadrado   checked

el cuadro   picture, painting

el cuadro de fusibles   fuse box

el cuadro indicador   scoreboard

¿Cuánto tiempo?   How long? (pertaining to time)

el cuarto   room (of a house); bedroom

el cuarto de baño   bathroom (please see Chap. 8)

el cuarto doble   double room

el cuarto sencillo   single room

el cubierto   place setting; cover charge

el cubo de basura   garbage pail

el cubrecama   bedspread, quilt

la cuchara   tablespoon

la cucharita   teaspoon

el cuchillo   knife

el cuello   neck

la cuenta   check, bill, account

la cuenta corriente   checking account

la cuenta de ahorros   savings account

la cuerda   cord, rope

el cuero   leather

el cumpleaños   birthday

la cuota   toll; installment payment

el curso   course

el cursor   cursor

el chaleco salvavidas   life vest

el champú   shampoo

el chaparrón   rain shower

la chaqueta   jacket

la charcutería   delicatessen

charlar   to chat

el cheque   check

el cheque de viajero   traveler's check

chequear   to check

la chequera   checkbook

la chimenea   fireplace

el chubasco   rain shower

la chuleta   cutlet, chop

dar a   to face

dar a luz   to give birth

dar la bienvenida   to welcome

dar la vuelta   to turn around

dar una lección   to give a lesson, to teach

dar una patada   to kick

los datos   data

de   of, from

de dirección única   one-way (street)

de ida y regreso   round trip

de ida y vuelta   round trip

de lujo   luxurious

de negocios   on business

de nuevo   again

¿De parte de quién?   Who's calling?

de parto   in labor

de paso   (with *estar*) passing through

de repuesto   spare

de vía estrecha   narrow gauge

debajo de   under

el (la) decano(a)   dean

la declaración de (para la) aduana   customs declaration

declarar   to declare

el dedo   finger

el dedo del pie   toe

dejar   to leave (something behind)

delante de   in front of

la delantera   seat in a front row of a theater

delantero   forward

deliberar   to deliberate

el delito   crime

demasiado hecho   overcooked

la democracia   democracy

la demora   delay

el dentífrico   toothpaste

denunciar   to report a crime

el departamento   department, apartment

el deporte   sport

depositar   to deposit

el depósito   deposit; tank
la derecha   right (direction and political orientation)
el (la) derechista   person with right-wing political leanings
el derecho   right (civil, legal, etc.)
el derecho al voto   right to vote
los derechos de matrícula   tuition
los derechos humanos   human rights
derretir (i,i)   to melt
el desagüe   drain
desaprobado   failing (mark or grade)
el desayuno   breakfast
el descansabrazos   arm rest
descargar (computer)   to download
descolgar (ue)   to pick up (receiver of a telephone)
descolorido   discolored
la descompostura   breakdown
descompuesto   broken
descosido   unstitched
despegar   to take off (of an airplane)
el despegue   takeoff
despejado   clear (describing the sky)
despejarse   to clear, to clear up (of weather)
la despensa   pantry
el despertador   alarm clock
el destapador   bottle opener
el (la) destinatario(a)   addressee
el destino   destination
desvestirse (i,i)   to undress
el (la) detallista   retailer
devolver (ue)   to return (something)
el día   day
el día de entre semana   weekday
el día de santo   saint's day
el día festivo   holiday
el día laborable   workday
la diabetes   diabetes
diciembre   December
el (la) dictador(a)   dictator
la dictadura   dictatorship
el diente   tooth
la dieta   diet (government body); diet (food regimen)
el dinero   money
el dinero en efectivo   cash
el (la) diputado(a)   deputy, representative
el (la) diputado(a) del congreso   representative to Congress (U.S.)
la dirección   direction; address
el (la) direccional   turn signal
el (la) director(a)   principal (of a school); director

la discapacidad   incapacity
discar   to dial
el disco   dial (of a telephone), record; disc, record
  blando   soft disc, floppy disc;
  duro   hard disc
discutir   to discuss, to argue
disperso   scattered
disponible   available
el disquete   soft disc, floppy disc
la distribuidora automática   automatic dispensing machine
la diversión   entertainment
el dividendo   dividend
el dobladillo   hem
doblar   to dub (a film); to fold
los dobles   doubles (in tennis)
el doblez   cuff (on pants)
la docena   dozen
el doctorado   doctorate degree
doctorarse   to get a doctorate
el documento   document
      adjunto   attachment
      borrado   trashed item
      eliminado   eliminated item
      enviado   sent item
doler (ue)   to hurt, to ache
el dolor   pain, grief, sorrow
los dolores de parto   labor pains
domingo   Sunday
dormir (ue, u)   to sleep
dormirse (ue, u)   to fall asleep
el dormitorio   bedroom
el drama   drama
la ducha   shower
ducharse   to take a shower
dulce   sweet
el dulce   candy
duro   hard, tough

económico   economical, inexpensive
las elecciones   elections
el (la) electricista   electrician
el electrocardiograma   electrocardiogram
electrónicamente   electronically
elegir (i, i)   to elect
eliminar   eliminate, erase
el e-mail   e-mail
embarazada   pregnant
el embarque   embarkation, boarding
embragar   to engage the clutch
el embrague   clutch
la emergencia   emergency

emitido issued
el empaste filling (of a tooth)
empatado tied (score)
empezar (ie) to begin
la emplomadura filling (of a tooth)
la empresa enterprise
empujar to push, shove
en barco by boat
en caso de in case of
en contra against
en favor in favor
en punto exactly (with time expressions)
en retro in reverse
en reverso(a) in reverse
las enaguas half-slip (apparel)
el encauchado raincoat
encender (ie) to burn, to light
la encía gum (of the mouth)
encinta pregnant
encogerse to shrink
enchufar to plug in
el enchufe plug
el enchufe hembra socket
endosar to endorse
enero January
la enfermedad illness, disease
la enfermedad mental mental illness
la enfermedad venérea venereal disease
el (la) enfermero(a) nurse, patient
el engrase grease job (on a car)
enjuagarse to rinse
enmendar (ie) to amend
la enmienda amendment
la ensalada salad
la ensaladera salad bowl
ensalmar to set (a bone)
enseñar to teach
entablillar to put in a splint
la entrada entrance; ticket (for a theater or movie); input (computer)
entrar en escena to enter on stage
entregar to hand over, to turn in
el entremés hors d'oeuvre, appetizer
el entresuelo mezzanine
el entretenimiento entertainment
el envase container; an empty bottle to be returned
enviar to send
envolver (ue) to wrap
enyesar to put in a cast
la epilepsia epilepsy
el equipaje baggage, luggage
el equipaje de mano hand luggage

el equipo team
la escala stop (on an airplane)
el escalamiento breaking and entering
el escalofrío chill
la escena scene, stage
el escenario scenery, stage
la escoba broom
escobar to sweep
la escuela school
la escuela de párvulos nursery school
la escuela preparatoria prep school
la escuela primaria elementary school
la escuela secundaria secondary school
escupir to spit
el escurridero drainboard
escurrir to drain
el esmalte nail polish
la espalda back (of a person)
la especialidad de la casa house specialty
especializarse to specialize, to major in
el espectáculo show
el (la) espectador(a) spectator
el espejo mirror
la espina fishbone
la esponja sponge
el esquí ski, skiing; *alpino* down hill skiing; *de fondo* cross-country skiing; *nórdico* cross-country skiing
el esquí acuático water skiing
esquiar en el agua to water-ski
la esquina corner (of a street)
la estaca spike
la estación season; station
la estación de esquí ski resort
la estación de ferrocarril railroad station
la estación de servicio service station, gas station
estacionar to park
el estado bancario bank statement; *financiero* financial statement
estallarse to break (rather violently)
el estambre worsted
la estampilla stamp
está comunicando the line is busy
el estante bookshelf
estofado stewed
el estómago stomach
estrecho narrow
estreñido constipated
el estropajo dishrag, mop
estropeado broken
el (la) estudiante student
la estufa kitchen stove
la etiqueta label

el examen   exam
examinar   to examine
la extensión   extension
el (la) externo(a)   day student
la extracción   extraction (of a tooth)
extraer   to extract, to take out

la factura   bill
la facturación   check-in
facturar   to check (luggage, a parcel, etc.)
la facultad   school (division of a university)
la faja   girdle
la falda   skirt
fallar   to miss (a shot), (said also of a car
    engine)
el faro   headlight, lighthouse
el fascismo   fascism
febrero   February
la fecha   date
la fecha de caducidad   expiration date
la fecha de vencimiento   due date
la ficha   token
la fiebre   fever
la fiebre intermitente   chills and fever
los fierros   braces
la fila   line, row
el fin de semana   weekend
firmar   to sign
físico   physical
la flecha   arrow
la flema   congestion
flotar   to float
el flúor   fluoride
el foco   light bulb; headlight
la fogata   bonfire
el (la) fontanero(a)   plumber
el formulario   form (to fill out)
el forro   lining (of clothing)
el fósforo   match (to light something)
el foul   foul (in a game)
la fractura complicada   compound fracture
frágil   fragile
la franela   flannel
el franqueo   postage
la frazada   blanket
el fregador   dishrag
el fregadero   sink (in a kitchen)
fregar (ie)   to wash the dishes, to scrub
freír (i,i)   to fry
frenar   to put on the brakes
los frenillos   braces
el freno   brake
los frenos   braces

el freno de mano   hand brake
el freno de pie   foot brake
fresco   cool, fresh
frío   cold
la frisa   blanket
frito   fried
la fruta   fruit
la frutería   fruit and vegetable store
la fuente   serving platter
fuera de servicio   out of order
la función   show
funcionar   to work, to be in working condition
la funda   pillowcase, bag
fundido   blown out (as a light bulb or fuse)
el fusible   fuse
el fútbol   soccer

el gabán   coat
la gabardina   gabardine, raincoat
el gabinete   cabinet
las gafas   eyeglasses
las gafas para el sol   sunglasses
la galería   gallery, balcony (of a theater)
el gallinero   top balcony of a theater
la gamuza   suede
las ganancias   profit
ganar   to earn, to win
el gancho   hook, hanger
la garita de peaje   toll booth
la garganta   throat
el gas butano   butane gas
la gasolina   gasoline
la gasolinera   gas station
el gel   gel
el gemelo   cuff link
el giro postal   money order
la glándula   gland
el gobierno   government
golpeando   knocking (of a car engine)
la goma   rubber, tire
la gorra   cap
la gorra de baño   bathing cap
goteando   leaking, dripping
grabar (computer)   to burn; to record
grado   grade (level)
graduarse   to graduate
el gramo   gram
granizar   to hail (weather)
gravable   taxable
grave   serious
el grifo   faucet, tap
la gripe   flu
la grúa   crane

el grupo sanguíneo   blood type
el guante   glove
la guantera   glove compartment
el guardafango   fender
el (la) guardameta   goalie
el guardarropa   checkroom, cloakroom
la guía telefónica (guía de teléfonos)   telephone directory

guisar   to cook
guisado   stewed
el guiso   stew

la habitación   room, bedroom
la habitación doble   double room
la habitación sencilla   single room
hacer   to do, to make
hacer la cama   to make the bed
hacer clic   to click on
hacerle daño (a alguien)   to hurt, to harm (someone)
hacer esquí acuático   to water-ski
hacer un gol   to make a goal
hacer una intervención quirúrgica   to perform surgery
hacer juego con   to match
hacer una llamada   to make a call
hacer el papel   to play the part, to play the role
hacer la plancha   to float with one's hands behind the head
la hamaca   hammock
el hardware   hardware
las heces   feces
las hemorroides   hemorrhoids, piles
la herida   injury
hervir (ie, i)   to boil
el hígado   liver
el hilo de saco   denim
el hilo dental   dental floss
hinchado   swollen
la hipoteca   mortgage
la histerectomía   hysterectomy
la hoguera   bonfire
la hoja de balance   balance sheet
la hora   hour, time
la hora de mayor afluencia   rush hour
el horario   schedule, timetable
el (la) hornillo(a)   burner (of a stove)
el horno   oven
la horquilla   bobby pin
hospedado   lodged, staying at
el hospital   hospital
hoy   today
el hoyo   hole (in the ground)

el hueco   hole (in cloth, etc.)
el hueso   bone
el (la) huésped   guest
la huevería   egg store
la humedad   humidity
húmedo   humid

el icono   icon
la identidad gubernamental   government identity
iluminado   lit, illuminated
el imperialismo   imperialism
el impermeable   raincoat
imponer   to impose
la impresora   printer
imprimir   to print
los impuestos   taxes, duty (at customs)
incluido   included
los individuales   singles (in tennis)
inestable   unstable, changeable
inflamado   inflamed
ingresar   to deposit (e.g., money in a bank)
iniciar el funcionamiento   to boot (computer)
la inyección   injection
la inmigración   immigration
el inodoro   toilet
inscribir   to enroll
intentar   to try
el interés   interest
el interlocutor   party (on telephone line)
el intermedio   intermission
el (la) intermitente   turn signal
internacional   international
el (la) Internet   Internet
el (la) interno(a)   boarding student
el interruptor   light switch
la intervención quirúrgica   operation, surgery
el intestino   intestine, bowel
invitados   guests
la inyección   injection
ir a pie   to go on foot, to walk
la izquierda   left (direction and political orientation)
el (la) izquierdista   leftist, person with left-wing political leanings

el jabón   soap
el jabón de afeitar   shaving soap
el jabón en polvo   soap powder
la jabonera   soap dish
el juego   game, match, set
el juego de audífonos   set of earphones, headset
jueves   Thursday
el (la) jugador(a)   player

jugar (*ue*) to play
julio July
junio June
la junta junta
la junta directiva Board of Directors

el kilo(gramo) kilo(gram)

la laca hair spray
lacio straight
el lado side
el (la) ladrón (ladrona) thief
la lámpara lamp
la lámpara de pie floor lamp
la lana wool
la lancha boat, launch
el (la) lapicero(a) ball point pen
largo long
la lata can
el latrocinio armed robbery
el lavabo washbasin, sink (in the bathroom)
el lavadero sink
el lavado wash, laundry
la lavadora washing machine
la lavadora (*de platos, de vajilla*) dishwasher
el lavamanos washbasin, sink (in the bathroom)
lavar to wash
lavar en seco to dry clean
lavarse to wash oneself
la lectura reading
la leche milk
la lechería dairy store
la legumbre vegetable
lejos far
la lengua tongue
el letrero sign
levantarse to get up; to go up (the curtain at a theater)
la ley law
la ley marcial martial law
el liberalismo liberalism
la libertad freedom
la libertad de palabra freedom of speech
la libertad de prensa freedom of the press
la librería bookstore; bookcase
la libreta passbook (for a savings account)
el libro de texto textbook
la licencia license, driver's license
licenciarse to get a master's degree
la licenciatura master's degree
el liceo secondary school
el limpiaparabrisas windshield wiper
limpiar to clean

limpiar el polvo to dust
limpiar en seco to dry clean
la limpieza en seco dry cleaning
la línea line
la linterna (*eléctrica*) flashlight
el líquido liquid
el líquido de frenos brake fluid
liso straight
la lista de vinos wine list
listo ready
el living living room
la localidad theater seat or ticket
la loncha slice
la lonja slice
la lubricación lubrication
las luces altas high beams
las luces bajas low beams
las luces de carretera high beams
las luces de cruce low beams
las luces intensas high beams
lunes Monday
el lunar polka dot
la luz light, headlight
la (el) llamada(o) call
la llamada con cobro revertido collect call
la llamada de cargo reversible collect call
la llamada de larga distancia long-distance call
la llamada de persona a persona person-to-person call
la llamada interurbana toll call
la llamada local local call
la llamada telefónica telephone call
la llamada urbana local call
llamar to call
llamar por teléfono to call on the telephone
la llanta tire
la llave key, light switch, faucet
la llegada arrival
llenar to fill, to fill up, to fill out
lleno full
llevar to take, to carry, to wear
llevar a ebullición to bring to the boiling point
llover (*ue*) to rain
lloviznar to drizzle
la lluvia rain
lluvioso rainy

la madrugada early morning hours
el (la) maestro(a) elementary school teacher
los mahones blue jeans
el mal aliento bad breath
la maleta suitcase
la maletera trunk of a car

el maletero   book bag, briefcase, baggage handler
el maletín   small suitcase, briefcase
la mancha   spot, stain
manchado   stained
mandar   to send
la manga   sleeve
el mango   handle
la manicura   manicure
la manifestación   demonstration (usually political)
manipular   to drive (computer)
el manojo   bunch
la manta   blanket
el mantel   tablecloth
mantener   to keep, to maintain, to stay
el mantequero   butter dish
la mantequilla   butter
la mantequillera   butter dish
la manzana   block (of a street)
la mañana   morning
mañana por la mañana   tomorrow morning
mañana   tomorrow
el maquillaje   makeup (cosmetics)
la máquina de afeitar   electric shaver
el mar   sea
marcar   to dial
el marco   picture frame
(en) marcha atrás   in reverse (gear)
la marea   tide
mareado   seasick, airsick, dizzy
el mareo   sea or airsickness
el marisco   shellfish
la marisquería   seafood market
martes   Tuesday
el martillo   hammer
el marxismo   Marxism
marzo   March
más allá   farther on
más tarde   later
la máscara de oxígeno   oxygen mask
masticar   to chew
la materia   subject
la matrícula   matriculation, license plate
matricularse   to matriculate, register
el matrimonio   married couple
mayo   May
el (la) mayor de edad   one who is of legal age
la mayoría   majority
el (la) mayorista   wholesaler
la medianoche   midnight
las medias   stockings
el (la) médico(a)   medical doctor
la medida   measurement

el mediodía   noon
la mejilla   cheek
el mensaje   message
la memoria   memory
el menú   menu
el menú del día   full menu, tourist menu
el mercadeo   marketing
el mercado   market
la merienda   snack
el mes   month
la mesa   table
la mesa de operaciones   operating table
la mesa plegable   folding table
el (la) mesero(a)   waiter, waitress
la meta   goal
meter   to put in
meter un gol   to make a goal
miércoles   Wednesday
el (la) militar   serviceman (woman)
el militarismo   militarism
el Ministerio de Agricultura   Ministry of Agriculture
el Ministerio de Comunicaciones   Ministry of Communications
el Ministerio de Educación   Ministry of Education
el Ministerio de Estado   Ministry of State
el Ministerio de Gobernación   Ministry of the Interior
el Ministerio de Hacienda   Ministry of the Treasury
el Ministerio de Instrucción Pública   Ministry of Education
el Ministerio del Interior   Ministry of the Interior
el Ministerio de Justicia   Ministry of Justice
el Ministerio de Relaciones Exteriores   Ministry of Foreign Affairs
el Ministerio de Trabajo   Ministry of Labor
la minoría   minority
la minuta   menu
el minuto   minute
la moción   motion
la mochila   backpack
el módem   modem
el modulador   modem
molestar   to bother
el (la) monarca   monarch
el monarquismo   monarchism
el (la) monarquista   monarchist
la moneda   coin
el moño   bun (hair)
la montaña   mountain
montar las olas   ride the waves
el monto pedido   amount requested

la moqueta   wall-to-wall carpeting
morder (ue)   to bite
morir (ue, u)   to die; (of a car) to stall
morirse (ue, u)   to stall (of a car)
el mostrador   counter
el móvil   mobile, cell phone
el mozo   bellhop, porter
la muela del juicio   wisdom tooth
la muerte   death
la muestra   sample
las muletas   crutches
la muñeca   wrist
la música estereofónica   stereophonic music
el muslo   thigh (leg of a chicken)

nacional   national, domestic
nada   nothing; love (in tennis)
nadar   to swim
la navaja   razor; penknife
navegar (computer)   to search
la Navidad   Christmas
la neblina   fog
el net   net ball (in tennis)
el neumático   tire
neutro   neutral
la nevada   snowfall, snowstorm
nevar (ie)   to snow
la nevasca   snowstorm
la niebla   fog
la nieve   snow
el nilón   nylon
¡No cuelgue Ud.!   Hold on! Don't hang up!
la noche   night
la Nochebuena   Christmas Eve
la Nochevieja   New Year's Eve
la nota   mark, grade
notable   very good (grade or mark)
noviembre   November
la novocaína   novocaine
la nube   cloud
la nubosidad   cloudiness
nublado   cloudy, overcast
el número   number; size (for shoes)
el número de confirmación   confirmation number
el número de teléfono   telephone number
el número equivocado   wrong number

la obra   work (of art)
la obra musical   musical composition
el (la) obstétrico(a)   obstetrician
octubre   October
ocupado   busy, occupied
el (la) odontólogo(a)   dentist

la oficina   office
la oficina de cambio   exchange bureau
el oído   ear
la ola   wave
la olla   type of pot
la ondulación permanente   permanent (wave)
el ondulado (permanente)   permanent (wave)
la operación   operation
el (la) operador(a)   operator
operar   to operate
la oposición   opposition
oprimir   to press
opuesto   opposite
el ordenador   computer
la orilla   shore
la orina   urine
el ovario   ovary
el oxígeno   oxygen
el (la) oyente   auditor (of a course)

el (la) paciente   patient
pagar   to pay, pay for
pagar a plazos   to pay in installments
pagar al contado   to pay cash, pay in one lump sum
la página de inicio (inicial)   home page
el pago   payment
el pago inicial   initial payment, down payment
el pago mensual   monthly payment
la palabra de paso   password
la palanca   gearshift
el palco   box seat
el palo   pole; golf club
la pana   corduroy; breakdown
la panadería   bread store, bakery shop
el panal   diaper
el panel de fusibles   fuse panel, fuse box
el pantalón   pants
los pantalones cortos   short pants
la pantalla   screen
la pantalla de escritorio (comp.)   desktop computer
la pantalla táctil   touch screen
los panties   panties
el paño   cloth
el pañuelo   handkerchief
el papel higiénico   toilet paper
las paperas   mumps
el paquete   package, parcel
el par   pair
el parabrisas   windshield
el parachoques   bumper
la parada   stop

el paraíso   top balcony in a theater
los parásitos   static
el parasol   beach umbrella
parar   to stop; to block (a ball)
parir   to give birth
el parlamento   parliament
parquear   to park
particular   private
el partido   game
pasado mañana   day after tomorrow
el pasador   shoelace
el pasaje   fare, passage
el (la) pasajero(a)   passenger
el (la) pasajero(a) en tránsito   transit passenger
el (la) pasajero(a) frecuente   frequent flyer
el pasaporte   passport
la Pascua (Florida)   Easter
¡Pase Ud.!   Come in!
el pasillo   aisle
el pasillo central   middle (center) aisle
los pasivos   liabilities
la pasta dentífrica   toothpaste
la pastelería   bakery, pastry shop
la pastilla   pill; bar (of soap)
patear   to stamp the feet
la patilla   sideburn
el patio   patio; orchestra (in a theater)
el peaje   toll
el pecho   chest
la pechuga   breast (of a chicken)
la pedicura   pedicure
peinarse   to comb one's hair
pelar   to pare, to peel
la película   film, movie
peligroso   dangerous
el pelo   hair
la pelota   ball
el (la) peluquero(a)   hairdresser
la penicilina   penicillin
la pensión completa   complete room and board
el pentotal sódico   sodium pentothal
la percha   hanger
perder (ie)   to lose; to miss (a bus, train, etc.)
el periódico   newspaper
el período menstrual   menstrual period
permanecer   to remain, stay
el permiso de conducir   driver's license
el (la) perpetrador(a)   perpetrator
la persiana   venetian blind
una persona con discapacidad   disabled (handicapped) person
el personal de tierra (terrestre)   ground personnel

pesar   to weigh
la pescadería   fish market
el pescado   fish
el peso   weight
picado   diced, minced
picar   to dice, to mince
el pie   foot; down payment
la pierna   leg
la pila   sink (in a kitchen); swimming pool; small battery
la píldora   pill
la pileta   sink (in a kitchen)
el (la) piloto(a)   pilot
el pimentero   pepper shaker
la pimienta   pepper
el pin   pin
el pinchazo   flat tire
la piscina   swimming pool
el piso   floor
la pista   runway; lane (of a highway); ski slope
la pistola   gun; pistol
la pizarra   chalkboard
el pizarrón   chalkboard
la placa   license plate
la plancha   iron (for ironing); flat grill
la plancha de deslizamiento   surfboard
el planchado   ironing
planchar   to iron, press
el plan de estudios   course of study, curriculum
el plano   city map
la platea   orchestra section (in a theater)
platicar   to chat
el platillo   saucer
el plato   plate; course (of a meal), dish
el plato principal   main course
los platos combinados   tourist menu
la playa   beach
el plebiscito   plebiscite
el (la) plomero(a)   plumber
la pluma   faucet, tap, pen
poco asado   rare (of meat)
poco roja   medium rare (of meat)
el (la) policía   police officer
la poliomielitis   polio
el pólipo   polyp
la política   politics; policy
político   political
la póliza   policy
el polvo de lavar   soap powder
el pollo   chicken
poner   to put, to turn on
poner con   to put through to (via telephone)
poner en marcha   to start

poner la luz   to turn on the light
poner la mesa   to set the table
ponerse   to put on (clothing)
póngame   give me
por detrás   in the back
por día   on a daily basis
por hora   an hour; hourly
por vía intravenosa   intravenously
por semana   weekly; on a weekly basis
el portalibros   book bag
portátil   portable
la portería   goal post
el (la) portero(a)   goalie
posteriormente   at a later time
el postre   dessert
el precio   price
la precipitación   precipitation, rain
el prefijo del país   country code
preñada   pregnant
prender   to start up
la preparatoria   preparatory school
presentar una moción   to make a motion
presentarse   to check in
el (la) presidente(a)   president
la presión atmosférica   atmospheric pressure
la presión barométrica   barometric pressure
la presión del aire   air pressure
la presión sanguínea   blood pressure
el préstamo   loan
el (la) primer(a) ministro(a)   prime minister
la primera velocidad   first gear
principal   main
el problema   problem
procedente de   coming from
el procedimiento   procedure
el procesamiento de textos   word processing
el proceso   procedure
el profesorado   faculty
la prognosis   prognosis
el pronóstico   prognosis; forecast
el programa   program
el programador   programmer
el pronóstico meteorológico   weather forecast
la propaganda   advertising
la propina   tip
el (la) protagonista   one with the lead role
proteger   to protect
la prueba   sample, test
la publicidad   advertising
el pueblo   town; all the people of a country
la puerta   door; goal post
pulir   to shine, to polish

el pulmón   lung
la pulpería   grocery store, general store
pulsar   to press
el pulso   pulse
el punto   point, stitch, suture
punto muerto   neutral gear
el puño   cuff (of a shirt or blouse)
el pupitre   school desk

quedarle bien (a alguien)   to fit (someone) well
los quehaceres   chores
los quehaceres domésticos   housework
quemarse   to burn out
el queso   cheese
el quirófano   operating room
el quiste   cyst
quitar   to take out, to withdraw
quitar el polvo   to dust
quitar la mesa   to clear the table
el quórum   quorum

el racismo   racism
el radiador   radiator
el radicalismo   radicalism
la radio   radio
la radiografía   x-ray
radiografiar   to x-ray
la radiología   radiology
el (la) radiólogo(a)   radiologist
la ráfaga   sudden windstorm accompanied by a
    cloud that brings a sudden change
    in weather
la ranura   slot
el rápido   express train
la raqueta   racket
el ratón   rat
la raya   part (in hair)
rayado   striped
el rayón   scratch (on car)
los rayos equis   x-rays
el recado   message
la recámara   bedroom
la recepción   reception or check-in area
el (la) recepcionista   receptionist
la receta   prescription
recetar   to prescribe
el recibo   receipt
reclamar   to reclaim, to pick up
el reclamo de equipaje   baggage claim
el (la) recogedor(a) de billetes   conductor
recoger   to collect, to pick up, to claim
la recogida de equipaje   baggage claim

recomendar (ie) to recommend
recortar to trim
el recorte trim
recorrer to run through, to cover (kilometers)
recto straight, straight ahead
el (la) rector(a) rector
la red net, Internet, network
el redondo round trip ticket
el reembolso payback, refund
et referéndum referendum
el refrigerador refrigerator
el régimen regime; diet
regresar to return (from somewhere)
el regreso return
regular regular
los relámpagos lightning
remendar (ie) to mend
el (la) remitente sender
remolcar (ue) to tow
el remolque tow truck
rentable profitable
las rentas profit, income
las reparaciones repairs
reparar to repair
repartir to distribute; to deliver (e.g., mail)
el repollo cabbage
los repuestos spare parts
el requisito requirement
la resaca undertow, hangover
la reserva reservation
la reservación reservation
reservar to reserve
resfriado cold (illness)
el resfrío cold (illness)
el respaldo back (of a seat or chair)
responder to respond
el restaurante restaurant
la restricción restriction
el resultado result
retirar to withdraw (funds from an account)
el retrete toilet (please see Chap. 8)
retroceder to go back
reventarse (ie) to break (of waves)
revisar to check
la revista magazine
la revista musical musical revue
revuelto rough, choppy (of the sea); scrambled (of eggs)
el rincón corner (of a room)
el riñón kidney
rizado curly

el rizo curl
la roca rock
rodar (ue) to shoot (a film)
romper to break
la ropa clothing
la ropa interior underwear
la rueda wheel; tire
el rulo hair roller
la ruta de vuelo route of flight; flight plan

sábado Saturday
la sábana bed sheet
el sacacorchos corkscrew
sacar to take, to take out; to buy
sacar un billete to buy a ticket
el saco jacket; bag
el saco de dormir sleeping bag
la sal salt
la sala large room, living room
la sala de clase classroom
la sala de emergencia emergency room
la sala de equipaje baggage room
la sala de espera waiting room
la sala de estar living room
la sala de operaciones operating room
la sala de partos delivery room
la sala de recuperación recovery room
salado salty
el saldo balance (in an account)
el salero salt shaker
la salida exit; departure; output (computer)
la salida de emergencia emergency exit
salir to leave; to depart
salir bien to turn out well; to succeed; to pass (an exam)
salir mal to fail
la salsera gravy boat
salteado sautéed
saltear to sautée
el (la) salvavidas lifeguard
la sandalia sandal
sangrar to bleed
la sangre blood
el sarampión measles
la (el) sartén frying pan
el (la) sastre tailor
el secador dishcloth; dryer
la secadora para el pelo hair dryer
secar to dry
la sección section
la sección de no fumar no-smoking section
la secreta glove compartment

la seda silk
la seda dental dental floss
seguir (i,i) to follow
el segundo second
la seguridad safety; security
el seguro completo full-coverage insurance
el seguro contra todo riesgo full-coverage insurance
el sello stamp
el semáforo traffic light
la semana week
el Senado senate
el (la) senador(a) senator
sencillo easy; one-way (of a ticket); single (of a hotel room)
el seno breast (of a human)
sentado seated
(de) sentido único one-way (of a street)
la señal sign; signal; dial tone
la señal de no fumar no-smoking sign
la señal de ocupado busy signal
las señas address
el separatismo separatism
septiembre September
ser suspendido to fail
el servicio service, department
el servicio de cuartos (habitaciones) room service
el servicio de lavado laundry service
los servicios facilities
la servilleta napkin
servir (i,i) to serve
la sesión plenaria plenary session
el set set (in tennis)
el siglo century
el silbato whistle
el silenciador muffler
la silla chair
la silla de lona canvas chair
la silla de ruedas wheelchair
la silla plegable (portátil) folding chair
el sillón armchair
sin escala nonstop (flight)
sin plomo unleaded (of gasoline)
el síntoma symptom
el sistema system
la sobrecama bedspread
la sobremesa after-meal conversation, dessert
sobresaliente outstanding (mark or grade)
el socialismo socialism
el (la) socio(a) partner
la sociedad anónima corporation

la sociedad colectiva partnership
el sofá sofa
el sol sun
soleado sunny
el sombrero hat
sonar (ue) to ring
el sonido ring, sound
la sopa soup
la sopera soup bowl
el sostén brassiere
suave soft
subir to go up; to climb on; to board
la sublevación uprising
el subtítulo subtitle
sucio dirty
la suela sole (of a shoe)
el suelo floor
el suelto change (in comparison to bills)
el suéter sweater
sugerir (ie, i) to suggest
el suiche switch
el supermercado supermarket
el suplemento supplement
suspendido failing; suspended
suspenso failing

el tabaco tobacco
la tabla de planchar ironing board
la tabla de vela wind sail board
la tabla hawaiana surfboard
el tablero de fusibles fuse box
el tablero (de instrumentos) dashboard panel
el tablero indicador scoreboard
el tacón heel
táctil tactile (to the touch)
la tajada slice
el talón check, receipt, stub
el talonario checkbook
la talla size
el tanque tank
el tanto point, score
la tapa cover
tapar to cover
el tapacubo hubcap
el tapón stopper (for a sink); hubcap
la taquilla ticket window (at a theater or movie house)
tardar to take (time)
tarde late
la tarde afternoon
la tarifa fare
la tarjeta de crédito credit card

la tarjeta de embarque   boarding card, boarding pass

la tarjeta de turista   tourist card

la tarjeta postal   postcard

la tarjeta telefónica   telephone credit card

el tarro de basura   garbage can

la tasa   rate

la tasa de interés   interest rate

la taza   cup

el teatro   theater

la tecla   key; *de control* control key; *de cursor* cursor key; *de entrada*   input key; *de escape*   escape key; *de fin*   end key; *de inicio*   home key; *de insertar*   insert key; *de retorno*   return key; *de retroceso*   backspace key

el teclado   keyboard

la tela   fabric, material

la tela inarrugable   wrinkle-resistant fabric or material

la tela sintética   synthetic fabric

telefonear   to telephone

el (la) telefonista   telephone operator

el teléfono   telephone; *celular* cellular phone; *de (a) botones*   touchtone phone; *inalámbrico*   cordless phone

el telesilla   chair lift

la televisión   television

el telón   curtain (at a theater)

la temperatura   temperature

la tempestad   storm

tempestuoso   stormy

el temporal   storm

temprano   early

el tenedor   fork

tener buena pinta   to look good (especially for food)

el tenis   tennis

la tensión arterial   blood pressure

la terminal   terminal; station

el termo   thermos

la ternera   veal

el terrorismo   terrorism

el tiempo   time; weather

el tiempo de vuelo   flight time

la tienda   store; tent

la tienda de abarrotes   grocery store

la tienda de campaña   tent

la tienda de oxígeno   oxygen tent

la tienda de ultramarinos   grocery store

las tijeras   scissors

el timbre   bell, ring

la tina   bathtub

el tinte   dye; dye job

la tintorería   dry cleaner's shop

el tipo de interés   interest rate

el tipo sanguíneo   blood type

tirar   to throw, to shoot

el tiro   shot

la toalla   towel

la toalla de baño   bath towel

el toallero   towel rack

el tobillo   ankle

tomar apuntes   to take notes

tomar el sol   to sunbathe

tomar en consideración   to take into consideration

tomar puntos   to stitch (surgical)

tomar una decisión   to make a decision

el tono   dial tone

el toque de queda   curfew

torcer (ue)   to sprain

la tormenta   storm

el torneo   tournament

la tortera (tartera)   baking pan

la tos   cough

toser   to cough

tostado   tan

el total   total

el tráfico   traffic

la tragedia   tragedy

el traje   suit

el traje de baño   bathing suit

el traje pantalón   pants suit

el trámite   procedure, step

el tranquilizante   tranquilizer

tranquilo   calm, still

la transacción bancaria   bank transaction

la transacción electrónica   electronic transaction

el tránsito   traffic

la transmisión automática   automatic transmission

el trapo   rag

trasero   rear

la trenza   braid

el tribunal   court

el trinchante   carving knife

trinchar   to carve

el trinche   carving knife

la tripulación   crew

la tronada   thunderstorm

tronar (ue)   to thunder

el trueno   thunder clap

la tuberculosis   tuberculosis

la turbulencia   turbulence

la turbulencia inesperada   unexpected turbulence
turbulento   turbulent, rough
el turismo   tourism

las úlceras   ulcers
unicameral   unicameral
el uniforme   uniform
la universidad   university
la uña   nail (of a finger or toe)
el usuario   user

vaciar   to empty
vacío   empty
la vajilla   dishes, dishware
la valija   suitcase, valise
el vaso   glass (for drinking)
el vegetal   vegetable
la vejiga   bladder
la vejiga de la bilis   gallbladder
la vela   candle
el velador   night table
el velero   sailboat
la velocidad   speed; gear
el velocímetro   speedometer
la venda   bandage
el vendaje   bandage
vendar   to bandage
el (la) vendedor(a)   sales representative
la ventana   window
la ventanilla   any type of small window
veranear   to spend the summer
verificar   to check
la vesícula   gallbladder
la vesícula biliar   gallbladder
el vestido   dress

el vestuario   cloakroom; hat check
vibrar   to vibrate
la víctima   victim
el vídeo   video
el viento   wind
viernes   Friday
el (la) vigilante   lifeguard
la violación sexual   rape
las viruelas   chicken pox
el virus   virus
la visa   visa
el visado   visa
la víspera   eve
visualizar   to view
el volante   steering wheel
volar (ue)   to fly
el voltaje   voltage
voltear   to turn
votar   to vote
el voto   vote
el voto de confianza   vote of confidence
el vuelo   flight

el whisky   whiskey, spirits

el yodo   iodine

la zapatilla   slipper, sandal
el zapato   shoe
el zapato de tenis   sneaker
la zarzuela   Spanish musical comedy or operetta
la zona   zone
la zona postal   zip code
la zona telefónica   area code
zurcir   to mend, to darn

Companion Audio Recording

A companion audio recording that features selected answers from the answer key is available online. (Please see the copyright page for details.) Spoken by native Spanish speakers, the audio provides a convenient way to improve your Spanish pronunciation and listening comprehension as you check your answers. Please note that for some of the longer exercises, you will only be able to hear partial answers. Below is a list of selected exercises:

Introduction

Track 1   About this recording

Chapter 1

Track 2   Exercises 1, 2, 7, 8, 9, 10
Track 3   Exercises 14, 16, 18, 19, 20, 21

Chapter 2

Track 4   Exercises 1, 2, 3, 4, 5, 6, 8, 10

Chapter 3

Track 5   Exercises 1, 2, 3

Chapter 4

Track 6   Exercises 1, 2, 3, 4, 6, 8, 9, 10, 12

Chapter 5

Track 7   Exercises 1, 2, 4, 6, 8, 9

Chapter 6

Track 8   Exercises 1, 2, 3

Chapter 7

Track 9   Exercises 1, 3, 5, 6, 9

Chapter 8

No audio

Chapter 9

Track 10   Exercises 1, 2, 3, 5, 7, 8

Chapter 10

Track 11   Exercises 1, 2, 5, 7, 8, 9

Chapter 11
Track 12   Exercises 1, 5, 6

Chapter 12
Track 13   Exercises 1, 4, 7

Chapter 13
Track 14   Exercises 2, 4, 6, 9

Chapter 14
Track 15   Exercises 1, 2

Chapter 15
Track 16   Exercises 1, 2, 3, 5, 10, 12, 13, 14

Chapter 16
Track 17   Exercises 1, 4, 6

Chapter 17
Track 18   Exercises 1, 5, 7, 9, 12, 13, 16, 20, 21

Chapter 18
Track 19   Exercises 1, 2, 3, 4, 6

Chapter 19
Track 20   Exercises 2, 3, 4, 6, 7, 8

Chapter 20
Track 21   Exercises 1, 3, 4, 7

Chapter 21
Track 22   Exercises 1, 2

Chapter 22
Track 23   Exercises 1, 3

Chapter 23
Track 24   Exercise 1

Chapter 24
Track 25   Exercises 1, 5

Chapter 25
Track 26   Exercises 1, 5, 7

Chapter 26
Track 27   Exercises 1, 2

Chapter 27
Track 28   Exercises 2, 3, 7, 9

Chapter 28
Track 29   Exercises 3, 6

Chapter 29
Track 30   Exercises 4, 6

Chapter 30
Track 31   Exercises 2, 3, 5, 9